江苏省高校哲学社会科学一般项目(2016SJB880096)
江苏省研究生教育教学改革项目(JGLX17-097)
江苏省中小学教学研究课题(2017JK12-L121)

核心素养理念下
英语教师教育专业培养模式：
理论研究与案例库建设

◎张海燕　著

南京大学出版社

图书在版编目（CIP）数据

核心素养理念下英语教师教育专业培养模式：理论
研究与案例库建设 / 张海燕著. — 南京：南京大学
出版社，2018.12
　　ISBN 978 - 7 - 305 - 21377 - 9

　　Ⅰ. ①核… 　Ⅱ. ①张… 　Ⅲ. ①高等学校－英语－教师
－师资培养－培养模式－中国 　Ⅳ. ①G645.12

中国版本图书馆 CIP 数据核字（2018）第 291489 号

出版发行　南京大学出版社
社　　　址　南京市汉口路 22 号　　　邮　　编　210093
出 版 人　金鑫荣

书　　名　核心素养理念下英语教师教育专业培养模式:理论研究与案例库建设
作　　者　张海燕
责任编辑　丁海燕　　钱梦菊

照　　排　南京理工大学资产经营有限公司
印　　刷　虎彩印艺股份有限公司
开　　本　787×960　1/16　印张 16.25　字数 290 千
版　　次　2018 年 12 月第 1 版　2018 年 12 月第 1 次印刷
ISBN　978 - 7 - 305 - 21377 - 9
定　　价　48.00 元

网　　址:http://www.njupco.com
官方微博:http://weibo.com/njupco
官方微信:njupress
销售咨询热线:025 - 83594756

序

尹建军

    记得是 2011 年的金秋季节，我有幸迎来来自祖国南通大学的博士生张海燕女士。三年夜以继日的苦读，数次穿梭中美校际的调查研究，故纸堆里理论的披沙拣金，大专院校课堂上的反复实践，对英语教育教学浓厚的兴趣和追求，终于成就了一位严谨的学者，一位谦逊的老师，一位慈爱的双语母亲。海燕在海内外知名的杂志上发表了数篇教育论文和心得以后，几度萌发了在教师素质培养和核心素养上做文章的念头。众所周知，全世界都在瞩目于教师培养和教育质量。英美澳等英语国家早已建立了卓越教师发展的体系标准。近年来在中国，对卓越教师的培养亦已经成于体系、纳为规范。

    海燕从美国学成归来，致力于课堂教学的实践，释疑解惑；专注于理论的研究和推进，独辟蹊径。作为一名合格的有担当和有责任心的师资培训的学者和老师，海燕奉行并充分理解知行合一的内涵。前年我受南通大学教育科学学院邀请，参加了他们主办的卓越教师国际论坛，目睹海燕为受邀发言的中美学者的出色的翻译和对理论分析的近乎完美的诠解。窃以为她的讲解启迪了许多出席会议的中青年教师和未来的师资队伍。

    纵观中外教育史，从孔老夫子到亚里士多德，从夸美纽斯到杜威，从王阳明到陶文濬，无一例外都致力于推崇为人为师的自身素质的提高。所谓知行合一，运用于践行完美人生，则为暑仪；付诸教育实践，奉为圭臬。近年来，随着教育工作者核心素养理念在课程改革中的提出和推崇，语言教学包括英文师资队伍的核心素养理念的培养已然成为教育界关心的议题。如何将核心素养理念与英语课堂相结合，海燕在本书里通过诸多教学案例的点评和分析，为英语教学一线教师寻找到一条行之有效的途径。案例历来是美国教学的主要方式，其主要目的是充分挖掘学生的创造性思维及思辨能力，从而形成成长性思维，而非教师的填压式灌输。诚然任何教学方式都不是完美无瑕的，学生一定有话要说。这些案例的呈现则为发展和开拓学生的思辨能力提供有趣的话题。读罢本书,掩卷思考,我以往认为的司空见惯、习以为常的教学模式和理念似乎在书中又被赋予了新的思想和气象。我在琢磨着老师犹如一泓清泉叮咚流下,学生则在不经意间滋润心田,豁然开朗。我诚心期待有志于外语教学的同仁师长和有兴趣的家长在拜读过本书后会产生共鸣或相似的情趣。

2018 年 12 月
于杰克逊州立大学教育与人文发展学院

目　录

第二篇　案例篇

第一篇　理论篇

核心素养最早于20世纪90年代经合组织开展的"素养的界定与遴选"研究项目中提出的,用于描述所有社会成员都应具备的共同素养中最关键且居于核心地位的素养,是培养能自我实现与社会和谐发展的高素质国民与世界公民的基础(林崇德,2016)。教师是影响核心素养落实的重要因素,在学生核心素养的发展过程中扮演着转化这一重要角色。为了将核心素养融入实际的教学过程中,需要加强对教师教育专业发展的引领。2014年,《教育部关于实施卓越教师培养计划的意见》明确提出各地各校要以实施卓越教师培养计划为抓手,整体推动教师教育改革创新,全面提高教师培养质量。由于我国卓越教师培养的质量监控和评价机制仍然处于探索、实践阶段,因此,基于核心素养的英语教师教育专业人才培养模式构建应成为我国卓越英语教师培养质量监控与评价的一种不可或缺的手段。

我国目前对职前教师教育专业的课程建构关注的有限,存在工具理性和技术主义的误区,因此对教师教育专业的课程内涵、意义缺乏深入的理解与判断。在联合国教科文组织最新的研究报告《反思教育:向"全球共同利益"的理念转型》中强调在不断变化的全球教育格局中,教师和其他教育工作者的作用对于培养批判性思维和独立判断的能力、摆脱盲从至关重要。20世纪80年代以来美国的职前教师教育课程思想有三大价值取向,即学术取向、专业取向和社会取向。王少非(2013)、常丽丽(2014)等认为实践取向是职前教师教育课程应有的核心理念,是教师专业的实践性本质的要求,是教师知识研究的新进展的要求。国内研究者普遍认为目前我国传统的教师教育课程一直是重学科课程、轻师范类课程(吴锋民,2012)。因此,随着英语学习者核心素养的提出,急需教师教育专业课程也相应地发生改变,只有教师理解、体验了英语学习的核心素养,才能培养出具有核心素养的英语学习者。基于核心素养的英语教育硕士培养模式是教师培养专业化发展的方向,学生的核心素养的提高必须是建立在教师的核心素养基础上的。本研究以英语教师教育专业学习者为主要研究对象,根据核心素养的维度及国外卓越教师培养的标准,构建英语教师教育专业人才培养模式。同时为了更加有针对性地提升教师教育专业学习者的教学实践能力,本书试图探讨如何从核心素养理念出发,深入挖掘核心素养理念在英语语言知识、英语技能训练、英语教学设计、英语教师培养、英语教学测量和英语教学评价等方面渗透的具体案例。这些都将有利于核心素养理念的落地,也将有助于教师教育专业学习者能力的提升。

第一章

------- ∎ -------

核心素养

本章开篇主要梳理分析了核心素养理念的界定及英语核心素养理念的内涵。核心素养理念因国家文化的差异、发展的不同阶段而内涵迥异。因此，对这些概念的明确是下一步案例教学的基础，贯穿整本书的组织编排。

第一节 核心素养理念的界定

关注学生的核心素养就是关注"培养什么样的人"这一根本教育问题(林崇德,2016)。21世纪初,经济合作与发展组织(简称经合组织)就提出了核心素养的指标体系,之后很多国家也陆续提出了符合自己国家教育发展要求的核心素养要素。所谓的核心素养是指所有社会成员都应具备的共同素养中那些最关键、必要且居于核心地位的素养(林崇德,2016)。因此,核心素养的内涵会因国家的教育传统、教育理念及培养目标的不同而有所差异。但由于国际一体化的进程,当前对各国公民的素养要求又呈现趋同的趋势。

1997—2005年,经合组织开展了大规模的跨国研究项目"素养的界定与遴选:理论框架与概念基础"(Definition and Selection of Competencies, DeSeCo),从广泛的跨学科视角构建核心素养的总体框架。DeSeCo将核心素养界定为"个人实现自我、终身发展、融入主流社会和充分就业所必需的知识、技能及态度的集合,他们是可迁移的,而且发挥着多样化的功能"。由此定义可以看出,核心素养是知识、技能及态度的集合,其目的是实现自我、终身发展、融入主流社会和充分就业,其具有的特点是可迁移性、多样性。

1996—2003年年间,联合国教科文组织确定了终身学习的五大支柱,即"学会求知、学会做事、学会共处、学会发展和学会改变",此五大支柱支撑着个体的全面发展,确保了以人为本的教育理念的实现。其中学会求知关注知识的获得,学会做事关注技能的培养,学会共处、学会发展和学会改变则更多关注态度的秉持。因此,教科文组织的研究结果与经合组织的结论都是围绕知识、技能和态度三方面展开。

2005 年欧盟执委会发表《终身学习核心素养:欧洲参考构架》(European Commission,2005),指出核心素养是指一个人在知识社会中自我实现、社会融入,以及就业所需要的素养,其中包括知识、技能与态度。欧盟还明确界定了终身学习的八大关键素养,即母语交流、外语交流、数学素养与科技素养、数字化素养、主动与创新意识、学会学习、社交和公民素养、文化意识与表达等。

美国的核心素养主要指所有学生或工作者都必须具备的能力,其发展目的在于培养具有 21 世纪工作技能及核心竞争能力的人,确保学生从学校所学的技能能够充分满足后续大学深造或社会就业的需求,成为 21 世纪称职的社会公民、员工及领导者。

英国的核心素养是指为了适应将来的生活、年轻人需要具备的关键技能,以及学习、生活和工作所需的资质。

1992 年,澳大利亚梅尔委员会提出核心素养是指为有效参与发展中的工作形态与工作组织所必要的能力。主要包括收集、分析与组织信息的能力;沟通观念与信息的能力;规划与组织活动的能力;与他人合作及在团体中工作的能力;运用数学概念及技巧的能力;运用科技的能力;解决问题的能力。公民的核心素养是准备就业的基础;是所有类型职业都适用的一般能力;使个体能有效地参与社会环境;包括对于知识和技能的整合与应用;是可学习的;必须能够有效地评价。

德国核心素养概念界定为专业能力、社会能力、自主能力,具有很强的实践性。

由上述不同组织和国家针对核心素养理念的界定可以得出如下结论:

(1)核心素养为当代世界所普遍重视,是国际组织与各国政府在进行教育改革与课程改革时密切关注的热点。

(2)核心素养的界定总体上一致,但各国略有差异,一定程度上体现了其各自的民族与国家特色。

(3)核心素养是一个多维度的概念,包括知识、能力与态度等多元层面。

(4)核心素养能够发挥多项功能,是对每个人都具有重要意义的素养。

(5)核心素养的形成是在个人与社会协同作用下的渐进过程。

(6)核心素养是社会群体成员共有的素养,是个体终身发展所需要的素养,不同于具体职业中的专业素养。

(7) 核心素养的架构应兼顾个体与符号使用、自我发展，及与社会之间的关系。(林崇德，2016)

第二节　英语核心素养理念的内涵

随着高中英语课程不断改革，教学任务逐渐围绕着"立德树人"和"学科核心素养"展开，培养学生的实践能力、探究能力和创新能力，增强教学实用性和应用性，为社会培养全面型人才服务。如果不能准确把握英语学科的育人价值，就不能理解英语学科核心素养的内涵(程晓堂，赵思奇，2016)。

为了全面体现英语学科的工具性和人文性双重属性，在充分吸收和借鉴国内外有关核心素养理论和实践研究成果的基础上，结合中国基础教育英语课程的现实需求以及中国学生发展核心素养框架，《普通高中英语课程标准(征求意见稿)》将英语学科核心素养定义为："学生在接受相应学段英语课程教育的过程中，逐步形成和提升的适应个人终身发展和社会发展需要的必备品格和关键能力，综合表现为四大素养，由语言能力、文化品格、思维品质和学习能力组成。"因此，英语核心素养主要是指学生通过英语课堂学习以及自身的各种实践与认识活动，获得与英语学科相关的各种基础知识、技能、情感、品质与观念等。通过对学生核心素养的培养可以有效地激发课堂教学的内生力，有利于发展学生的个性、兴趣、爱好、特长以及培养创新能力，切实提高学生语言能力、学习能力、思维品质及文化品质等英语学科核心素养，使学生由过去的被动适应转变为自己的适度自主(陈汇萍，2016)。

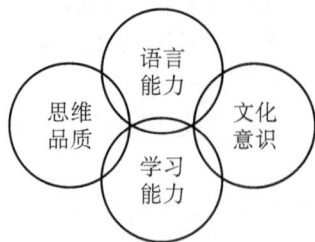

图 1-1　英语学科核心素养

语言能力是指借助语言以听、说、读、看、写等方式理解和表达意义的能力；文化意识是指对中外文化的理解和对优秀文化的认知，是学生在全球化背景下表现出的包括知识、观念、态度和行为的品质;思维品质是英语学科核心素养中尤具要义的一种,也是最贴近学生核心素养个体个性发展的一个维度;学习能力指学习者主动拓宽英语学习渠道、积极运用学习策略,从而提升学习效率的一种品质(程晓堂,赵思奇,2016)。

《普通高中英语课程标准》的核心就是英语学科核心素养。课程目标、课程内容、学业质量标准以及考试与评价等都是紧紧围绕核心素养而制定的(程晓堂,2017)。英语课堂教学中,学生应以主题意义探究为目的,以语篇为载体,在理解和表达的语言实践活动中,融合知识学习和技能发展,通过感知、预测、获取、分析、概括、比较、评价、创新等思维活动,构建结构化知识,在分析问题和解决问题的过程中发展思维品质,形成文化理解,塑造学生正确的人生观和价值观,促进英语学科核心素养的形成和发展(王蔷,2015)。英语课程设置方面,可以实行必修课程与选修课程或拓展课程相结合,满足学生的个性化需求。在教学形式上,可以尝试将学生自主学习与研讨总结相结合,把课堂更多地还给学生。在活动设置上,实现校内活动与校外活动相结合,让学生在活动中成长。在教学资源拓展上,可以尝试将线上学习与线下学习相结合,拓宽学生的学习渠道(黄正翠,2016)。

核心素养理念对英语教师也提出了更高的要求,知识是在活动中不断生成并内化的,已不再是传统的单方面传递的。因此,提升学生的核心素养离不开教师自身英语学科核心素养及教学能力的提升。首先,英语教师应拥有良好的教师语言,通过言传身教促进学生核心素养的形成(周瓦,2017)。其次,发展学生思维品质首先需要教师设计出能发展思维品质的活动(鲁子问,2016)。再次,在职教师应不断更新教学理念,通过教研加强对核心素养理念的理解;通过不断实践,将核心素养理念逐步在课堂上加以运用。最后,在职前教师专业发展中,即教师教育专业培养中,应依据核心素养理念对这些职前教师加以引导。以核心素养理念为导向,解读其在英语教学各个维度的体现,并不断挖掘课堂可提升的空间。只有这样,这些职前教师才能顺利完成职后的转变,才能在今后的教学中时刻关注核心素养理念。

第二章

英语教师教育专业培养

"师范"的英文为 Normal Education，其中"Normal"，来源于拉丁文"Norma"，本义为"木工的矩规、标尺、模型"；其隐含义是"规范"。我国西汉学者杨雄在《发言·学行》中说："师者，人之模范也"，第一次将"师"和"范"联系起来(顾明远，1998)。融合中西之释义，"师范"可界定为"学习的榜样"。师范教育主要是针对师范生，即职前教师开展的教育。在当前终身学习理念下，在职教师同样应根据教学改革的方向进行继续教育，即在职教师要进行专业培训以更好地适应教改的要求，因此，当前职后教育也被涵盖到教师教育范畴中。

第一节　教师教育专业的内涵

20 世纪 60 年代欧美出现了"教师教育"这一概念，但直到 20 世纪 80 年代，在终身教育思想、教师专业发展理论和师资培训理念的指导下，教师教育一体化思想已经成为世界各国教育的共同方向，教师教育也得到了广泛的推广。因此，教师教育可以解读为师范教育的体现和延伸。《教师教育研究手册》(*Handbook of Research on Teacher Education*)对"教师教育"的界定为：教师教育包括培养未来教师的职前计划(Preservice program)、新教师的入职计划(Induction program)以及在职教师的在职培训计划(In-service program)(Sikua，1996)。

我国正式使用"教师教育"这一概念是在 2001 年国务院颁布的《国务院关于基础教育改革与发展的决定》，该《决定》明确指出"完善教师教育体系，深化人事制度改革，大力加强中小学教师队伍建设"，正式以"教师教育"取代了一直使用的"师范教育"。2002 年出台的《关于"十五"期间教师教育改革与发展的意见》对教师教育的内涵进行了首次界定，即"在终身教育思想指导下，按照教师专业发展的不同阶段，对教师的职前培养、入职教育和在职培训"。教师教育是教师职前培养和职后培训的统一，是全方位、多方面、连续的"大教育"格局，它不仅打破了传统师范教育狭隘的"小教育"小框架，更加凸显了教师培养的终身性、整体性、专业性和开放性。

美国《明日之教师》中明确指出："没有教师质量的大幅度提高，学生的成绩就不会有多大的提高"，"没有教师教育质量的提高，就没有教师质量的提高，也就谈不上教育质量的提高"。因此，教师教育专业培养显得尤为重要。

第二节　英语教师教育专业教学理念的变迁

我国英语教师教育专业的发展主要是受到课程改革的影响，而课程改革又离不开教育学理论、心理学理论和语言学理论的综合作用。自 1949 年以来，我国的课程改革主要经历了五大阶段，即新中国成立初期(1949—1956)的恢复期，该时期主要受苏联课程体系的影响；社会主义实践期(1957—1965)，主要体现在寻求适合中国的教育之路；"文化大革命"期(1966—1976)，英语教育遭受到了前所未有的破坏；改革开放现代化建设时期(1977—1985)，由于时代的需要，英语教育再次受到重视；教育改革时期(1986—　)，英语教育得到了前所未有的重视和发展，课程大纲逐步被课程标准所取代。新中国成立之后的英语课程改革史也是一部我国英语教师教育专业发展史，课程改革的理念，直接指引着当时教师教育的培养目标和方向。

我国英语教师教育专业的真正起步还是要从改革开放之后算起，随着改革进程的加速，英语专业人才需求不断加大，这就需要高校必须进行一系列改革以培养更多能够满足社会需要的英语专业人才。这种人才培养近期目标是为了更好地服务改革开放的社会需要，远期目标则是能够培养一代又一代高素质的后备军。在这种时代背景下，英语教师教育专业培养显得尤为重要。

二十世纪七八十年代，英语教师教育专业学习者培养主要是以语言知识学习为主，这样就可以实现毕业之后马上就能上岗教学的目的，只要掌握了英语知识就可以做英语教师是当时那个年代的主要特征。这种教师教育专业培养模式可以快速弥补当时教师短缺问题，为英语学科在全国高中教育阶段站稳脚跟打下了坚实的基础。在英语教学理论界最为关注的应属李筱菊教授率先研究的交际语言教学理论体系，其在英国 ELT 杂志发表的《为交际教学道路辩护》，被学者视为 20 世纪 80 年代国际英语教学改革代表作之一。

20 世纪 90 年代以来，随着交际教学法在全世界普及，交际能力也被写入我国 1993 年的英语大纲中，课程理念的更新势必会引起教师教育专业培养方向的变化。王才仁教授"双重活动教学法"、章兼中教授"五因素教学法"、张正东教授"外语立体化教学法"、张思中教授"张思中教学法"、包天仁教授"外语四位一体教学法"等本土教学法顺势而生，在全国引起了很大影响；杭宝桐教授的《中学英语教学法》也被很多学校作为英语教师教育专业的主要培养书目。由此可见，当时我国教师教育专业培养主要受到西方交际教学理念和人本主义理念的影响。但是教师教学中更多的是在传递交际教学的理念，至于如何将交际教学理念引入课堂还缺乏深入思考和实践。当时教师教育专业主要培养方向已经不仅仅局限于语言知识的积累，而是已经转入到对语言能力运用的关注。但如何培养学生的交际能力，如何将交际教学理念运用于中小学课堂，大家都在探索、思考。

进入 21 世纪，随着人们对交际教学法在我国适应性问题的探讨，任务型教学法应运而生，并且被写入 2011 版的国家初中英语课程标准中。任务型教学法被认为是交际教学法的延伸，弥补了交际教学法重交际意义，轻语言形式学习；重真实情景创设，忽视课堂现实的缺陷，成为英语教师教育专业培养中主要的指导方法。但任务型教学法由于任务的设计及评价需要教师投入大量精力，无法与当前英语评价体系相一致，因此，引起了人们的质疑。此阶段，王蔷教授的《英语教学法》的出版及再版，为更多师范院校教师教育专业培养指明了道路。同时，外研社《当代语言学及应用语言学文库》和外教社《剑桥应用语言学丛书》《牛津应用语言学丛书》的出版，打开了我国英语教师教育专业培养的视野，这些都为今后教师教育专业培养更多的有理念有想法的教育者插上了翅膀。

2017 年高中英语课程标准的颁布将核心素养理念引入到基础英语教学中来，但学生英语核心素养的提升离不开教师教学理念的转变。因此，英语教师教育专业培养理念又转向了英语学科核心素养理念。在教学设计上已经突破了 2011 年课程标准中所提出了五维目标的设计，基于核心素养理念的四维目标设计已经逐渐在英语教师教育专业培养中占据主导。但目前，核心素养理念只是停留在宏观设计层面，如何落地则需不断进行探索。

第三节　教师教育专业培养模式

世界教师教育模式发展至今,大体上出现了三种不同类型的模式,即"定向型""开放型"和"混合型"。

"定向型"教师教育模式是指国家独立设置师范院校,师范院校定向培养各级各类教师,其他类型学校基本上不参与教师的培养。学生在特定的教师教育机构接受专门教育,学成后必须从事教师职业,这是一种封闭的定向型教师教育。

"开放型"教师教育模式是指国家并不单独设置师范院校,而是由各类综合性大学共同承担教师的培养任务,国家实行"教师资格证书制度",任何修完大学本科课程并有志于成为教师的学生,都可以通过国家的教师资格证书考试而成为中小学教师。这是一种开放的非定向型教师教育模式。

"混合型"教师教育模式是指国家既有独立设置的师范院校负责中小学师资培养,又在其他各类院校中设置师资培训机构的教师培养模式。一般来说,"混合型"是教师教育由"定向型"向"开放型"过渡的环节。

表 2-1　定向型培养模式与开放型培养模式的比较

模式	优点	缺点
定向型	1. 培养目标明确; 2. 受训者教育功底深厚,专业思想稳定; 3. 培养计划受外界影响较小,便于调整供求关系,在经济发展水平和义务教育普及程度不高时适用; 4. 教师待遇比较低的情况下,可以有效保证教师的供给	5. 与综合大学毕业生相比,师范院校毕业的学生基础知识不够深厚,学术水平较低,知识范围较窄,适应力较差; 6. 招生和就业都有很大局限,难以适应目前职业技术教育的发展对职教师资的需求
开放型	1. 各种类型的大学都可以参与到教师培养中; 2. 培养出来的学生学术水平较高,知识面较宽,易于接触科研工作,适应能力较强; 3. 学校招生来源和毕业生出路都较好,是目前世界上比较先进的教师培养模式	4. 培养师资的目标不够明确,不够重视,教育学科的学习和研究往往被忽视; 5. 学生的教育科学理论、教育方法及职业态度往往不能令人满意; 6. 国家很难掌握和控制师资培养的数量,不利于对未来教师进行专业思想教育和教育专业训练,在教育发展落后和教师待遇低下的情况下,基础教育的师资很难得到满足

结合国际上教师教育专业培养的三种模式，我国的教师教育主要按照"定向型""混合型""定向型"和"开放型"的顺序发展的。

定向型模式（1897—1917）：标志为上海创立南洋公学师范院的创立；

混合型模式（1918—1948）：表现为综合院校和师范院校培养师范生并存；

定向型模式（1949—1994）：特点为师范专业学生包分配；

开放型模式（1995—至今）：标志为教师资格证制度在中国的实施。

综合上述世界教师教育专业模式发展特征和我国教师教育专业发展的顺序，可以看出，教师教育专业都是在实现了师资储备的基础上，势必会对师资水平提出更高要求。

第三章

卓越教师培养标准

卓越教师标准的设立是教师专业标准研究的发展和提升。自 20 世纪 80 年代以来,教师标准研究就在国外开始实行,至今已有 30 多年,主要经历了三个阶段的发展。

20 世纪 80 年代,合格教师标准制定。1989 年,美国国家教师专业标准委员会发表了题为《教师应该知道什么与能够做到什么》的政策文件,其"五项核心主张"成为美国合格教师的标准;1989 年英国首次确立了《合格教师资格标准》。

20 世纪 90 年代,优秀教师标准研究。1997 年英国正式以法律条文的形式将《合格教师资格标准》规定为公立学校录用教师的基本依据。1999 年,澳大利亚出台了《21 世纪教师》,是提高中小学教师地位、专业发展水平的优秀教师计划。

21 世纪,卓越教师标准研究。2011 年,英国政府发布了题为《培训下一代"卓越教师"》的教育政策咨询意见稿,意在通过加强中小学和大学的教师教育合作、加大财政激励,吸引优秀毕业生加入中小学教师队伍;2012 年,美国国家教师专业教学标准委员会制定了《卓越教师专业标准》;澳大利亚的《国家教师专业标准》把教师分为新手教师、熟手教师、高成就教师和主导教师,其卓越教师主要指高成就教师和主导教师;同年,我国教育部公布了试行版的《小学教师专业标准》,该标准虽然只对合格教师专业素质提出了基本要求,却是我国首个教师专业标准,是引领教师专业发展的基本准则。教师专业发展标准的政策充分体现了国家和政府层面对于教师质量和教师专业的重视和期望,为卓越教师培养研究营造了良好的政策导向。

外语卓越教师标准主要分为两个阶段:

20 世纪 90 年代前,外语教师资格标准制定主要凸显对外语教师"工具性"的研究。1955 年,美国外语计划委员会在语言教育学专家 Freeman 的指导下制定了《美国小学现代外语教师资格》；1966 年，美国外语教师协会出版了美国外语教育史上针对外语教师教育的第一份比较完整、内容翔实的纲领性文件《现代外国语教师教育计划指南》；1988 年《外语教师教育临时计划指南》成为美国当时最新的外语教师教育标准。此阶段的外语教师资格标准研究主要出于对知识、技能层面的传授与相应水平的测量，体现了"工具性"标准的特点。

20 世纪 90 年代后，外语卓越教师标准制定转向对教师"专业发展"的研究。2001 年，美国《优秀外语教师标准》成为优秀外语教师认证的指标；2002 年，《外语教师准备计划标准》成为美国当前最新的外语教师教育标准。该标准提出了教师教育专业发展标准的 5 大核心命题：专业理念、知识结构、能力结构、对实践的反思意识、建立学习社群。2005 年，《语言与文化优秀教师专业标准》成为澳大利亚官方颁布的最新的优秀外语教师专业标准。

外语卓越教师标准政策研究反映出国际上对于外语卓越教师培养的重视，卓越教师的培养进入学科（包括语言和外语学科）领域进行了纵深、细化、针对性的探索、提升阶段。本章将从美国、英国、澳大利亚等国家的卓越教师标准入手，挖掘卓越教师标准的异同，以为我国卓越教师教育专业人才培养提供参考性建议。

第一节　美国卓越教师培养标准

美国致力于教学改革，通过一系列文件和标准的出台，在提高教育质量方面取得了举世瞩目的成绩。从 1983 年《国家处于危险之中：教育改革势在必行》（*A Nation at Risk-the Imperative of Educational Reform*）的报告开始，美国在追求更高的教育质量这条路上不断探索。1986 年发表和出台了一系列文件报告，如《明日之教师》（*Tomorrow's Teachers*）和《国家为培养 21 世纪的教师作准备》（*A Nation Prepared：Teachers for the 21st Century*），这些文件报告直接指明了美国的经济发展取决于教育质量的提升，而取得高教育质量需要建设高水平的教师专业队伍。

1987 年，美国正式成立国家专业教学标准委员会（National Board for Professional Teaching Standards，简称 NBPTS），旨在提高教育质量、建立一个评估和认证学校"卓越教师"的系统，并授予"国家委员会资格证书"（National Board Certification，简称 NBC）。

1989年,美国NBPTS为卓越教师标准制定了框架,发表了题为《教师们应该知道什么与能做什么》(What Teachers Should Know and Be Able to Do)的政策文件,该文件提出了五大核心主张(Five Core Propositions),主要内容为:(1)教师应该关注学生,致力于学生的学习;(2)教师应该充分了解所教学科的内容和适用的教学法;(3)教师有管理和监督学生们学习的责任;(4)教师应该对其教学实践进行系统的思考,从经验中学习;(5)教师是学习共同体中的一员。该五大核心主张为之后美国委员会(National Board)所制定的评定标准提供了参考。

至今为止,NBPTS已经制定了36门不同学科及学生发展的四大阶段标准。2011年,NBPTS针对教授英语非母语学生的英语教师制定了《英语作为一门新语言的教学标准》(English as a New Language Standards),并不断对其进行更新,主要包含九大标准,即学生知识、文化与多样性知识、家庭、学校与社区关系、英语知识、英语语言习得知识、教学实践、评定、教师作为学习者,以及教师职业领导力。该标准对英语教师专业能力、教学方法、教学理念和个人素养提出了明确要求和合理建议,规定了卓越教师所应承担的义务。每项标准都阐述了卓越教学的一个重要方面,需与高质量教学实践相结合。

标准一:学生知识

为促进学生语言、学术和社交方面进步,英语卓越教师要能够运用有关学生语言发展、文化、能力、价值观、兴趣和期待等维度知识。

标准二:文化与多样性的知识

英语卓越教师要尊重文化多样性,需向学生和其他人表明学生应在保持其文化认同感的同时,在学术上要有所建树。

标准三:家庭、学校与社区关系

为帮助学生积累教育经验,英语卓越教师需要建立并维持好与学生家庭和社区的关系。

标准四:英语知识

英语卓越教师要精通英语,并且能够掌握学生们英语学习需求。

标准五:英语语言习得知识

英语卓越教师要辩证地评估学生学习母语和目标语的学习方法,并且运用该方面知识帮助学生更好地习得英语。

标准六:教学实践

英语卓越教师在充分分析学生特点、学校语言学习和学术需求基础上,营造帮助性学习环境。使用高效指令帮助学生提高语言学习技能,从而有助于他们获得学术上的成就，掌握能够受用终生的技能。

标准七：评定

英语卓越教师应采用多种方法评价学生。依据评价结果形成指令，监控学生学习，帮助学生在学习过程中不断反思，并及时报告学生进步。

标准八：教师作为学习者

英语卓越教师应对其职业充满热情，不断提高专业能力。教师应全面评估自己的学习过程，并且运用到学生的实践中。

标准九：教师职业领导力

英语卓越教师有助于同事的职业能力提升，并推动教学领域发展，为学生的发展提出科学合理的建议。

标准一：学生知识

为促进学生语言、学术和社交等方面的进步，英语卓越教师要能够运用有关学生语言发展、文化、能力、价值观、兴趣和期待等维度的知识。学生知识是卓越教师做出教学决策的依据。卓越教师应了解学生，并且能够与学生及学生家长建立有效联系；同时应意识到英语学习者具有多样性，应充分利用这些多样性帮助学生学习。

一、理解并欣赏英语学习者的多样性

卓越教师需要与不同文化、社会历史背景的学生打交道，这些背景往往比他们的母语更具多样性。这些学生可能是刚来美国的新移民；出生在美国却生活在非英语社区的居民；或者是那些拥有复杂语言、文化和社会背景的人。因此，教师要意识到从不同视角了解学生的重要性。同时还需考虑影响每个学生学习的复杂因素，包括出生地、移民史、赴美时间、先前英语学习经历和现在的英语水平、社会经济状况、英语和母语的水平和读写能力、以往的正规学习经历及对科技的熟悉程度。

卓越教师了解国内和国际事件，这些事件能够影响他们对在校学生的认识。教师要明白学生的年龄、性别、移民状态、经历过的创伤事件、个人兴趣、需求和目标等因素都能影响学生学习。教师还应知晓学生的家庭收入、父母工作和受教育水平都能够影响学生的学术成就。除此之外，教师还应清晰学生们面临的很多挑战都来源于直接环境和社会大环境，例如种族主义和基于语言、文化、种族和宗教关系的歧视。这些因素会阻碍学生的语言学习、学术和社会方面的发展,教师需突破这些固有限制去努力了解学生们的梦想并为其发展创造条件。

二、了解不同家庭

卓越教师需要意识到英语学习者来自不同家庭环境,并且需要关注学生的家庭结构,如其家庭所处的经济、社会和语言环境等。教师还应积极体谅学生带入学校的复杂家庭问题,了解新移入美国的家庭往往意味着家庭结构的调整。教师还应熟悉学生们的家庭状况,如是单亲家庭还是双亲家庭,家里是否有兄弟姐妹,祖父母及其他家庭成员。虽然很多学生包括他们的家庭都是初到美国,但是很多英语学习者出生在美国,并且他们的家庭与美国这片土地紧紧相连。还有些学生是在与家庭分离了几年后才搬来美国的,留下他们朝夕相处的监护人在国内。有些学生独自来到美国,独自生活或者与他们并不熟悉的继父继母、叔叔婶婶、兄弟姐妹生活在一起。还有些学生的父母返回了原籍国,他们却留在了美国,这些学生往往没有家人和成年监护人,更有甚者,在得不到家里资金支持和成人监督的情况下继续着学业。

三、理解先前学习经验的意义

卓越教师要知道对土生土长的美国学生来说很熟悉的学校设施,可能会给新来的学生带去挑战。学生来到学校之前的受教育经历非常有限,甚至可能没有接受过学校教育。有些学生所接受的教育理念与美国的教育理念有很大出入,例如他们可能不了解学校的日常生活,特别是教室轮换,铃声安排和储物柜使用。他们可能对一些活动和情况感到茫然,例如赛前运动会,学校期刊和紧急演练。由于学生不了解学校规则以及不懂得使用英语,往往会在常规教学中遇到很多难题。教师们要用心向这些学生解释清楚学校为什么要这样运行,帮助他们尽快了解课堂文化,从而使整个教育系统都能给他们带来便利。教师可以抽出课堂上的一点时间帮助新入学的学生了解每日安排,包括课程、午餐、停课、交通程序、参加学校项目、社团和球队的要求以及截止时间。

四、将学生看作资源

卓越教师认为学生的能力、知识、文化背景和兴趣储备是继续学习进步的基础。要充分利用这些资源,为学生提供具有一定挑战性的机会,使他们学习一些具有学术性的内容并且有机会接触新知识。例如,为了调动学生地理课上的积极性，教师可以请学生分享一些个人经历，可以是来自他们曾经生活过的乡村、城镇或者郊区的感受。

教师要知道，即使学生们不精通英语，他们也可能在某个学术领域具有专业性。要鼓励学生参与学术课堂活动，通过鼓励他们使用母语来帮助提高多语技能。同时，教师还应意识到受教育经验少的学生往往有高度发达的认知和实用技能，这些技能是他们学术学习的宝贵资源库。例如负责家庭购物或者掌管家里某一项开支的同学往往有优秀的组织能力，算数能力和记忆清单的能力。教师可以利用这些实用技能来帮助学生们提高课堂表现。

五、与学生建立和谐关系

卓越教师知道与学生建立和谐关系将有助于教师了解学生，帮助学生提高语言和读写能力，取得学术上的进步。教师平时要仔细观察学生，如他们是否能够很好地适应学校、结交好友、拥有归属感、责任感、学会关心他人。由于学生们正在迈入青春期，与同龄人和成人的关系在慢慢转变，教师应留心学生们社交能力的变化。通过多交流、多观察的方式，教师可以更好地了解学生们的价值观、兴趣、才能、顾虑和愿望，并且可以及时地提供建议与帮助。教师可以鼓励学生们辨析自己的价值观与其他文化影响下的价值观的区别，这将有利于学生们理解其他群体的行为，帮助他们提高跨文化交际能力。在学生需要帮助的时候，教师要及时提供多元文化视角去帮助学生们做出及时回应。

为帮助学生更好地适应新环境，卓越教师要明白学生与家庭成员及亲近成人之间建立亲密关系是很重要的。当学生遇到社会问题或经济困难时，教师有责任去找他们谈心，建立与学生之间的良好关系可以帮助他们更好地了解学生的行为、表现和需要。卓越教师应博闻强识，当学生向他们咨询有关学术进步、住校、同学关系和课余活动等相关问题时，他们可以给予中肯的建议。他们还可以指导学生利用校内外的各种资源。教师们可以敏锐地感知到学生对自身身份和社会地位的看法，这些看法往往受出生地、到美时间、移民史、社会经济水平和母语等不确定因素的影响。

六、深入观察不同的学生

卓越教师会采用多种方法了解学生及其家庭、所在社区和学习环境。在不同的环境下，如正式的课堂讨论、会议还是在非正式的聚会中，教师都要学会倾听学生看法。当学生在参与集体或者单独活动时，教师要留意观察学生表现，包括他们的优势、不足以及与同龄人交往的情况。教师作为观察者和语言文化多样性教学的专家,深知在不同背景下,有些手势和肢体语言具有不同的含义。例如,如果一位韩国男学生挠了挠自己后脑勺,这可能代表了他有点后悔或者是想要求助和提问;一位中国女学生不参加课堂活动,原因可能不是听不懂课堂内容,而只是不想引起注意。教师们可以通过与学生家人、监护人和同事们的聊天来加深对学生的了解,他们可以利用这些信息来制定能够激发学生积极性的方法。

七、注重满足学生特殊需求

卓越教师要学会寻求同事帮助,及早发现有特殊需求的学生,这其中就包括"天才"。对待这些学生,教师要根据他们的需求为其创设有意义的、合适的课堂情境。教师明白学生家长往往能发现学生在课堂上所没有表现出的特点,因此教师需要与家庭建立良好的关系,使家长参与到教学决策的制定,并且及时向家长报告孩子的进步。教师还应与教育专家共同合作,例如语音和语言病理学家、阅读专家、特殊教育学家、物理和职业理疗师、儿童及青少年发展方面的专家。教师还应向能讲学生母语的专家求助,这些专家能够更了解学生们的文化背景、以往教育、社会经历等因素对学生的影响。

通过与阅读课教师、特殊教育教师等其他相关教育工作者合作,卓越教师在确保尊重并重视每位学生的同时,可以设计、实施和改编一些学科课程、语言学习目标和教学实践内容。通过创设教学环境的同时,帮助学生意识到自己与他人与众不同的能力。根据学生特殊的语言和文化需求,布置个性化的练习。教师还可以借助合适的手段来监控学生学习进程,确保他们成功完成任务。在采取这些方法的同时,教师还要积极帮助学生提高批判思维能力和解决问题的能力,帮助他们提高社交能力,培养他们与生俱来的特殊才能。

八、创设适合学生的教学任务

卓越教师应了解学生肩负着延续语言学习的责任,并且基于这种认识设计合适的教学策略、学习活动和课业评估手段。有些学生在家并不会使用英语进行交流,对他们来说英语是门全新的语言;有些学生虽然讲英语,但他们同时也讲自己的母语;还有些学生具有多语能力。考虑到学生的多样性,以及不同双语教学目标,有些教师为了使学生精通英语,在教学时不止使用一种语言,还会创设双语环境,如英语为主要语言的课堂教学环境下偶尔使用学生母语来促进他们学习。在特定的教学任务中,教师会给学生提供有意义地交流机会,在交流过程中,学生们学会阅读学术文章,同时还慢慢精通一门甚至几门语言。

为了能够提供不同课程切入点，教师要了解学生当下的能力如何可以运用到学习新语言上。教师应充分考虑学生的文化背景、先前学习经历及不同学习方法。充分理解这些因素可以帮助教师制定出既可以团结班级又尊重每个人的特定教学目标。例如，教授英语水平一般的学生时，教师可以尽早介入，提供个性化的指导来帮助那些在读写方面尚待进步的学生。教师在同一语种课程教学情况下，可以根据学生的特别需求，为他们提供不同的教学目标，设计特定的教学活动。

九、反思学生语言学习

卓越教师对学生所具备的学术、文化和其他资源要做到心中有数，并且寻找方式充分利用这些资源提升学生学术水平。通过分析和反思人口现状对学生的影响，例如在美居住时间、到美年龄、出生地、母语、社会经济地位、家庭结构和价值观、教育背景和职能，卓越教师要形成科学合理的教学指令。

标准二：文化与多样性的知识

英语卓越教师要尊重文化多样性，需向学生和其他人表明学生能够在保持其文化认同感的同时，在学术上也会有所发展。对文化多样性的鉴赏力、有关独有文化特征的知识，教学策略的发展都有赖于学生对本国文化的认同和世界文化的理解。卓越教师深知学习一门新语言的同时意味着学习一种新文化，学生学术成就与其文化身份密切相关。教师们需要建立文化适应型课堂，在教授美国文化的同时，不忽视学生们的本国文化。教师要和学校教工和社区成员一起识别、审查、反思社会歧视、偏见、不公正现象的原因，创造一视同仁的学校氛围，让学生们都能得到帮助和指导，从而取得学术上和社会上的成功。

一、了解文化和多样性

卓越教师知道了解学生文化背景不是一蹴而就的，这些文化包括在社会中形成并共同遵守的信念、行为、价值观，同时也应了解文化所蕴含的概念有种族划分、种族身份、家庭结构、语言、社会经济地位、宗教和政治观念等。

教师与学生家长、社区成员要互相协商，加深对学生个人、社会和教育背景知识的了解。通过这些做法，教师可以构建出对文化环境和文化身份的新认识,这些认识完全超越了他们之前过于简单和呆板的印象。教师应明白即使是来自同一国家的学生,也会因地区差异和其他社会经济原因而有不同的经历。了解学生校外生活环境,可以帮助教师构筑起学生家庭文化与校园生活之间的桥梁。

卓越教师深知学生所拥有的是完全不同的文化背景,这决定了他们并不会仅仅因为住在同一地方而联结在一起。来自饱受战争之苦国家的同学可能已经适应了当地在难民营生活的文化规则;来自工业化城镇地区的同学已经适应了有很多多语种的朋友;有些住在国境周围地区的同学可能已经适应了邻国的习俗和信念,并且形成了双国度的身份,这种身份认同可以让他们很好的接受邻国文化。

卓越教师能够很好地回应学生们的文化体验与理解。应知道有些东西被广泛认定为文化特性,如传统食物、服装和流行音乐。这些虽然是流于表面的东西,但是却蕴含着深厚的文化身份特性,如价值观、信念以及世界观。教师发现有些价值观是全世界都普遍拥有的,如家长们望子成龙的祝愿,但是他们也发现了不同的群体表现这些核心价值观的方式是不同的。教师可以根据潜在的文化特性来解读学生的行为,并且可以帮助大家了解不同文化群体所表现出来的特性,使他们能够学会了解和欣赏不同文化观点和经历。

二、文化回应型学习环境

卓越教师知道来自不同文化这一背景为学生们提供了丰富学习活动的机会,并且构建了一个可以达成学术成就的整体框架。教师可以充分利用学生带入课堂的那些文化经历。例如在一堂有关应试技能的课堂上,教师请学生们来分享一下他们原先是怎么备考的,建立学习小组就是其中一种技巧。这样,教师就可以吸纳学生们不同的见解来帮助他们制定教学决策。教师还需要考虑到穆斯林学生在斋月期间需要禁食,所以他们可以提前告知其他同学,让他们学会适应并且理解他们的穆斯林同学们在这段圣期之间的特殊需要。合理安排住宿,使穆斯林学生能够在午餐时有一个单独的休息之处,尽量不要在下午安排重要考试和重体力活动,因为这些学生往往会非常劳累和饥饿,并且他们不会在日落前进食或者喝水。这些尊重不同文化而创设的文化回应型环境尊重了学生的文化知识和经历,并且验证了存在的文化都是有价值的。

卓越教师知道文化行为需要有明确的指令才能很好地与美国的学术环境相融合。例如,教师可以指导学生们在小组讨论和写作教学中做口头发言。提供机会让学生为自己的想法辩护或者把学生分成小组,让他们根据提供的语言结构来进行辩论。教师要鼓励不愿发言的学生踊跃表达自己观点，他们还可以通过向学生教授一些会话技巧，让他们学会能够敏感地根据不同文化情景进行回应，根据特定环境调整自己的音量，直接与听众进行对话。当教导学生取得学术成就所需的文化行为时，教师要帮助学生们发展在学校、社区和家庭交流时必备的交际技能。

卓越教师知道学生间的互动可能会导致拉帮结派和孤立其他同学的现象，有些学生可能会出现脱离阅读工作坊等课堂活动，或者表现出疏远的迹象。教师应知道如果学生被孤立，则会影响他们英语水平的提升，以及英语文化、习俗的学习，因此，应采取一些策略让每位学生都能参与进课堂活动中来。教师应制定明确的目标，让学生在课堂上能够采用不同的论述方法，提高学生的交际能力和个人能力，从而在今后的社会竞争中取得成功。

卓越教师深知美国学校文化不是完全统一的而是一个动态过程，在不同社区、行政区、地区和州都各不相同。学生们开始并不会意识到学校文化的存在。例如，在有些学校里，同种族的人会一起进餐。但是在其他学校，大家不分种族一起吃饭。教师知道影响个人空间使用和轮次的行为，学校文化并不会在初期就教给本地学生。因此，教师要明确地教会学生们了解这些可接受的学校行为，如在排队时要保持多少前后距离，怎样在课堂上轮流发言。

卓越教师可以通过降低学术难度帮助学生们适应并参与学校活动。教师应知道新生拥有和本地学生完全不同的学习经历，并且会特别留心学生的特殊需求。例如新生可能对选择个人项目以及加入学习平台感到困惑。教师要确保教学活动是基于他们对学生文化信仰和实践的理解。当将学生分组进行合作任务时，教师要尊重学生的文化身份。

三、学生主张

卓越教师应组织一系列活动来欢迎新生，帮助他们在学校和社会中获得成功。教师们要帮助感觉到被孤立的和压抑沮丧的学生，还可以咨询社区人员，帮助学生尽快适应美国生活。教师可以用学生最熟悉的语言教导他们，安排搭档来帮助他们尽快适应学校生活，为学生和他们的家人建立互助系统，为新生制定一些特定的教育方针。

为了帮助、支持英语学习者，卓越教师要协作努力，让不同文化群体的学生都能适应学校文化。教师可以提供一些资源给学生家庭，例如能够反映学校语言和文化多样性的双语字典和学校活动日程表，举办一些以不同的社区种族和文化传统为主题的庆典，监督创立多语种电话菜单，帮助建立多语种的学校网页,或者帮助建立多语标志和其他信息资源。教师应与课程委员会一起合作,把代表不同文化的文学作品编排进课程。通过努力,学生能够培养起欣赏自己和其他文化的意识。

卓越教师了解文化是动态的并且学生们的文化身份是变化且复杂的。学生们不一定完全认同家人的文化、祖国的文化或者是美国的文化。教师们发现大多数学生和其家庭都在经历着可以影响他们学业的巨变。一名中学生,如果他的家庭成员先他来到美国,那么他学习新语言的同时还需要适应家庭、学校和社区文化。当遇到这种情况时,卓越教师们可以成立互助小组来帮助这些学生和他们的家庭。

卓越教师认为独特文化信仰和习俗具有重要性和丰富含义,这其中也包括美国的学校和社区文化,他们希望可以了解周边发生的事情和在美国取得成功的学生及其家庭。因为学生到了一个全新文化国家,所以教师有时候需要承担起文化传播者的职责。教师们知道学生面临着维持原来祖国文化,适应新文化的局面。

卓越教师能够帮助学生是因为他们在教学中发挥着社会文化复杂性引导的作用,这主要包括种族标签和分类。例如,有些学生会感到困惑,他们仅仅是出生在西班牙就被一些政府单位认定为欧洲人,而有些机构只称他们为讲西班牙语的人,因为他们是智利人。教师们发现这些身份认定方法会让初到美国的学生感到困惑,不习惯那些习俗,所以教师要提供合理的帮助和指导。例如,因为学生在做标准试卷前就要填写人口信息,教师可以帮助他们熟悉一下可能遇到的有关种族分类的问题。

卓越教师也承认由于对新的文化特征和经历的不了解,有些同学对新来的学生不友善。因为着装、行为和语言的差异,新生们有时很难融入由其他同学组成的团体,即使他们都来自同一国家,并且已经在美国居住了一段时间。在这一段文化适应期,教师们要帮助学生理解和处理这种多语言和多文化的现实情况。除此之外,教师和其他教工要促进学生了解这一过程,建立有益于学生的校园环境。

卓越教师意识到在他们的课程、指导和评估中要避免文化偏见的重要性。他们不能理所当然地认为所有学生在幼儿时都知道像《小蜘蛛》一样的美国标志性读物,在小学时都知道乔治·华盛顿砍倒樱桃树的故事,中学里就了解《保罗雷维尔的奔骑》这首诗歌。反而他们应该教学生一些必不可少的背景知识,调动学生原有的知识来辅助学习。教师要对课程所授内容中有关文化偏见的部分保持敏感,他们可以加入教科书审查委员会,防止推荐的教科书中出现文化偏见等相关的内容。

四、反思

卓越教师对文化有深入的理解是非常重要的，这不仅是学生们学习的目标，也是影响学生学习的关键因素。教师要充分意识到自身哲学、文化和经验上的偏见，并且正确对待文化背景、信仰和价值观都与自己完全不同的学生。教师要就发生在校园里的文化事件做出分析，确保学生在维持自身文化的同时，能够学习和接受新的文化。教师还要就教学材料和课堂管理策略中可能出现的偏见做出批判性的反思，通过反思来帮助学生们提高学习能力。

标准三：家庭、学校和社区之间的联系

为了积累学生教育经验，英语卓越教师自身需要建立和维持好与学生家庭和社区的关系。卓越教师发现家庭参与度高的学生更容易取得成功，因此教师应鼓励家长参与进学生学习过程中。除了和家长建立起有效且互利互惠的伙伴关系外，教师还应重视社区在学生学习过程中扮演的重要角色，并且意识到学校服务范围还应包括社区。教师还需协助学生与家庭及社区建立良好伙伴关系，因为许多学习项目之所以能够发挥社会效益，正是得益于这些伙伴关系。教师建立起的与学校、家庭和社区之间的关系能够帮助学生取得学业上的进步，形成一种校内外都热爱英语学习的潮流。

一、与家长的沟通交流

卓越教师可以通过与学生家庭建立紧密关系来提高家人参与度，帮助学生取得成功。教师发现许多学生家长其实也在学习英语，他们刚到美国，会感受到美国校园文化是十分陌生的。教师要为学生家长提供了解学校结构、制度和实践活动的机会，并且邀请他们共同参与进教学活动中。教师发现通过翻译员与父母协商过程中，学生会充当翻译者和文化解释者的角色。在双语社区联络员和专业翻译员的帮助下，教师可以向学生家长清晰解释学校的一般规定，使家长了解到学校不仅是教书育人的地方，还是支持学生参与社会服务、为学生升学和就业提供指导的地方。教师要告知家长学生课堂参与情况、课堂作业完成情况和考试成绩，在向家长汇报学生在校情况时，教师应态度明确，不仅告诉他们学生进步情况，还要告诉他们如何正确帮助学生学习。

卓越教师应运用一些沟通技巧,帮助学生家长了解学生学习进展情况,并且鼓励家长参与进学校活动中。教师可以设计有意义的教学项目,了解家长对孩子的希望和目标。通过与学生家长直接面对面聊天或打电话等方式,或者把学生学习报告请同学翻译成家长所使用语言这种形式,获得家长对子女教育上的支持。教师还可以挑选适当时机,与社区双语联络员或翻译员一起进行家访,聊一聊学生的成长进步。教师要确保能够及时与家长交流,告知他们学生取得的进步、成就和所需的帮助,还可以告诉他们帮助孩子实现更高目标的策略方法。教师还需要告诉家长一些有关免疫要求、课程设置、学生安排、特殊服务和课外活动等信息。教师应明了很多家庭拥有不同信仰和文化价值观,当他们发现学生最大的兴趣爱好与家庭的信仰及价值观冲突时,要深思熟虑后,先与家长沟通,教会他们换位思考,理解自己的孩子。与家长的沟通交流能够促进学生在学习和生活中取得成功,同时也能帮助教师了解家长的兴趣爱好。

卓越教师知道尊重和了解学生家庭的重要性,也明白与家长的沟通交流既是机遇也是挑战。教师知道家长会依据之前自己的学习经历,把自身的期望和对学习的看法强加在学生身上。教师发现让家长了解学习、减少误解是至关重要的,所以他们会正确合理地把信息传达给家长。他们也知道与家长交流是需要特殊帮助来规避语言和文化障碍,并且有必要与其他学校教工和社区组织一起设立课程,开办讲习班来解决学生家长在语言、教育和学校期望方面的问题。通过提供专业翻译和翻译好的文件,教师可以充分调动家长在子女教育上的参与度。

卓越教师发现家长的经历及见解能够有助于提高学生的学习水平。家长的参与可以使教师更好了解到家长对子女的期望,从而更有效地满足学生语言学习需求。在与家长交流过程中,教师可以听取一些有关学生家庭生活的故事,记录学生特长、天赋和优点,因为这些优点并不一定能够在学校生活中表现出来。在合适的情况下,教师可以与其他同事共享这些信息,但是要注意确保对外保密。教师认为与家庭的合作是激发学生学习动力的不可或缺的途径,并且能够提高学生学习能力和水平。

二、家庭和学校之间的联系

卓越教师致力于为英语学习者提供长期教育成功的途径,了解到他们肩负着家庭学习和学生取得成就的双重责任。因此,教师应寻求家长的帮助,希望家长能够在家里采用可以帮助学生更好学习的策略。教师有时候还要处理家庭出生地和先前学习经历所带来的文化问题，他们还应十分重视家长作为教育者的责任，认可家庭所具有的特殊技能和知识在子女学习过程中的重要性。例如，教师可以建议家长对自己子女保持较高期望，与家长解释他们可以做哪些事情来支持孩子学习，列出家长可以帮助孩子取得学术成就的步骤与方法。教师可以指导其他学校教工和家长，帮助学生培养建构主义学习方式和其他能够提高学术水平的方法。教师可以请家长配合问一些有关学校作业的问题、鼓励孩子用他们正在学习的语言回答、帮孩子一起准备课堂讨论内容、帮助他们建立起语言学习兴趣。通过与家长交流孩子的目标、成就和需求以及学习和在家里的表现，教师可以帮助家长树立起对孩子在学术和学习上较高期望，培养孩子们的自信心、能力、自律意识和积极性。

三、与学校社团的联系

卓越教师要在教室和学校社团通过推介、实施一系列方案来创造一个让学生感到安全和受重视的环境。例如，教师们可以把家长们当作辅导者和指导者，邀请他们来做有关专业知识领域和文化活动的讲座，请家长们帮忙写课堂通讯。为了创设适合家庭参与的教学环境，教师可以与学校员工、专业翻译员和社区双语联络员合作，定期组织与非英语家庭沟通的活动。教师可以与同事和管理人员商量，让英语学习者家庭以志愿者身份用其母语一起参与制作日历、设计多语电话菜单或者举办其他有意义的活动。为确保家长在学校决策中有话语权，教师可以通过召开论坛活动为家长搭建进言献策平台，或者根据家长的时间、地点召开家长会。教师还可以安排晚间课堂，使家长了解学校课程和掌握一些能促进学生读写能力的学习方法。例如，教师可以向家长介绍有效的读写方法，以便家长在家里也能够指导学生学习。教师与其他教育顾问和学校人员要确保学生了解升学的要求，知道修学分课程是在毕业前达到学术和专业目标的先决条件。教师在整个学校社区都要尊重多语言现象的存在，挖掘文化多样性，加强各方合作，最终促使学生达到令人满意的学习结果。

四、与社区的联系

卓越教师知道为了稳定学生学习成绩，必须要加强学生家长与社区资源和服务机构之间的联系，因为这些机构能够在满足家庭需要的同时，提升学生学习成绩。在美国，教师应推动很多刚到美国的家庭接受社会服务，例如医疗、社会、教育和娱乐服务。教师与其他学校教工和其他专业人员可以向家长介绍一些有关英语学习课程、公民课程、计算机课程、文化体验课程和继续教育课程。教师可以向学生和家长介绍社区图书馆里拥有的资源，以及可以帮助学生和家庭的社区机构。还可以向一些社区团体申请资金以确保电脑等资源能被学生们正常使用。教师还可以与社区领导合作，投资建立一些流动汽车图书馆，为学生、家庭和邻居们提供一些便捷的、与课程相关且有趣的阅读资料来给他们提供更多学习机会。

五、反思

卓越教师要仔细反思他们的思想是否适用于家长对学生的教育。教师要分析家长对子女学习的想法是否是可以接受、理解和有用的，要审查家庭、学校和社区在学生达到学习目标过程中所发挥的作用。教师还需分析多类型的家校合作、社区合作所取得的成果，报告这些合作体在促进学生英语学习方面所取得的成绩并且及时调整方法来使这种合作更牢固。

标准四：英语语言知识

英语卓越教师不但要精通英语语言，而且要深入了解学生语言学习的需求。卓越教师扎实的英语基础可以确保学生能够很好地掌握并灵活运用英语。不论他们的学习背景和专业水平如何，教师应对那些能够影响学生学习的地区、州政府和国家的标准、政策了如指掌，要有目的地将学生英语知识的提升及运用，通过不同类型活动的设计得以有效实施。

一、语言的不同层面

卓越教师在英语语言听、说、读、写和看等不同技能方面都要有扎实的知识储备，以评估学生英语能力，有效满足学生语言上的需求。

1. 听

卓越教师应明确听应包括接收、注意、理解、分析和回应所听到的声音及信息，他们还应具备能够辨别出听力挑战任务难度的能力。教师应了解拥有其他语言背景的学生往往会忽视重要的单词语法形式，如过去式和复数形式等。教师还需分析重要的语言结构，以帮助学生理解口语指令、听懂教师的意思、记笔记和了解文章大意，他们应知道学生在听力时会遇到各种各样的问题，如他们会因为混淆单词的发音而不了解其意思。讲西班牙语的人往往会把 ship（船）这个发音中的［i］读成 sheep（绵羊）中的［i:］。教师们要找出并且重视口语会话中的听力特征，例如缩写、略读、停顿和口语中常见的短语，还要注意那些标志着话语顺序的语篇标记，例如 first（首先）和 second（其次）等。

卓越教师应知道什么时候需要使用已有知识帮助学生更好地学习。有些看似全神贯注的同学可能并不理解听到的内容，因此，教师需要采用多种方法来检查学生听力理解水平。教师知道在学生记笔记、组织信息时提供帮助是很必要的。教授初级水平学生的教师要注意让他们学会把语音划分为不同音节和认识这些核心词汇，还要帮助他们了解一些语篇结构，学会通过重复或者解释可以使自己的观点更加明晰；教中级水平学生的教师要注意教授一些有关音素和词缀方面的知识，让他们学会用强调和声调的起伏来传达意思；教授高水平学生的教师要让学生学会按照叙述层次、科学注解和复杂实验指令来了解文章结构，教师应清楚该水平学生学习这些技能是为了能够理解现实生活中长篇大段的英文对话，并且能够快速找到长篇听力所要表达的主题和目的。不论是教哪种水平的学生，教师都要培养训练他们能够推断出说话人意图的能力。

2. 说

卓越教师需要了解学生为了提升交流能力而需掌握的最基本语言特征，并且能够在课程教学中关注到这些特征。在教授发音时，教师需关注发音中的难点，如辅音连缀、元音与双元音、音节结构、英语语调模式以及母语发音对英语发音产生影响的地方。在教授词汇时，教师应依据听众特点、话题和场合，帮助学生理解词汇的意思。教师有时需要通过额外解释和采用转述的方式帮助学生加深理解。在教授语法时，需特别留意学生口语中出现的语法形式。教师还需运用语用学知识，帮助学生开展流利、有效对话，如借助肢体语言、面部表情、手势、讲话速度和停顿。

卓越教师要能够识别、分析和阐释语言的不同类型和功能，例如道歉和解释，这些往往需要教师了解不同的话题，根据不同会话目的和受众来加以解释和分析。他们希望学生能够积极参与课堂活动，例如与同龄人及教师交流，参与课堂讨论、做正式报告。在这些活动中，可以要求学生根据解释、赞成或反对和阐述为目的语言形式组织话语。

3. 读

卓越教师需深入理解阅读中涉及的语言知识及认知加工过程。主要表现在语言风格、写作方式、拼写系统、词汇、语法以及阅读策略等方面。教师应熟知文本语言对学生现有阅读水平的影响、学生阅读难点、学生自主阅读等问题。意识到学生开展英语阅读过程是极为复杂的,建议为英语学习者提供别具特色的英语阅读材料,以提升其读写能力。

那些教授初学者如何进行阅读的卓越教师,在英语语音体系与字母发音之间的联系方面应具备渊博的知识,应全面了解这种音形关系会给各种语言背景的英语学习者带来不同挑战。他们发现,发音精准反而会给不同背景英语学习造成困难,从而必须在课堂上采用循序渐进的方式进行教授。他们明白,语言解析能力对初学者来说十分必要。而对那些受教育水平有差异的学习者而言,教师通晓英语拼写规则,具备基本的解释能力则显得尤为重要。教师还应懂得如何为学生挑选有意义、相关联的阅读材料,知道如何运用拼音规则,分析所选文本的适合性。他们了解学生英语和母语处于不同发展水平,因而在帮助学生培养语音意识、解读能力这些必要技能的过程中,应对此方面的知识有所运用。此外,针对那些在母语方面已掌握一定基础知识的英语学习者,卓越教师会帮助其对知识进行转化和运用,培养英语阅读能力。

对那些英语初学者必须熟练掌握的单词,卓越教师应会进行分类,做出分析,包括一词多义、功能用词和高频词汇方面的知识以及分析单词的技巧,让学生分清前缀和后缀,确定词意。教师应明确,如果学生的母语和英语属于同源,那学生便能依靠已知母语单词中相同或相似的基本形式来学习英语。例如,许多数学和社会学方面的核心英语单词源于西班牙语,如:addition/adicion、angle/angulo、civilization/civilizacion 以及 geogrphy/geografia。因此,教师要有目的地帮助学生利用好这一丰富的语言资源。

卓越教师可以选择文章的难易程度,挑选一些适合不同英语水平、文化背景和年龄段学生需求的文章。他们应掌握帮助学生使用正确语调,流利朗读的方法,以及明确不同的文章适合使用怎样的语调进行朗读。卓越教师深谙语法对阅读理解的重要性,并且不断探索那些能够更好向学生们解释语法特征和词序的方法。例如,当学生在阅读句子时,他们会根据词序、释义以及词与词之间的关系来理解句子的含义,引导学生运用语法知识来推测文章隐含的意思,并且能够跳出词组和句子的束缚,通过分析代词照应和解读段落间的逻辑关系来推测文章大意。

卓越教师认为熟练运用过渡标记语可以帮助学生提升阅读能力。例如使用 next(然后),for example(例如)等词来暗示时间顺序;用 compared with(对比)和 different from(不同于)来表示对照和对比;用 as a result of(因此),in order to(为了),therefore(因此)来解释进程和原因。教师要帮助学生们识别这些重要的语篇标记语以提高阅读能力。

卓越教师要掌握能够快速激活学生已有背景知识的教学方法，并且能够将这些教学方法和学生的英语阅读流利水平和其他变量结合起来。教师擅长识别和分析阅读技能背后所反映出的认知过程，以及有助于提高学生阅读能力的教学方法。能够帮助学生了解不同文体特征，如报告类文体和记叙文体等。明晰学生已有学习经验对提高阅读能力有很大帮助，知道阅读所需要具备的知识和必要的信息储备。他们还应教授学生一些阅读理解技巧策略来帮助学生学会监控自己的阅读过程。

卓越教师发现有些文化因素会妨碍学生对篇章的理解。他们发现即使是简单的篇章，对于那些没有文化背景的学生来说也是很难理解的。例如，法国学生可能会误解一个送给母亲万寿菊的孩子的故事，因为在法国万寿菊代表死亡和哀悼。

卓越教师发现批判性阅读能力并不是所有文化中读写能力的培养目标，所以很多英语学习者并不了解批判性阅读的具体方法。但教师明白这种阅读方法对于学生在校学习过程中，以及在以推测为主要考察目标的重大考试中所发挥的重要意义。教师应能熟练地将阅读和批判性思维相结合，向学生演示如何能够根据阅读内容做出有目的的、合乎逻辑的、且有理可依的判断。教师应探讨能够提高学生批判性阅读能力的方法，例如可以指出一个论证，或者分析的几个要素，还可以得出一些合理的结论。

卓越教师应了解学生接触基于不同技术手段的阅读方式，并从中获取必备的技巧和知识。教师应具备分析来自不同媒体资源文本的能力，并且判断语言是如何影响信息表达的。这种方式可以帮助教师反思每种媒介对于不同水平英语语言学习者的优势及不足。

除了上面阐述的这些特征外，卓越教师要不断研究与英语学习者相关的阅读材料。他们对印刷意识、音素意识、词汇、理解和流利度等方面有深入研究，为了给英语语言学习者提供更好的指导，他们还必须熟悉教学主题的相关内容。

4. 写

卓越教师应懂得手写、拼写、标点符号和大小写的基本规则。能够辨别刚入门的英语学习者觉得难以书写的字母。教师知道来自不同语言背景的英语学习者所面临的有关拼写规则方面的挑战，并且努力辨识具有特殊需求学习者书写方面的需要。

卓越教师认为英语学习者必须掌握大量词汇，只有这样，才能根据不同目的要求撰写出合适的文章。教师在写作教学中应帮助学生实现篇章写作的连贯性、权威性、证据确凿性、幽默性、礼貌性和简洁性等特点。教师应帮助学习者找出与写作正式程度、写作风格和语气相关的单词，以及如何用新词造出句法复杂且语法正确的句子。

卓越教师反思并确定帮助学生发展写作能力应具备的语法知识范围，寻找合适的语法学习顺序。能够辨认写作中学生容易出现的语法错误，并且知道如何从语言学角度分析这些错误。他们清楚语法难度会因文本不同而不同，明确口语表达中运用的语法与写作中使用的语法之间的差别。

卓越教师能够向学生有效讲解写作的特征，比如中心思想明晰、段落结构一致、引入和结论有目的性、过渡自然、论据充分，以及对阅读者的针对性。教师应意识到有些英语语言学习者在接触写作时，已经对写作结构有了深入了解，并且关注到这些问题。教授高水平英语学习者的教师应能够辨认、解释和分析不同文体篇章的语言特征，如散文、研究性文章和实验室报告等。

卓越教师应知道什么时候教授，以及如何教授过程写作、开展小组写作和限时写作。应清楚如何针对不同水平的学习者调整指导方式，以帮助学习者有效地将写作过程的基本步骤运用出来。例如，他们可以照顾初级水平的学习者，降低头脑风暴的难度，并适时地提供指导，鼓励他们在小组中用简单语言进行交流，以确保每个学习者都可以融入这个环节。

教师应探索科技在写作中的适用性和使用性等问题。他们会使用有图像、视频、音频、音乐和创作的电子设备。了解学生们如果想成为未来社会上的文学大师所需要具备的语言特征和知识，这样才能借助科技手段进行书写。

5. 看

看是指通过"读图"的方式来了解图片的含义。学生可以将信息转换为各种图片、图表或者表格的形式来帮助交流，也可以从各种图片形式中解读出信息。图片素养是接受（观察）和产出（视觉再现）的集合，因此学生们既是视觉图像的输入者也是输出者。观察，是看的一部分，包括解读图片时表现出的能力，评估媒介信息和运用图形进行交流。卓越教师可以通过看这一技能来调解学生们语言和文化上的差异。教师可以挑选出一些学生需要去解释和讨论的语言和文化信息，并且可以在交流中融入视觉再现。教师还应了解如何评估文本的布局和网站上图片、网页的整体效果，并且可以根据学生过去的视觉经验将教师自己的解读讲给学生听。教师发现不同的文化群体对文章的著作权和所有权有不同的理解，所以他们需要明确地告诉学生们美国人对剽窃的看法及后果。

卓越教师要根据学生的年龄层和英语水平来恰当使用教学性视觉再现。

他们知道，虽然视觉方法有助于促进一些英语学习者学习，但是对其他需要解释的人来说是另一种语言和文化上的障碍。由于科技的迅猛发展，教师还应密切关注科技发展在教学中的运用。

二、语言知识

卓越教师应具备强大的语言知识背景，如语音、词汇、语法和语篇等，并且知道如何促进英语学习者有效利用这些内容。

1. 语音

卓越教师应充分了解英语字母的发音、字母组合发音，以及由字母及字母组合构成单词的发音。他们还应理解基本的重音和音调模式，英语的音节结构。另外，他们还应熟知英语复杂的发音规则。

2. 词汇

卓越教师拥有丰富的词汇知识，能准确解释单词的基本义，从而更好地理解在篇章中的隐含义。例如，他们能使用正确的语法知识分析、解释有关单词拼写及使用方面的信息。他们教授学生词根、词缀以及从希腊语和拉丁语中转化而来的常用词汇。教师知道如何在学习情境下选择有用的词汇，如单词谱系庞大的单词。而学习情境对于学生了解学校课程有着举足轻重的意义。英语初学者的老师会考虑学生开始学习英语的时候，选择教师学生在紧急情况下所需的单词比如 Help! Stop! Fire! （救命！停下！着火啦!)这类单词，以及学生日常必须使用的词汇。对于具备高级英语能力的学生，教师可以选出具有挑战性的词汇和单词用法的范例，这些是学生接触难语篇、通过考试、进行学术汇报，以及在课堂教学中获胜的必要条件。

3. 语法

卓越教师应能解释一定语境下语法的基本特点。基于教学材料分析的各项标准，可以厘清语法项目教学的顺序。通过对学生的语言水平展开正式及非正式的评估，寻找语法错误的原因，从而明确学生在语法学习方面的需求。由于许多处于中级英语水平的学生在提高语法上存在困难，教授这些学生的教师可以找出学生学习中遇到的有难度的语法项目，如复杂句、连词和嵌入式引用语等。同时，为了满足处于高水平学生的需求，教师应十分熟悉各种语法项目，如被动结构、条件句、使役结构等。

4. 语篇

卓越教师应精通各种语篇形式，诸如投诉信、拒绝信等功能性语篇；短篇故事、实验报告等题材性语篇；开闭幕式致辞和说明文等对话性语篇。他们应先明确学生交际过程中遇到的问题,然后再寻找出现这些语篇问题的原因。卓越教师应明确写作方法以及语篇组织会因文化和语言的差异而不同。举例来说,对某一文化群体而言,信件的引导语要先互相开玩笑,然后再表明这封信的写作意图:"亲爱的 X 先生,我希望这封信寄到的时候您身体健康,并且正在好好地享受这美好的春光。我写这封信是为了请您出具一份发票复印件。"因此,教师要了解大量复杂题材语篇的特点,比如议论文、记叙文、通知、描写、文学分析和说明文等。英语学科教师则需讲解那些以某一学科领域为特色的语篇,比如,数学教师能够通过关注学生和同伴之间的数量关系,解释单词问题的结构。

三、语言使用中的差异

卓越教师应能够分析英语使用中的差别,如语言差别、社会语言和学术语言,并思考影响语言使用的可变性因素。他们十分清楚对话形式以及对话在美国使用的范围,尤其是他们工作的社区。教师应明确会话中的语码转换是一种参与社会互动、建立社区和表明身份的手段。教师同样还需了解社会语言和学术语言的特点。

1. 社交英语

卓越教师了解社交语言的不同特征,包括词汇、固定短语、语法特征和语篇结构等。教师应能辨别学生在非正式交流时所需使用的语言,要告诉学生采用不合适词汇和表达方式可能造成的社交后果。例如,教师可以挑选、解释一些在社交场合需要注意的礼节,还需指出有些社交语言的特征实在是太微小,以至于经常被忽视。他们还可以挑出几种能够提升学生人际交往能力的社交语言,帮助他们很好地融入同龄人中,表达自己的情感和观点,并且学会理解他人的情感和观点。对于孩童来说,教师应知道假装游戏和合作游戏能够提升他们的语言、读写和学习能力。教师还应鼓励学生在活动中心参与那些有益于人际交流的游戏。

2. 学术英语

卓越教师在学术环境中所使用的语言是复杂、不常见且具有一定专业性的。他们发现学生是否掌握学术英语对学科课程学习至关重要,学生在教学活动、教学任务和教学评估中会受益。教师发现学生需要学习一些与所有学科都相关的单词,他们还需要掌握适用于特定学科规范的语法特征,如文学文本中的惯用语和隐喻表达。

卓越教师分析了适用于不同学科的学术英语特征,吸收了他们对核心观念的理解以及学生们在学科教学中所需掌握的语言。不论在什么样的教学环境中，教师都了解学生们所需的特定内容的语言。例如，学习历史时，教师知道学生必须掌握有关原因、时间、顺序等方面的语言；学习代数时，学生必须掌握数学用语，如数字、定量关系和三角函数方面的表达；对小孩子来说，教师需教会他们表达因果关的最基本结构，例如"I like...because..."（我喜欢……是因为……）。

卓越教师发现无论学生的英语水平如何，他们都能进行高阶思考，并且他们要帮助学生学会并提高假设、推断、综合和预测的能力。教师要能分析学术文章中出现的语言形式和功能，如一些复杂句和脱离上下文的语言。

四、反思

英语卓越教师要仔细思考英语在学习和交流中所发挥的重要作用。在思考语言核心领域和成分时，应明确与该领域最前沿的作品思想保持同步是非常重要的，还需思考如何将研究结果运用到教学实践中。教师要仔细思考他们在完成不同任务、分析不同文本时所需使用的语言，从而预设学生的语言需求，及在完成任务时面临的语言挑战。教师还应就学生在学习某一特殊语言特征过程做出分析。就他们在语言领域、语言成分和解决学生在听、说、读、写、看等方面所需不同学习方法做出分析。教师进行反思是由于他们充分了解语言这一系统，感悟充满变化的语言特性，意识到多语种社会的价值。

标准五：英语语言习得知识

英语卓越教师要辩证地评估学生学习母语和新语言的方法，并且运用该方面知识帮助学生学好英语。卓越教师的教学方法是根据二语习得最新研究结果制定的。根据这些研究结果，教师能辩证地评析各种理论，促进学生英语发展。教师应仔细衡量学生英语学习的发展阶段，精确构建学生语言学习模式。教师应该清楚地意识到对于学生而言，英语语言学习不是线性的过程，而是会受多种因素的影响。因此，在教学中要有意识地将这些影响因素考虑进去。

一、语言接触量

卓越教师知道学生英语接触量和能动性将直接影响他们的学习结果，

选择高质量语言学习资料可以使学生最大程度地学习英语。教师应具备评估各种学习方法的能力,使英语学习对学生来说有足够的吸引力,学生能主动地融入生活,进行有实际意义的学习。教师应刻意扩大学生英语接触量,例如,培养学生英语学习兴趣,确定合适的英语学习目标,学习与时俱进的英语知识等。教师还应采用多种方法保证学生英语听读的输入量,能够辨别哪些知识是学生已知知识,哪些是学生在社会上有用并亟待学习的知识。

卓越教师应根据学生英语熟练度,确定英语学习时间和方法。为了降低语言难度,应提供一定的背景知识;同时为了提高学生综合听读能力,可以提供更多具有挑战性的篇章。教师应清楚学生英语表达要远难于英语理解,因此,应先提供简单、容易理解的语言,然后逐步向越来越复杂的语言发展,以满足学生英语学习的需求。教师应决定学生何时学习单词、何时学习短语,何时让他们接触更多的演讲篇章等,以扩大学生英语接触量。

卓越教师应仔细设计规划,确保学生反复接触特定英语项目。教师应及时评估学生英语语言发展,确定对学生英语学习有意,并且需要特意听读的材料,同时确定学生英语学习的接触量,以及哪些学习经验和方法能有助于学习者扩大英语学习接触量。

1. 语言意识

卓越教师能够迅速识别学生无法自己理解的知识,确定让学生有意识组织和运用语言的时机。当通过朗读书籍来教授语言时,教师应让年龄较小的学生听到词汇韵律的时候举起手来,或者通过让年龄大一点的学生识别以-ly结尾的词,然后举手来教他们识别副词。教师知道语言意识直接影响语言学习,他们拥有大量向学生解释语句的方法,如可以通过英语听力、拼写、词汇、语法和演讲等手段测试学生英语运用情况。如果要详细描述某段广告中最令人信服的部分,教师可以让学生们留意一些形容词,祈使句或问句的使用。

2. 互动与练习

卓越教师了解到学生学习语言必须要通过有效的信息交流,因此,教师应具备选择、评估有效信息交流方式的能力,为学生能够有机会在课内外使用英语创造机会。教师应知道不是所有的互动都能帮助学生学习英语,有效互动和练习应具备有意义和支架式目标语,应有助于提高学生英语水平。教师应了解学生需要掌握的特定英语知识点,并且懂得怎样去设计练习来有效巩固这些语言点。

3. 语言和内容之间的联系

卓越教师发现通过学科内容的学习，学生们能更好地学习学术英语。教师应擅长在教学中将学科教学内容与语言教学有机结合起来。教师应能够分析语言和学科教学内容之间的联系，意识到这种联系会影响学生高年级阶段的学习，因为到高年级时学生所学内容与学术英语之间有更紧密的联系。如在教授记叙文时，教师可以让低年级学生按照时间顺序复述童话故事，教高年级时，教师可以指导学生在写作中正确使用插入语。

4. 听、说、读、写、看五项技能整合

卓越教师应利用他们对听、说、读、写、看等方面的知识，整合这五项技能，提高学生英语学习技能和方法。听、说、读有助于提高学生的写作能力。教师明白学术写作需要学生们拥有精准表达能力，而且这种能力的提高能够促进学生们学术口语水平的提高。教师还应清楚大量阅读可以为学生们提供语言模板，并且对阅读作品的讨论可以帮助学生记住、分析和回想起语言。教师寻求整合听、说、读、写、看五项技能的方法来帮助提升、加快学生英语能力进步。当发现学生在某一领域学习存在困难时，教师应调动其他领域的知识来帮助学生学习。

二、显性教学

给人印象深刻、教学目标明确的教学方法能够加快学生对英语知识的学习，因此，卓越教师应具备将语言形象化的能力。教师可以通过设计表格的方式来吸引学生的注意，然后可以通过对这些表格进行补充完善来提高学生英语水平。教师还应明白学生如果没有理解语言指令，则往往会产生放弃学习英语的想法，因此，就不可能真正地学会学术英语。

三、教学反馈

卓越教师应全面了解语言发展和教学反馈的关系。教师应明白建设性的反馈可以帮助学生了解他们英语学习结果之间的差距，教师可以把学生们正在学习的英语语言形式与语言功能作为反馈手段。他们根据学生需求，提供持续系统的、辅助性的反馈来帮助学生提高英语能力。教师应明确什么时候需要使用规范语言形式，什么时候需要忽视学生所犯的语言错误，什么时候又要明确指出他们所犯的语言错误。教师及时向学生给予反馈可以帮助学生正确、有效地使用语言。

四、语言迁移

卓越教师应能够准确评估学生母语水平,并基于学生的母语水平进行英语教学。教师应了解学生的母语水平及读写能力对其英语学习的影响。卓越教师应准确找出可能影响学生英语学习的母语迁移因素,例如发音、拼写、词义、语法、语序、修辞特点、语篇结构等,这将帮助教师进行有效教学设计并开展课堂讲授。教师可以通过研究学生语言迁移现象以提高学生英语语言意识,鼓励语言正迁移。如教师可以鼓励学生开展同类知识迁移,并要求学生给予相应反馈。学生有效的母语阅读技巧可以迁移到英语阅读中,这样的对比也可以突出目的语不同于母语的新特点。

五、教育背景

卓越教师应该分析英语学习者的教育背景对其英语发展的影响。学生的语言习得率取决于很多方面,包括学生任一语言的读写能力;对该学术语言的接触程度;是否接受过正规的母语教育或英语教育;运用母语开展学术阅读和写作的能力,以及进行有意义的交流的能力。教育断档或是教育受限会导致一些学生的读写能力发展不均衡,从而阻碍其学术英语的学习。卓越教师应该能够辨别学生教育背景中存在的优缺点,以便指导学生加快英语学习。同时帮助学生克服教育背景上存在的差异,在以往学校教育基础上进行语言学习。

六、文化及社会语言学因素

卓越教师应该评估文化及社会语言学因素对学生语言发展的影响。在发现并及时回应学生教学需求过程中,教师应当区分英语母语学习者的需求和来自印度、利比里亚、牙买加等其他国家的英语学习者的需求,这些国家的英语学习者将英语作为学术语言进行学习。文化背景为学生构建英语学习框架创设情境,促进学生的英语学习。教师应找到学生学习和交流中存在的文化差异,以及这些差异影响英语语言发展的具体方式。通过分析社会生活中的语言、方言来预测、理解并减少学生在英语学习过程中的困难。地区性的语言模式和方言可能会被误解为语言发展迟缓或语言缺陷。比如说,说西班牙语的人很难连贯地发出英语中[ʃ]的音,因为西班牙语中不存在这个发音,就像说英语的人很难发出西班牙单词 perro 中[rr]的颤音。教师也需要辨别一些看上去是读音失误的错误,比如说 ask 中[k]和[s]的发音的颠倒,事实上可能反映了方言的差异，并例证了英语学习者在阅读文字意义时构建语言框架要做的努力。

1. 年龄及在美时长

卓越教师应该认识到学生对学术语言、社会语言的掌握速度受到学生年龄和在美时长的影响。一般来说，年纪小的学习者学习英语的速度不同于年纪大的学生，其学习英语面临的挑战要少于年纪大的学习者。因此，年纪大的学习者在语言学习上需要更多的帮助和支持，特别是当他们遇到语言学习及学术发展障碍时。但是，所有学生都需要充足详细的指导以使他们英语学习适应其年龄及年级特点。

2. 学习动机

卓越教师应该设计合理的教学课程，以调动不同学习动机的英语学习者。这些学习者可能初来美国，长期居住在美国，或者拥有不同语言层次、母语及文化背景的学习者。卓越教师应了解学生需要做出多大努力才能提高其英语水平，提高其阅读、写作、词汇等方面的能力。教师应该鼓励学生培养学习毅力，组织活动培养学生自我管理能力，这样学生就可以通过自我激励促进其英语学习。

3. 影响语言发展的其他因素

卓越教师应该分析可能影响学生英语学习进展和学术成就的可变因素，如抵美时间、社会经济政治因素、身份特征、特殊学习需求，乡村、郊区或城镇环境，认知水平以及天赋等。住在偏远地区以其他语言为母语的学生可能会被孤立于以英语为母语的群体，这些以英语为母语的群体在学校甚至在更广的范围内只说英语。而遭受语言孤立的学习者，其英语习得往往会受到影响，甚至会丢失母语能力。同时，语言学习指导教师的缺失会对学习者产生不利影响：其英语及母语都将具有社会性，并且缺乏学术性。卓越教师应该给学生提供其母语学习的资料来帮助学生保持并提高母语水平，同时解决其具体的学术需求以保障英语学习进程。

七、有关英语习得的误解

卓越教师应该熟知有关英语习得的误解和不实信息。如有人认为在以英语为单一语言的家庭环境中会有助于学生的英语学习；单一英语语言环境足以促进学生英语习得；口语流利就意味着掌握了英语；所有学生应该按照相同的方式、相同的时间表进行学习英语等。卓越教师应该在恰当的时机以恰当的方式向同事普及英语习得的相关知识，在以尊重同事专业水平为前提基础上,帮助同事学习语言习得进程的知识。比如,卓越教师可以友好地向同事指出学习者英语发音水平不等同于他们读写能力和学术英语知识;卓越教师应该为同事提供更多专业发展机会,如可以教授同事一门新语言,并在课堂上采取知识点讲解的方式让教师亲身感受学生的课堂体验,以突显语言习得过程的重要性。

八、反思

卓越教师在评估学生学习需求、制定教学计划时应充分考虑到可能影响英语语言习得的因素。有目的地提升自身专业知识,与时俱进,并针对自己课堂教学中教学理论运用效果进行评估,这是每一位卓越教师的追求。卓越教师应该对学生在语言及读写能力发展中提出的要求进行反思,从而做出促进学生语言习得的教学决策。

标准六:教学实践

英语卓越教师基于学生的特点以及校方提出的语言学习需求、学术要求为学生创设积极的语言学习环境。有效的语言教学和学科教学能够扩展学生英语语言才能,使学生获取学术成就及终身受益的技能。

一、教学准备

英语卓越教师在教学准备过程中应该分析学生特点和学习需求,包括学术能力和语言能力等。通过联系学生生活实际、关注每一个学生,从而赢得学生的信任,帮助学生树立信心,鼓励学生不断探索英语学习的方法,学会合作学习和自主学习。教师应将学生文化背景融汇于英语教学中,基于学生已学的知识和已有的体验,为学生铺设驶向成功的蓝图。

此外,在收集了一系列丰富教学资源后,卓越教师应明确教学目标,制定出相应的教学策略;根据课文、学习任务找出需要学习的语言点、文化和概念,选择多种教学方法使学生加深英语学习范围,拓宽课程学习途径,增加学习趣味性。

1. 将语言学习与学科内容标准结合起来

卓越教师懂得英语学习需要时间,在学生掌握新语言之前,不能延缓学术英语的学习。因此,教学活动的组织应围绕学科内容标准和语言学习目标进行。学习目标可以来源于学科内容标准或者选择标准中的话题和学习任务，以支持语言交际目标和功能目标。在我们强调语言或者学科内容标准时，应该将二者结合起来。

卓越教师须制定计划将不同学科中的主题结合起来，并围绕广义概念的主题将它们联系在一起。如果教师将相关的主题联系在一起并基于学科内容进行语言教学，那么教师就能够利用自然的语言重复，并通过这种自然的重复讨论相关的语言概念，例如，词汇和句子结构可以通过多样化的接触和练习得到加强。除了考虑年龄的合适性，教学活动与主题的相关性，卓越教师应在课堂活动和家庭作业中有目的性地让学生将听、说、读、写、看等技能结合起来。

2. 基于学生原有的知识、经验及兴趣

卓越教师知道怎样在学生原有的知识、经验、长处、兴趣及语言能力的基础上设计教学活动，使有难度的概念更容易被学生理解。通过重要的主题和问题引导来鼓励学生将原有知识和体验联系起来，教师最大限度地增加学生探索和讨论课程中心思想的机会。例如，教师可能会要求新来的学生（这些学生能够书写他们的母语，但是刚刚开始专业英语的学习）用母语写一个有关自身经历的故事，并在朋友的帮助下翻译成英语，然后通过大声朗读或者将故事放到网上分享给同学。卓越教师可以结合学生和其家庭移民经历，教授美国历史中有关早期的定居者和开拓者的内容。

3. 材料和资源的选择

卓越教师要有策略性地选择教学资源以使学生接触到愈加复杂的语言。教师为学生设计任务以提供适合学生英语专业水平的资源，确保学生有获得阅读材料的途径。为了帮助学生提高学术英语水平，教师应该提供丰富的读写能力的机会，以使学生更熟悉英语语言特征，即学科内容文本的特点、有意义的任务和互动的特点。

英语卓越教师能够选择、改编或者创造一系列多样的教学材料。他们超越教科书上的内容，研究其他学校和社区的资源，寻找丰富学生学习经历的机会。在可能的情况下，教师可以向有双语和二元文化背景的学校职工和社区成员寻求帮助来指导英语教学。教师可以邀请家庭和社区志愿者阅读双语书籍，对学生进行一对一指导或者小组教学，帮助学生提高母语阅读和写作水平，促进学生认知发展，并且有利于学生将母语中的读写技巧运用到英语学习中。

英语卓越教师应了解学生母语材料的差异，他们可以到学生的来源地寻找教学资源。对有挑战的材料进行有目的性的选择，以适应学生母语水平、读写能力以及学生英语水平和学科学习需要,这种材料的选择最大限度地给予了学生学习和使用英语的机会。

卓越教师知道融入多种观点的教学有利于学生的学习,课程的学习过程应体现学生个体及经历。教师应该意识到传统教学材料的缺陷,这些教材对于社会、政治、土著人的历史背景及其他种族、文化团体的描述是不准确的。因此,英语教师应辩证地看待课程,并且在必要的情况下,对材料及教学任务进行补充、调整,并考虑到学生的观点。

卓越教师能够在教学中运用一系列现代科技资源来帮助并加强学生语言、文化及与其课程相关的概念的学习。为了在教学过程中融入科技,教师首先要评估学生的电脑使用能力和相关专业术语的掌握。教师可以运用科技为学生提供可以扩大其知识面、提供学术支持的学习活动,例如电子图书及网上资源查找。教师可以使用网站和网络资源上的相关视频、图片为学生构建背景知识。

为了帮助学生构建背景知识,卓越教师应积极查找资料、寻找方法,以在学生学习过程中创造性地使用科学技术手段。但是,教师发现适于学生年龄的文学作品、教科书、英文网站对于英语专业水平的要求可能高于许多学生的实际水平。而相对简单的英语材料则无法激发学生的学习兴趣,并且学生母语教学材料难以获得或者材料不符合学生的学习。教师通过获取多种多媒体资源和搜集学校图书馆内英语、其他语言的资料准备教学活动,为学生学习语言、提高读写能力提供帮助,同时使学生更好地进入课程学习。

4. 合作教学

卓越教师应该与大量从事教学工作的同事进行正式和非正式合作。他们寻找最佳拍档以满足学生的需求,并且在教学计划、教学实施、教学评估和教学反思的过程中与之进行合作。教师与教职工和学校管理者合作,确定研讨次数,运用创新性的、有效的策略与同事共同商讨,设计英语教学方案。通过与学科教师合作,英语教师能够确保设计并实现基于学科内容学习目标的语言目标。这样的合作可以让双方教师仔细地研究语言、文化和概念需求课程,设计适当的教学活动。卓越的双语教师可以与学科教师一起发现重点概念、重点词汇以预演并加强学生母语学习。教师也可以同阅读专家一起帮助学生寻找合适的阅读策略,从而使学生达到教科书的语言要求,学习基本概念。

二、课堂管理

卓越教师需能够有效地进行课堂管理。管理有序的课堂能够使学生自发的投入学习，并且滋养想象与知识的温床。教师应该预想到课堂教学过程中可能出现的问题，如文化认同感、学生之间的文化冲突等，并且使用有效的管理方法避免这些问题和冲突的发生。举例来说，在准备合适的小组活动时，教师要决定以二人为一组的形式还是以大组的形式，判断出哪一种形式能够给学生提供产出最大、最有效的学习机会。此外，组建小组时，教师应该考虑到学生的英语水平、母语、文化背景和个体特征（比如性别和性格）。教师要将学生违反课堂纪律的不良行为与增进课堂教学效果的良好行为区分开来。当需要教师维护课堂纪律时，教师应及时公正地做出反应，并且尽量不打断课堂学习。维护课堂纪律的标准应以学校政策为参照，与学生熟悉的文化准则紧密相关，并维护学生的尊严。教师应为所有学生营造一个公平公正的学习环境。

卓越教师能够有效地管理学生学习时间。教师知道什么时候应该延长活动时间，同样也知道什么时候应该缩短活动时间或者结束某项活动以使学习效益最大化。教师应该设计结构严谨有序的常规学习活动，通过这些活动告知学生应达到的学习目标，帮助学生聚焦于成功的语言学习机会，树立参与课堂活动的自信心。教师的课堂教学应有效地利用时间，并根据情况留有可以调整的余地，以满足学生额外学习需求和学习兴趣。

三、有效教学

英语卓越教师能够为学生创设并维持一个具有高期待度、高参与度、目标统一、互帮互助的学习氛围。教师应该构建一个情绪稳定、学风严谨的学习环境，一些条例和常规能够帮助学生进行有效学习。在这种环境中，学生应有一种归属感，愿意接受班集体的条例规定，并且能够为自己的学习负责，拥有足够的学习热情。教师通过鼓励学生参加高标准、有意义的交际来促进他们的语言学习和学科学习，从而有助于教学的开展，这种教学能够使所有的学生不断地取得更好的学术成绩。

卓越教师根据学生不断改变的语言学习需求来选择、发展、修改教学方案。教师通过教学准备、脚手架教学法、练习和反馈来构建课堂、开展教学。结构化的日常活动（特别是课堂内的）对英语学习者的学术成就很重要。

四、语言各领域中教学形式的区分

卓越教师知道学生的英语听说读写看等五项语言技能的发展存在不均衡性。阅读能力强的学生可能无法进行流利的口语交流。因此，教师需根据每个学生对语言各个领域的掌握程度进行区分教学。

1. 听

在进行听力练习前,卓越教师首先要提供听力材料的背景知识,背景知识可以包括重点词汇、语法和篇章结构,教师对这些背景知识进行提前教学或复习。教师可以通过图形的运用、预设听力目标来支撑教学。如教师可以要求学生按照说明完成多种任务以实现听力练习的目的。英语学习者需在学习环境中持续不断地接触有关教学内容的语言材料,因此,教师可以在教室中展示相关海报和视觉图像。如在一堂有关请求的课上,教师可以展示学生创作的卡通图画来达到教学目标,而卡通图画中的对话则提供了准确的语言范例,如请求帮助、询问信息、征求意见等。

2. 说

卓越教师应向学生提供正确的口语模板并为学生创造提高口语能力的机会。如在开学之初,幼儿教师应该在学生进行自我介绍前提供正式和非正式的自我介绍的范例。教师应为学生提供大量有关介绍的例子并让学生练习各种形式的介绍方式。教师可以让年长一些的学生将他们的自我介绍录下来并提出改进意见。然后学生可以向他们的搭档进行自我介绍,或者向小组成员或整个班级介绍别人。教师知道如何组织一个基于学生已有知识经历的口语活动,此口语活动能够为学生创设丰富的语境,并使学生能够利用已学知识发表观点。

3. 读

卓越教师通过选择适合学生兴趣爱好、文化背景、学习课程、语言读写材料带领学生领略阅读的魅力,体验阅读的愉悦感。提高阅读理解能力、表露个人喜恶、收集信息、培养批判性思维等都是学生阅读的目的。

卓越教师具有适合学生年级和学科内容的教学知识,如音素意识、解码、词汇积累、理解能力和流利度等教学知识。如中学科学教师可能会强调词汇积累,而幼儿教师可能会关注学生所有五项技能的全面发展。

卓越教师应找出学生可能不熟悉的重要词汇并提前进行教授。教师采用有效的技术,如图像、语义映射、翻译、教具等讲授学生理解文本所必需的重点词汇和前概念。因为许多来到美国学校的英语学习者已经具备了母语的识字能力和阅读策略,所以教师可以尽可能地通过同源意识和阅读指导促进学生英语读写能力的发展。教师引导学生关注文本的构成特征,如标题、介绍、主题句以及图表内容和词汇表的字母排序。卓越教师应借助多个语言交互系统进行教学,如句子和词的形式、语法和文本的篇章结构、词义和背景知识等。教师应该知道在什么情况下如何加强词汇教学,也应关注文本的理解。

4. 写

卓越教师对不同学习者进行不同方式的写作教学，以解决学生写作流利度上存在的差异。教师知道何时应该给予学生写作提示，何时选择合适的话题布置写作任务，话题应如何与学生的文化背景、英语水平、写作能力和所在年级相一致。

卓越教师应对学生写作中所犯错误的原因进行反思，并提供清晰直接的指导帮助学习者改正错误。教师应对写作过程进行示范，提供单词库和句子框架，为学生提供全面的反馈意见以提高他们的英语写作能力。教师还应采用合适的方法，如编辑检查清单、评分规则，师生会议，让学生找出自己写作上的优势和局限性，并对自己的作品进行有效编辑和修改。教师提供具体、及时、持续不断的反馈，这些反馈能够被不同背景的学生理解并且融入他们今后写作过程中。教师了解学习者所使用的语言模式，以及他们避免使用的特定结构和技能，并对此进行指导和反馈以解决学生还没有掌握的语言知识。

5. 看

卓越教师设计帮助学生掌握提高看的技能的任务。为帮助学生提高语言能力，教师需提前教授重点词汇、理解图形表达的句式、如何评价媒体信息和运用视觉材料进行沟通等策略。教师可以使用照片、政治漫画、儿童书籍的插图、电影、地图、图表和图形等图像形式进行教学。例如，在一堂有关"说服力"的课上，老师可以创建一个用于印刷广告中的说服技巧的图像库。在课堂教学中，教师可以让学生观看一张采用了一个特定的说服技巧的图片，然后让学生观看表现了更复杂观点的图像，最终引导学生选择某一想法或产品向特定的、真实的受众进行广告宣传，并策划一个有图像内容的营销活动。教师可以为学生提供单词库和句子框架，以使所有的英语学习者提高英语能力并获取新的概念。教师也可以在教室贴出代表不同文化的各种各样的广告。在培养看的能力时，卓越教师能够考虑到年龄、文化和经验能够提高学生理解能力和看的能力。对于缺乏看的能力的学习者，教师可以提供额外的视觉资料接触机会和解释视觉资料的机会。

五、吸引和激励学习者

卓越教师对学生的了解、教师自身优秀的英语能力和教师掌握的学科知识为吸引更多学习者提升语言学习提供了重要资源保障。教师应理解只有当学生感知到学习对于个体的意义后，学生的需求和兴趣才能够促进他们的语言发展。教师可以在教学中融入学生有需求的、感兴趣的主题和问题，以鼓励他们在课外继续开展自主语言学习和概念学习,并拓展他们对世界的认识。教师帮助学生将学习与日常生活联系起来,并帮助学生体会其掌握的语言技能在实际生活中的重要性,并以此抓住机会鼓励学习者进一步提升技能。教师为学生提供在课堂中获得成功的多种途径,并组织有意义的语言活动。

卓越教师认识到双语的优势以及它对英语学习者学术成就的促进作用。教师通过将学生文化背景及学科目标和语言目标结合起来,鼓励学生保持并加强母语和英语的读写能力。例如,教师可以邀请双语社区的成员展开双语是如何促进英语学习、事业和社会发展的讨论。

1. 有针对性的英语教学

卓越教师知道开展有针对性的语言教学能够加强学生对英语学习,提高学生的学习兴趣。教师意识到只有当学生对文本充分理解之后,才能在话题讨论、阅读书目布置时,有针对性地设计有意义的语言活动。因此教师可以让学生参与课程设计,如阅读材料的选择等。教师应知道许多学生自己是自己无法完成学术英语学习的,因此如果缺乏统一的英语教学,这些学生可能会陷入某种程度的语言发展停滞期。有针对性的教学可以包括语音对比、同义词辨析、构词方式和修辞特点等方面教学。

2. 批判思维

在设计课程时,卓越教师应认识到当下复杂的世界要求人们从多个角度思考问题,并采用多种方式解决问题。教师提出问题对学生个体和全体学生的认知水平应具有挑战性,以提高学生解决问题的能力。教师将活动与技能结合起来,如图像与单词列表组合有助于加深学生对材料的理解。教师应分析学习任务中能够提高学生批判性思维能力的语言文化知识,并向他们提供足够的帮助。卓越教师应设计能够培养学生探究能力,加强复杂思想表达能力的任务。鼓励学生提出问题、扩展明晰概念、促进学生深入思考,提供不同观点。鼓励学生通过口头和书面的综合运用加深对概念的理解,不断将学生的英语发展与学术内容学习相结合。通过让学生进行批判性思维活动,培养敢于挑战假设,实施创新项目,探索有难度的材料,进行有意义思考,并孜孜不倦地为获得高水平英语语言能力而努力的学习者。

3. 个性化教学

根据学生需求,卓越教师可以对特定的语法结构进行教学,如与学生需求相关的从句或问句的形式等。他们可以教授学生实用的话语形式,如何有礼貌地打断他人对话,及如何表达自己不同意见等。教师运用多个例子进行清晰而准确的解释,展示目标语结构,并通过互动任务为学生创造机会去练习这些新学习的语言形式和语言功能,如让学生展示并介绍自己带来的物品,进行角色扮演和模仿。卓越教师在遵守课程安排、课程标准和课程教学时间的前提下,应关注具有不同英语水平、内容知识和教育背景学习者的需要。如在进行阅读教学时,教师知道何时、如何解释词汇,并依据自身的知识、对学生文化和英语水平的理解,给予学生清晰的解释。社会学教师可能会教英语水平高的学生如何准确、有效地在写作中使用间接引语,数学教师可能会解释代数表达式中使用的条件性结构的意思和准确性,如"如果 X,那么 Y"。

卓越教师支架式教学方法可以使学生更有效地表达自己的观点。如教师可以明确地教学导学生如何总结别人的评论或如何转移话题,从而使学生可以在会话任务中有效地使用这些话语技能。教师还可以提供模板以指导学生口头和书面语产出,如科学教师可以使用表达结果或原因的句子框架,以帮助学生完成实验报告。教师应根据学习者英语水平提出相应认知复杂度的问题,以帮助学生形成反思能力、提高日益复杂的语言能力。在课堂教学中应融入口语交际活动。为增加学生学术用语的课堂练习,教师可以创造机会鼓励学生在课外活动或课外俱乐部进行额外的练习。

4. 将母语作为一种工具

卓越教师能够适当地借助学生母语来解释意义、讨论新概念,帮助学生进入最佳的学习状态。教师应意识到学生掌握的另一种语言的知识可能会使他们对用英语表达的概念的理解变得复杂化。例如,学生可能会错误地将两个非同源词的意义联系起来,如英语中的"embarrassed"和西班牙语中的"embarazada",embarrassed 在英语中表示尴尬的,而 embarazada 在西班牙语中意味着怀孕的。教师知道,优秀的母语语言素养有助于英语语言素养的发展和学习。因此,他们认可、重视学生母语水平,并创造口语、书面材料、视觉材料和文化多样性在内的丰富语言环境,促进学生语言发展。在使用一种以上语言的教学环境中,教师可以适当地使用两种语言作为教学和学习工具。教师应该在考虑到语言目标和概念目标的前提下进行教学语言的选择。他们试图借助学生原有的语言能力,帮助他们获取更深入的理解并将英语作为一种学习媒介。

卓越教师应清楚在运用纯英语进行授课时,学生的参与度、批判性研究和创造力会受到限制。教师应找到正确的方法适当地鼓励学生使用母语。例如,教师可以根据学生的语言优势将学生分组,并使用可获取的母语学习材料。当一种以上的语言被用于课堂教学时,教师应谨慎地避免那些无法均衡两种语言的教学活动。当语言的选择和使用是由国家政策、行政法规或课程要求决定时,教师根据教学的重点和理想化的学生参与度,做出专业判断并进行正式或非正式的评估,以决定选用哪种语言进行教学。

5. 课堂互动

卓越教师知道如何使用支架式教学法促使学生使用越来越复杂的语言。教师应尽其所能使用不同的教学方法、教学策略和教学活动,以提高学生的互动和语言使用。教师策略性地采用合作学习法,培养学生的讨论技巧,强调仔细倾听和经过深思熟虑后再进行回答的重要性。这些活动应与学生实际生活联系起来,包括角色扮演、辩论、访谈、结构化写作等,同伴提出修改意见、技术性任务等。教师可以对学生在课堂展示中表现出的创新思维和批判思维做出评价。

卓越教师能够巧妙地鼓励学生,使学生乐于学习并使用英语,即使他们可能会犯错。教师知道英语学习是一步步向标准用法接近的,而犯错是语言学习必不可少的一部分,学生所犯的错误在没有教师纠错情况下可能不会随着时间的推移而消失,因此,教师应能够帮助学习者寻找出这些错误,并提供有效反馈。教师应知道什么时候给出语言的标准用法,什么时候忽略学生所犯语言错误,什么时候适合纠错。

卓越教师应对来自不同文化背景的学生提供他们能够理解的、简单、具体、清晰的反馈意见,以提高他们的英语水平。教师应及时提供反馈意见,补充额外的学习指导,并监督学生是否根据反馈意见做出改进。卓越教师依据学生反应认真做出调整,而学生的反应是指其在尝试新的英语结构和英语表达中呈现的潜力和自我纠正能力。

卓越教师应找出母语不同和英语水平不同学习者常犯的错误。教师意识到,英语学习者往往会犯过度泛化一类的错误。例如,学生可能会这样表达:"He goed to the store."教师也意识到,一些没有表现出进步的学生,包括许多在美国出生的学生在英语学习中同样存在很多问题。因此,在英语学习过程中需要教师针对那些石化的语言现象不断地给出反馈意见。这些现象可能包括名词的复数形式,主谓一致,动词时态、情态动词、复合句或者如 on the one hand 和 on the other hand 这样的固定表达方式。教师提供更多机会帮助学生纠正这些错误。

6. 鼓励学生进行自主学习

卓越教师通过教授学习策略等方式,指导学生进行自主学习,促进学生语言发展和学科水平提升。教师知道思维活跃的学生是成功的学习者。因此,他们可以借助科技手段向自主学习者提供更加清晰的解释,详细的语言模板和练习指导,如如何使用教科书、如何使用互联网进行资料搜集。在此过程中,学生掌握更多的学习策略,并自主地运用这些学习策略提高语言知识水平。教师认识到,学习策略的掌握有助于学习者意识到自身发展的需求,培养自身长处,并接受英语学习的挑战,最终取得学术成就。

六、综合评价

卓越教师应意识到评价过程是一个连续的周期循环过程,在这个周期循环中,教师应根据学生的学习评估结果进行教学,同样教师的教学也影响着学生的评估结果。教师应在教学过程中使用有效的评估策略。(见标准七:教学评估)

七、反思

卓越教师不断地根据学生学习情况和学习发展分析他们的教学—评估目标、课程计划、时间控制、课堂管理策略和学习环境创设。教师应进一步根据对学生的了解、掌握的文化知识、二语习得理论、学科领域课程和英语水平,评估自身在教学计划、教学准备和教学实施过程中的表现。为了学生可以同时获取学术知识和英语学习资料,教师应反思他们为学生创设的学习环境和对教学资源的使用方式。教师应观察学生在特定语言方面的进步,并根据教学反思,将学生当前的知识水平与他们愈加复杂的表达水平联系起来。教师也应反思他们通过教学传达给学生的期望值,以及教学对学生成长进步的促进作用。

标准七:教学评估

英语卓越教师采用一系列方式对学生进行适当评估。他们根据评估结果制定教学设计,指导学生学习,帮助学生对自己取得的进步进行反思,并报告学生进步。

英语卓越教师将评价作为教学的一个组成部分,不仅能使学生受益,也能使教师自身受益。教师有责任让学生大量参与到评估过程中去,教师知道学生认知过程的评估是一个以学生为中心的形成性评价过程,教师应善于利用多种评价方式对学生掌握的语言知识和学生的语言使用水平做出评价。教师对学生进行评估的目的多种多样。例如,教师根据评估结果鉴定学生的英语语言水平,并以此组织教学。他们运用基于内容的评价方式和学生的自我评估方式,指导学生学习,监管教学实施情况。此外,教师可以根据评估,对有特殊需要的学生给予针对性的指导,其中应包含那些被认定为有天赋和才华的学生。教师应适当地将评估结果清楚、定期地反馈给学生、学生家长、其他同事和社区成员。

一、评价方法的多样性

卓越教师应了解正式或非正式的评估方法和评估策略,并依据评估结果衡量学生的进步。教师知道在陌生的令人不舒服的环境中或是评估过程中,不同语言和文化背景的学生往往不会正常发挥出他们已有的技能。教师在评估材料和活动的有效性时,应去除存在文化偏见的材料及活动。因此,教师不应依赖单一的评价学生成绩的方法。他们应经常给学生创造机会,让学生采用不同的方式展示出学习上的进步,而这些进步在传统评估方式中可能会被忽略。例如,教师意识到,基于学生表现的评估方式对拥有不同语言和文化背景的学习者可能具有特殊的效果。教师应该给学生提供机会,使学生在真实语境中的评估展示已经掌握的知识。教师应知道在什么情况下评估学生的母语水平,并确保使用适当评估资源。教师也认识到,英语水平初等的学生,在口语课堂上提出问题时会犹豫不决,因此,教师应该安排一些不要求公开口头回答的方式来巩固学生的理解。例如,教师可以让学生指出教师所描绘的物体或场景、利用画图表示对单词的理解,或者按照口头指示写到黑板上。教师应该适当地创建自己的评估方式,将学生的日常表现,美术作品或展示纳入评估范围中,并进行广泛的技术改进。例如,对小学生的评估可能包括戏剧表演,学生在表演中演绎或重现故事情节。教师可以让学习媒体的高中生调查电视广告的宣传方式,讨论分析广告的异同点,并以小组的形式,设计一个新的具体的商业展示的宣传技巧并将其拍出来。教师在学生能力、教学目标和评估方法中寻求良好的匹配,思考这个评价过程、时间安排、评估重点和每次评估目的的相对优势和弱点。

1. 学生初始水平的评估

卓越教师应明白如何分析解释评估数据、观察结果等信息,确保学生接受符合他们需要的教学服务。教师应与其他专业人员合作,确认英语学习者能够接受合适的学科领域课程,使学习者在学校获得成就感,并使高中生能够获得足够的毕业学分。教师应关注学生在听说读写看五个语言技能领域中的发展,可以建议进行额外的评估以确认学生的英语水平,必要时可以为学生申请适应英语学习的工具。

卓越教师应知道在学生入学初评估学生母语水平的重要性。即使他们不会学生的母语,但是教师知道学生母语的评估数据可为学生读写水平的确定提供有价值的信息。如果没有正式的母语评估结果,教师可以设计非正式方法确定学生的母语阅读和写作水平,如让学生描述一张图片。教师还可以引导学生参加以母语形式进行的数学测试来确定基于学生数学学科知识,而不仅仅是英语水平的课程内容的选择。

2. 利用评估指导教学实践

卓越教师应凭借学生的学术成果、社会需求等进行有意义的评估,并依此制定更高且现实的目标。为实现这些目标,教师须采用形成性评价和总结性评价。非正式的、形成性评价可以是简单地检查学生理解程度或听力及阅读理解测试,而终结性评估则包括单元测试或期末测试。教师可以使用自动评分的网上测试,并提供即时反馈,让师生都能够反思教学,从而设计今后的课程。教师可以同时使用包括形成性评价和终结性评价的学生评价组合。作为一种形成性评价,评价组合可以帮助教师和学生确定加强学习过程的方法;作为一种终结性评价,评价组合可以随着时间的推移形成对学生语言能力的洞察力。教师分析评估结果,并做出与评价结果相一致的有针对性的课程及教学调整。

卓越教师定期评估学生的语言表现,以了解学生对新学到的语言技能的应用能力,并指导教学进程。教师根据不同英语学习者的语言需求调整评估形式,监测学生是否准备好学习新知识点,及学生是否能流利准确地使用语言进行沟通。教师应注意、分析学生语言产出的形式和内容,以及他们处理任务、解决问题、综合并评价知识的过程。教师应在合适的时候评估学生英语和特定学科语言的基础知识,并能够使用评估数据帮助学生获取学科领域的信息。教师评估英语学习者使用新词汇、语法和话语结构。例如,在评价学生的写作时,教师可以评估学生使用复杂句、连接词和修辞结构的能力。卓越教师可以与其他学科教师合作,创立并运用可行的正式和非正式的学科领域评估,来评价不同水平的英语学习者。在研究结果的基础上,教师预测如何进行个体评估以及小组整体评估。

教师通过评估收集的信息反思教学的有效性;教师在教学、反思、修改和评估的循环过程中设计、实施和评估他们的教学计划。有效的评估指明教师什么时候应该推进教学进度、精简教学内容或重新进行教学,什么时候给学生提供更多的语言浸入和有意义地使用语言的机会。这种持续的教学检查使教师最大限度地提高学生的学习效果。

二、五项语言技能领域的评估

卓越教师研发合适的方法评估学生听、说、读、写、看五项语言技能。之后,教师会监测学生在这五项语言技能领域中的语言使用能力,并将学生的进步及时反馈给学生。教师运用具体的技巧评估学生的作业和表现,并记录评估信息。

1. 听

卓越教师选择并使用与学生英语水平相符的评价听力的方式。教师评价英语初学者的语言水平,包括辨音能力和辨析口语单词、短语的能力;理解日常对话简化形式的能力;如 gonna(要去)、wanna(想要)或 kinda(有点);回答推理性问题的能力;在内容丰富的短对话中找出重点,记笔记的能力。更高阶的课程要求学生能够听懂长篇复杂的文章。教师可以使用针对初学者的文本,要求学生依据听力材料找出相应的词或短语图片,或根据指令做出相应动作,或根据插图复述听到的故事。教师可以要求英语水平高的学生听一系列专题材料,如美国总统或其他受欢迎的领导人的演讲、辩论和政治论坛发言录音。

2. 说

卓越教师通过结构化的对话或正式的评价方式评估学生的口语水平。正确评价英语初学者口语水平的例子,包括口头完形填空任务和图片排序任务等。针对中等水平学习者的合适口语评价,可以要求学生解释一个熟悉的过程、步骤,或描述一重要事件。评估口语流利学生的语言水平,教师可以使用等级标准来评估学生对单词前缀、词尾变化、情态动词、代词、短剧或演示中过渡词的掌握程度和使用水平。

3. 读

卓越教师应该经常定期地评估学生阅读能力。例如,教师可以在开学初的时候评估年纪小的学生在印刷体识别、开头音和结尾音、押韵词、词的概念等方面的知识。对于年纪大一点的学生,教师可以评估学生的解读能力、口语流利性、词汇知识(包括词语形态学)和阅读理解能力。阅读理解能力的评估包括很多内容:学生掌握的包括小说和非小说在内的不同类型的文本结构和文学元素(例如隐喻)的知识、对复杂句和代词所指的理解能力、找出主要观点及其论据的能力、将事实与观点进行对比的能力,以及分析、推理、总结的能力。

4. 写

卓越教师评估学生的写作能力，以帮助英语学习者写出优秀的文章，提高语言水平。教师可以在写作任务中给予学生相关语法和词汇提示、帮助学生对词汇进行选择，给出修辞结构的建议，或者要求学生完成完形填空。经常与学生相处的卓越教师善于将整体型和分析型二者结合起来，评价学生的写作。教师运用评估数据得出每个学生个体的评价结果和整个班级的评价结果，并根据评价结果调整他们的教学计划、进度和目标。

5. 看

卓越教师评估学生理解、分析、评价视觉资料以获取其中的意义、相关性与语境的能力。他们评价学生在图像解说和写作中运用的词汇、语法和语篇的能力。教师在评估看的能力时应该注意学生的英语能力。例如，在阅读公开课上，幼儿教师可以挑选故事中的某一插图，请学生预测接下来会发生什么。为了评估学生在视觉展示的个人反应和临界反应，中学教师可以让学生观看一系列图像，并要求学生使用一张概念图来传达图像的基本含义和意图。

三、向学生传达真实反馈

卓越教师清楚地认识到恰当的反馈可以提高学生信心、激发他们学习热情，所以他们应该给学生提供明确的、及时的、建设性的反馈，这些反馈强调学生成长，突显学生进步，并祝贺他们取得的好成绩。教师应向学生证明反馈对学习一种新的语言来说是有意的、必要的。例如，通过找出学生对学术语言知识的误解，教师可以与学生合作制定一个提高课程，课程中应采用合乎逻辑的可控的教学步骤。在写作教学中，教师应该强调特殊学生需要关注的技能，如主谓一致、代词所指一致、形容词和冠词的正确使用、名词复数、问句句式等，而不是完成一系列的任务。教师认为良好的同学互评有利于学生语言学习，并指导学生如何通过评估和反馈帮助同学。如教师可以通过展示一段学生开展的合作学习视频，要求学生分析视频中观察到的语言技能，并尝试评价同学语言技能使用情况，从而让学生了解同学互评反馈的目的和实践意义。教师应认识到有目的的反馈是有效评估的重要组成部分，可以使学生对自己的语言学习情况有更深入的认知。

四、学生自我评估

卓越教师鼓励学生设定高目标，并教他们如何评估自身英语能力。教师应知道培养学生自我评估能力能够提高学生决策能力，促进学生发现实际生活和课堂活动之间关系的能力,并促进他们成长为独立的、具有自我反思能力的英语学习者。学生自我评价能够为教师提供可以利用的有价值的信息,以做出有利于学生语言能力发展的教学决策。因此,卓越教师应向学生个人和学习小组提供反馈,以培养学生进行自我评估和自我纠正所需要的语言技能,并引导他们调整自己的学习策略。如教师可以指导学生建立自己的评分标准,以评价英语各方面的水平。教师明确地向学生传达他们对学生语言学习的期望,这样学生就可以判断出自己是否达到了教师的期望,从而帮助学生发现自己语言学习上的进步,并鼓励学生对自己的语言学习负责。

五、英语水平的评估

卓越教师应了解当地、州和联邦政府出台的监测学生英语水平能力的评估手段。教师收集并分析来自正规途径的数据。他们应知道如何批判性地审视这些评估工具,并了解他们在教学实践中的用途和局限性。教师应了解用来评估英语学习者的标准化测试的特征,包括大范围的基于学科内容的评估、学术语言能力的评估、阅读水平测试和形成性教学评估。教师可以依据语言能力评价结果对学生英语水平重新分类。如果教师发现一些学生语言能力已经达到不需要语言学习帮助计划的水平,教师应仔细监测这些学生的语言能力评估结果。当学生不再需要语言学习帮助时,教师应与学科教师、辅导员合作,共享这些学生的最新信息。一旦学生水平被重新评估,他们就可以获得国家学科内容领域的测试资格;必要时,教师可以为这些学生争取参与这些测试的资格。

六、标准学科内容的评估

卓越教师应与学校其他教职工合作,确保英语学习者有资格参与学科内容领域的评估,并确保公正地评估每一位学生。教师应清楚测试的信度和效度并能够向同事做解释。此外,教师应与学科教师共同合作探究学科内容领域评估,以找出学生可能遇到的难点和学生需要掌握的关键词汇。

了解到适当帮助对学生评估结果和测试可靠性的影响,英语教师应该与学科教师、教育专家、辅导员和其他人合作以确保向学生提供不影响评估有效性的适当帮助。教师应了解目前对适当帮助的有效性和恰当性的研究,以及国家和地方政策能够提供给学生的适当帮助。因此,教师应与同事合作对测试中可能遇到的适当帮助进行选择。例如,他们认识到向不精通母语的学生提供双语词典作为适当帮助是不正确的,并建议使用其他合适的帮助手段。

七、为了特殊目的而进行的评估

卓越教师应确保英语学习者接受的评估和水平认定是适当的,并主张正确的评估方式和恰当的水平认定结果。当学生需要学术干预时,教师应确保他们参与了早期的干预过程。教师在倡导对英语学习者进行适当帮助时,应该坚持地方州政府和联邦政府对特殊需求学习者的评估纲领。教师应帮助管理、监督针对学习困难学习者干预措施的有效性。在全面管理、监督学习干预措施后,教师作为团队成员决定学生是否应该接受特殊学习服务的评估,这项评估用母语进行更为合适。教师主张对学生展开公平、有关特殊教育的评估,并确保针对评估结果的分析能够反映学生真实的英语水平。

此外,教师倡导学生接受英才计划。卓越教师应意识到英才教育中英语学习者的名额不足,所以他们应帮忙找出有潜力参与这项计划的学生,并且帮助同事发现那些由于受到语言水平限制而没有被及时注意到的在学术上取得非凡进步的学习者。当学生被认为具有包括英才教育在内的特殊需求时,教师与校内的其他专业人员合作,交流针对学生英语学习进步的看法。他们应根据学生不同背景情况(母语水平、先前的受教育程度、可能会影响学习的文化因素等)给同事提供建议。不管在何种情况下,教师都倡导采取适当的活动以满足英语学习者的多种需求。

八、向家长和他人提供真实的评价信息

卓越教师应能够熟练地根据一系列评价工具有效地向不同受众介绍、总结和解释评估数据,同时要确保所有的信息都是清楚、可理解的,并且与教学目标相关。教师通过评估结果向专业同事、学生家长、学校官员和其他决策者频繁而具体地反馈每个学生的进步和表现。为了实现这个目的,教师应采用合适的方法,包括收集、总结、报告、评估最新数据来展现学习进展。例如,教师将学生的成就、需要改进的地方,以及达到更高目标的方式等评估信息传达给学生家庭。同时也向家长了解孩子的兴趣以及激发孩子积极性的方法,并仔细认真地解答家长的担忧。教师知道通过这种形式的交流可以鼓励家长参与到评估过程中来,以促进教育过程中的家庭投入,同时可以验证评估项目的有效性、协助并确定未来发展方向以进一步改进教学。

九、反思

卓越教师应对他们应用于语言测试的评估方式，对可获取的评估数据的使用进行反思。教师可以依据评估数据安排日常课堂活动，并为学生提供获取学科内容学习和教育的机会。教师对多种评估学生语言理解能力和使用能力的方式进行反思，选择那些能够提供关于学生学习和英语发展最有价值的评估方式。教师对教学决策的有效性进行反思，利用学生进步和课堂中收集到的信息，为学生语言和学科内容学习设立高而有价值的目标，并为学生设计符合学生需求的教学策略。卓越教师应该仔细思考将评估结果和目的清晰地传达给学生、家长、同事和教育社区的最佳方法。

标准八：教师作为一个学习者

英语卓越教师热爱所从事的专业并有不断提升专业水平的需要。教师应如实地评价自身学习情况，并将学到的知识运用到教学实践中，以最大限度地促进学生的成长进步。英语卓越教师杰出的地方表现在持续的、分析性的自我反省能力、乐于尝试新方法提高教学水平，以及在作为一个教师的同时乐于成为一名学习者。卓越教师应提高终身学习能力，广泛地参与一系列反思性活动，并且经常开展以职业教育者的责任为主题的反思。

一、专业成长与发展

在针对有关专业成长选择时，卓越教师应选择学习其学生所属的文化、母语和社区知识，以找出有效方法为不同英语学习者提供教学服务。教师应将自己教授的学生作为学习学生母语和文化知识的最好资源。应考虑到培养学生英语能力和学术知识的最佳实践活动。教师应考虑到所有英语学习者，包括没有受过很好正规教育的学生，以及那些在美国生活了几年依旧没有达到专业学术英语水平的学生。根据对学生观察结果、研究结果，以及激发学生接受未来挑战的意愿，教师应定期检查学生英语水平的进展、接受学科内容学习的能力，并将这些反馈信息运用到他们课堂教学中去。

卓越教师应树立个人目标和专业目标，创设一系列专业发展活动，以及结构化、持续性的与英语教学相关的教育机会。由于语言习得学说不断发展，教师应经常向人请教或在网上查询已经经过证明的最新理论和研究结果，并利用这些知识来提高自己的教学水平。教师专业发展包括对已发表的与英语教育发展相关的研究进行评论，或参加第二语言发展和文化研究的提高类课程。了解到亲自使用学生的母语、体验学生文化的重要性，卓越教师会寻求去国外旅行或教学的机会。作为专业组织的一员，教师应致力于成为教育工作中的骨干，献身于提高英语学习者的语言能力。他们批判性地反思自己的课堂实践，监测、分析英语学习者的进步，以了解成功和失败的特征，并找出导致辍学的危险因素，然后制定策略防止学生辍学。英语教师应与不同年级教师合作，分析学生在其年级水平任务中的表现、英语水平测试成绩，以跟踪记录学生在不同语言领域的学习进步，并为处于两个年级之间水平的学生构建系统的、顺畅的衔接过渡。

卓越教师应跟进相关的科技进步，以协助教学课程的计划、实施，并反思教学是否有效。教师利用科技更新自身知识，并将其应用于教学设计、教学评估和教学研究中。运用科技与同事沟通合作，以提高教学水平、提升专业素养。他们分析教学方法的优点，判断其是否适用于设计与科技相关的课程和教学决策。他们反思科技在教学中运用的效果，以最大限度地扩大英语学习者对学术英语的接触，并提高其对学术英语的兴趣。因此，教师组织有意义的学习活动，在这些学习活动中用科技手段辅助教学，使英语学习者成功地在实际生活中与他人交流，并在学业上取得成功。

二、反思

卓越教师应从三方面展开反思：持续的、分析性的、自我反省能力；乐于尝试新方法，提高教学水平；既是一名教师，又乐于成为一名学习者。为了制定、实施有效策略为不同英语学习者提供教学服务，教师应不断寻求新方法来加深扩大有关学生文化、母语和社区的知识。卓越教师不断进行反思，既有利于教师个人发展和专业水平提升，又能为他们教学实践增添内容和活力。

标准九：专业领导力和倡导力

英语卓越教师能够促进同事专业水平提升和学科专业知识的发展，以引领学生进行语言学习。英语卓越教师在专业教学领域充当领导者的角色。他们不但承担自己班级的责任，还包括学校领导的角色，以创设一个受欢迎的学习环境。在这样的环境中，所有的教职工都要为学生语言发展和学术成功负责。

一、与同事合作促进学生学习

卓越教师是教师—学生社区的重要成员,这种合作能够使他们建立跨学科联系以提高学生成绩。卓越教师因此成为那些为获得更多专业知识以满足学生需求的教师的学习资源,致力于为同事的专业发展提供帮助,并促进同事教学实践质量的提高。教师应在促进学生英语学习,以及选取合适学习方法上发挥带头作用,并为其他教师提供相关信息支持。教师应与同事分享有关英语学习者的研究结果,以帮助其他教育者认识、激活学生现有知识,鼓励开展合适的教学实践。卓越教师应帮助学科教师明白英语学习者的语言障碍会导致他们无法听懂上课内容,因此在该种情况下开展的评估是无效的。教师应教授学科教师如何进行术语转换及口语表达方面的建议,演示如何对课文、作业和评估方式用其他语言形式进行阐释,以帮助学生逐步提升学术内容和英语学习进程。教师应帮助学科教师认识到找出学生必须学习的基础词汇的重要性。如英语教师可以帮助科学教师意识到诸如"增加"和"减少"这样的基础词汇知识可以帮助英语学习者成功地进行实验。

为了达到提升学校专业素养的目标,卓越教师乐于纠正同事有关英语学习者的错误观念。例如,教师应加强同事对学习者可能存在问题的内容的预设意识,这种存在问题的假设通常在英语学习者家中发生,因为家中缺乏学生完成作业需要的时间、空间或材料,同时家中没有人熟悉像独立科学项目这样的任务。

承担专业带头人责任的卓越教师应善于与同事和谐有效地合作并从中获得双赢。教师发起线下或线上的非正式讨论,与同事分享材料和专业知识,与同事合作设计、改进、评估学术计划和专业发展计划,并建议让家长参与到孩子的教育中,如邀请家庭成员进行演讲或成为评估咨询委员会的一员。卓越教师担任同事导师,指导学生教师、新教师和有经验的同事。教师应观察同事的教学,并轮流邀请同事观察和评估自己的教学,并以此作为改进教学的一种手段。例如,教师可以邀请别人评价他们布置给学生的书面作业的反馈质量,或找出他们课程计划、单元教学或教材的优缺点。为了加强教学效果,教师可以推荐、开发学习项目以更好地满足学生不同需求。卓越教师是教师合作体中的重要成员,在合作体中同事们可以对一年中不同时间听到的课进行分析、批判。教师了解成为专业负责人将提高自己的工作效率,扩展有关学生的知识,加深对英语与学科之间关系的理解,有助于其他教师知识面扩展和技能提高,改进学校的教学计划并将促进所有学习者取得成功。

二、教师对英语学习者的倡议

卓越教师应该理性地质疑那些可能会限制学生进步的因素，如对英语学习者的误解、专制的要求、不恰当的课程、臆断性的评价和对文化的误解等。他们以能够对学生个人、学习社区产生积极影响的方式进行质疑。教师应确保能够进行有效的评估、水平认定和引荐程序，使英语学习者接受恰当的、公平的教学服务。教师应该了解并向他人传达地方政府、州政府和联邦政府的要求，及提供给学生合适的工具。他们主张那些有天赋的学生参与特殊课程的学习；反对不适当的补习课程。教师应该推荐并尽可能地帮忙创建新项目，开设新课程以丰富学生知识、技能的提升，增强学习兴趣，解决学习者个体需求，并培养积极的个人形象。教师应提倡每个学生都拥有平等参与课外活动和提高课程参与度的机会。如教师可以跟同事商量如何使英语学习者参与学校活动，并鼓励学生参加学校俱乐部或学校活动，并分享经验、展示才能、传播自己国家的文化，培养领导力。

卓越教师知道对学生认知的缺乏和学校资源的缺乏会导致不公平的教育机会。教师推进多语制和多元文化，倡导教学中母语的有效使用。他们支持能够让学生同时学习母语和英语的教学项目，鼓励学生学习多语言和多元文化。教师建议媒体中心应该包含多种多样的语言材料，并向同事说明这些资源对学生学习将产生积极影响。教师倡导学生使用科技并从学校和社区寻找资源向学生提供科技来源。教师可以向从以多语言、多文化的学习者为教学对象的教职工及学生家长提供培训支持，如为教职工和社区成员找到合适的口译员，并开展相关培训。教师倡导英语学习者的民事权利，知道如何和何时质疑惯例、传统并进行创新，从而支持、帮助开展有助于所有学生取得成功的教学实践，加强对英语学习者特殊需求及突出贡献的尊重。

卓越教师对学生和学生家长提出倡议，以确保他们的声音被听到。由于不同语言、文化的学习者及其家庭，往往是初到美国的移民，其英语水平不高、不熟悉美国学校，教师应使家长参与到教学实践中，并向孩子们发起倡议。

三、为未来做准备

卓越教师应该保持对国家和国际政治、社会和自然事件的了解，因为这可能会影响他们学校和班级人口结构。他们能够预见到这些事件的影响，所以他们自身、同事和所在社区能够提前准备好迎接新的责任以满足学生需求。卓越教师知道并理解与英语学习者有关的统计数据和研究结果，并能有效地将这些信息传播出去。例如,教师可以分析和讨论包括毕业率、考勤报告、标准化考试成绩以及学科成绩在内的数据,并且应该清楚他们创设的教学环境的影响。

卓越英语教师为青少年英语学习者提供学生及其家庭不了解的关于大学和就业的详细信息,从而为他们接受高等教育做准备。比如,老师会为学生提供大学录取要求、奖学金和贷款信息,并通知学生完成大学学业和就业申请的相关时间线和程序。教师会将相关信息材料寄回学生家或者直接和学生家长联系。

教师会向学生指出有关学校申请、个人履历、个人陈述的特点,教授学生必要的写作技巧,传授学生专业编辑技能。他们会评估学校或社区教育性文件,并支持学生及其家庭达成大学学习及就业目标。在教师努力向学生及其家庭传达有关高等教育精神的过程中,他们会与高等教育从业者协同合作,鼓励英语学习者思考未来继续学习的可能因素。卓越教师明白,获得公众支持意味着他们必须致力于提高有利于学生学习的专业技能。因此,教师应持续性地提升英语学习者的英语水平。一些教师会在期刊上发表文章,参与到网络小组讨论中。为了促进教育项目和这一领域的发展,教师会获得拨款,或者发起专业的教育主题活动。教师应寻求机会,与学院、大学或其他进行前沿性项目研究的机构、行动研究项目和教师教育工作者进行合作。当进行有关课程、教育材料、测评材料以及有关专业发展变更的决策时,教师应组建地区教育委员会,代表英语学习者的需求。教师是集会的专业组织成员;教师为教育政策委员会或议会服务;教师为教育标准、基准和课程指导的设计、审核或复议负责;教师也参与处理和解决政策问题。先有教师,而后才出现地区、国家各级教育决策者、任务执行委员会和测试团队。他们努力争取地区政府、州政府和联邦政府等各级部门支持,促进英语学习者学习的教育项目、服务项目的资金,为学生争得更多教育机会。教师是专业领域的领导者,共享知识技能,并强化所有教师的教学实践。

四、反思

卓越教师应该对自己的专业领导力和倡导力进行反思,反省与同事的合作是否有利于英语学习者课内外的学习、是否改善了学校的学习环境。作为英语学习的倡议者,教师应该对他们所做的事情进行分析,以为学生获得公平受教育的机会及必需的教学服务,并利用分析结论指导接下来的教学。教师应该批判性地对他们在班级和校外做出的专业贡献进行思考,并考虑这些活动是如何影响学生学习、教学实践和专业能力的。

第二节　英国卓越教师培养标准

2002 年,英国教育与技能部(Department for Education and Skills, 简称 DFES)发布了《传递结果：2006 年战略规划》(*Delivering Results：A Strategy to 2006*),阐述了英国未来推进教育发展的要求和方法。2004 年开始推行"卓越教师计划"(Outstanding Teacher Program, 简称 OTP),旨在提升教师专业技能水平,培养出更多卓越教师。2006 年开始实行卓越教师等级制度(The Excellent Teacher Grade),改革和调整了英国教职员工的薪水结构,目的在于让新教师职业重心能够放在自己与他人专业水平的提升上。

为进一步推行教育改革和改善评选机制,2007 年,英国儿童、学校和家庭部(Department for Children, Schools and Families, 简称 DCSF)发布了《给教师、校长和当地政府的指南》(*Guidance for teachers, headteachers and local authorities*),详细阐述了卓越教师的角色定位、任职标准、评估和申请过程以及就职安排。同年,英国学校培训和发展机构(Training and Development Agency for Schools,简称 TDA)发表了《教师专业标准——为什么你在职业上止步不前?》(*Professional Standards for Teachers：Why Sit Still in Your Career?*),该标准的框架为整个学校的劳动力标准做出更广泛的补充,还定义了教师在不同职业阶段的特点,即在合格教师(Qualified Teacher Status)、核心教师(Teachers on the Main Scale)、熟练教师(Post Threshold Teachers)、卓越教师(Excellent Teachers)和高技能教师(Advanced Skills Teachers)这五个阶段上所应表现出的职业特点,同时还阐述了教师的专业属性、专业知识、和专业技能方面的标准,提供了在每个职业阶段教师对教师的期望。

2009 年 6 月,针对中小学教师培养问题,DCSF 发布了教育白皮书《你的孩子,你的学校,我们的未来：建立 21 世纪的学校体系》(*Your child, Your schools, Our future：Building a 21st Century Schools System*)。同年 DCSF 还发布了《卓越教师计划评述》(*Excellent Teacher Scheme Review*),从实践角度全面评估了该计划的实施情况。

2010 年,为了提高基础教育的发展水平和职前教师能力水平,英国教育部(Department for Education, 简称 DFE)发表了白皮书《教学重要性》(*The Importance of Teaching*),用以指导英国 2010 年以来的学校改革方向。

2011 年 DFE 发布了《培训下一代卓越教师》(*Training Our Next Generation of Outstanding Teachers*)实施计划书,针对职前教师的培养方案进行改革。

英国出台的这些教育新政策,对卓越教师的卓越取向、薪酬标准和考核机制等各方面都进行明确界定,并且对教师专业化发展提出了更高的要求。同时,英国对卓越教师的监督和培训机制也同步跟进,为确保卓越教师都代表了教学领域的最高标准,《给学校、教师、校长和当地政府的指南》中明确提出只有当某一学校卓越教师岗位空缺时,教师们才能提交卓越教师评估表格。英国严苛的卓越教师标准对于其选拔和培养真正卓越的教师发挥着至关重要的作用。

下面主要针对英国 2007 年 9 月颁布的《教师专业标准——为什么你在职业上止步不前?》进行介绍。

(1) 教师专业标准框架将会为整个学校劳动力标准做出更广泛的补充。这包括学校培训和发展机构(TDA)对于国家课堂教学职业标准、与社会合作伙伴和其他关键利益相关者协商的更高水平助教专业标准的回顾,以及对于领导力标准的回顾,该领导力标准基于对校长和领导小组角色和职责的独立审查。

(2) 以下列出的教师专业标准框架定义了教师在每个职业阶段的特点。具体为以下五个方面提供专业标准:① 合格教师(QTS)(Q);② 核心教师(Cs);③ 熟练教师(阈值后教师)(P);④ 卓越教师(E);⑤ 高技能教师(ASTs)(A)。

(3) 专业标准是对教师的专业属性、专业知识和理解,以及专业技能的阐述。他们提供了每个职业阶段对教师的明确期望。该标准不应与《学校教师薪酬及条件》中涉及的教师专业职责相混淆或替换,后者规定了教师的角色和职责。职责包含在校教师薪酬和条件文档,明确了教师的角色和职责。

(4) 下面标准的框架是按照三个相互关联的部分安排的,包括:a.专业属性;b.专业知识和理解;c.专业技能。

(5) 该标准为教师职业提供了清晰框架和明确过程。每个职业阶段教师需通过评估来证明他们是否符合相关标准。评估过程的差异取决于涉及的标准。想成为优秀教师或高技能教师的人需要申请并且要通过外部评估。想成为阈值后教师则是由校长评估。阈值后教师、优秀教师和高技能教师的支付标准同样适用于那些通过评估的教师。

(6) 该标准阐明了教师在当下职业阶段应当持有并培养的专业特点。因此，在就职期间，教师将不断满足核心标准，在标准范围内扩大和深化他们的专业性、知识、理解和技能。这一原则适用于所有后续的职业生涯。例如，那些已经通过了阈值的教师应当继续满足核心标准和阈值后标准，并扩大、深化他们的专业属性、知识、理解和技能。对于熟练教师的工资水平，2006 年《学校教师薪酬及条件》并没有给出新的标准。

（7）该标准支持教师发现他们的专业发展需求。当教师希望发展到下一个职业阶段，下一个层次的框架将会为所有考虑未来发展的教师提供一个参考。虽然并不是所有的教师一定会想进入到下一个工作阶段，标准还是会支持教师寻找在他们当前的事业阶段扩大、深化自己专业知识的方法。

（8）所有教师在整个职业生涯中都应该保证有效、持续、相关的专业发展，并且所有教师都应该签订有效的合同，以保证他们整个职业生涯中持续相关专业发展。对于参与专业发展不同级别的期望应当是连续的。教师对于他人发展的贡献不仅应该考虑他们的技能水平、专业知识、经验以及他们在学校的角色，而且要反映出他们对于最新的学科知识和教学法的运用。

（9）在所有这些情况下，绩效管理是关键。绩效管理为公正讨论当前职业阶段或超出其当前职业阶段的教师职业理想和未来发展提供了条件。专业标准的框架将提供一个讨论该如何看待教师表现与他们当前职业阶段，以及他们正在接近的职业阶段之间关系的依据。相关的标准应该被看作一个整体，以帮助教师确定他们擅长的领域和进一步的职业发展。例如，一个有志于成为高技能教师的教师需要反思和讨论如何计划他们的未来发展，这样他们就可以努力成为一个高技能教师，同时绩效管理将为教师提供未来发展的依据。

（10）所有公立学校和非公立特殊学校的合格教师都必须注册 GTCE，并且遵守 GTCE 注册教师的行为准则。

（11）GTCE 合格教师身份的认定和注册建议是由认证初始教师培训（ITT）提供者提供的。如果教师通过了所有合格教师的标准评估，他们将被认定为合格教师。新合格教师（NQT）随后开始进入成长期。他们（NQTs）不需要完全达到核心标准，直到成长期结束。核心标准支撑接下来的所有标准。当没有后续职业发展阶段时，核心标准在他们当前的工作场所和更广泛的专业工作环境、在教师职业各方面都是有效的。每组的标准建立在前一组的基础上。所以，正在考虑阈值的教师需要满足阈值后的标准（P）和核心标准（C）；希望成为一名优秀教师者需要满足特定的标准——优秀教师标准（E）以及符合之前的两阶段标准（C 和 P）；渴望成为高技能教师者，除了需要满足特定的标准——高技能教师标准外,还要满足之前三个阶段的标准(C、P、E)——尽管他们可以在达到阈值前申请 AST。实际上,优秀教师和高技能教师在教学上的相关标准是相同的。高技能教师额外的三个标准关注点主要体现在教师与其他学校一起展开工作和领导能力上。

(12)标准框架是循序渐进展开的,反映出随着教师专业属性、知识、理解和技能的提高,以及他们角色扮演中的高效性,人们寄语教师发展的期望。阈值后教师可以作为教学和学习的榜样,对提高整个学校标准做出独特的贡献,继续提升他们阈值后专业技能,为缺乏经验教师提供定期指导和咨询。优秀教师以他们的专业知识和能力向其他教师起到示范引领作用,通过教学实践,帮助同事提高教学有效性、解决其他教师发展中的问题。高技能教师提供优秀、创新的教学模型,使用他们的技能通过改进学校活动,为其他教师持续专业发展(CPD)提高教学和学习任务。他们在一系列工作场所从事发展性工作,利用他们在其他地方所获得的经验来提高自己学校和其他学校的实践。

(13)所有标准的基础是儿童和年轻人的五个关键结果。它是由《每个孩子都很重要》中共同核心技能的六个领域和儿童劳动力知识构成。在职教师应该有意识地从事适合他们经验和法律职责的工作。孩子和年轻人幸福与发展相关的法律参考如下:2004 年的《儿童法案》;1995 年和 2005 年的《残疾歧视行为和相关指导》;1996 年《教育法案》中规定的相关特殊教育需求;2001 年《守则》相关的特殊教育需求;1976 年《种族关系法》;2000 年修订的《种族关系法案(修正案)》《教育引导与维护孩子》。

(14)专业标准必须在教师合法权利和合同权利下操作。

(15)教师专业标准不会对教师任何合法工作活动产生影响。

标准一 合格教师

一、专业属性

(1)与儿童和年轻人的关系

Q1 对儿童和年轻人有很高的期望,包括承诺他们可以接受完整教育体系的潜力,建立公平、尊重、信任、支持和积极的关系。

Q2 儿童和年轻人成长需具备的积极价值观、态度与行为。

（2）框架

Q3　（a）了解教师工作职责以及他们工作的法律框架。

　　　（b）注意工作场所的政策和准则，具有集体责任感。

　　　（c）与他人交流与工作。

Q4　与孩子、年轻人、同事、父母和看护者进行有效沟通。

Q5　承认并尊重同事、父母和看护人，为儿童和年轻人实现幸福做出贡献，并提升他们的成就水平。

Q6　追求协作和合作。

（3）个人专业发展

Q7　（a）反思和提高他们的实践能力，负责任地识别、满足自身发展专业需求。

　　　（b）在成长期识别他们早期专业发展的优势。

Q8　创造性、建设性地运用批判方式看待创新，如果确认他们能带来效益，就要做好准备去适应实践。

Q9　根据建议和反馈来开展活动，接受指导和咨询。

二、专业知识与理解

（1）教与学

Q10　知道、理解一系列教学、学习和行为管理策略，知道如何使用这些策略，包括如何开展个性化学习，为所有学员提供实现他们潜力的机会。

（2）评估和监督

Q11　知道讲授的学科、课程领域的评估要求和安排，包括那些相关的公共考试和资格证书。

Q12　知道一系列的评估方法，包括形成性评价的重要性。

Q13　知道如何使用当地、国家统计信息来评估他们教学有效性，监督他们所教对象的进步和水平提高程度。

（3）学科与课程

Q14　对科目、课程相关领域，以及相关教学法有充足的知识和详尽的理解，使他们在训练的能力范围内有效教学。

Q15　知道并理解相关的课程、框架，包括《国家战略》针对科目、课程领域提供的相关规定，以及其他所有相关的、适用于他们受训教育对象的规定。

（4）读写能力、计算能力和信息通信技术

Q16 已经通过计算能力、读写能力和信息通信技术（ICT）方面专业技能测试。

Q17 知道如何使用读写、计算和信息通信技术等技能来支持他们的教学和更广泛的专业活动。

（5）成就及多样性

Q18 了解儿童和年轻人如何取得进步，以及一系列发展的、社会的、宗教的、民族的、文化的、语言的因素是如何影响他们进步的过程和人格。

Q19 知道如何提供有效的、个性化的帮助，包括那些英语为二语的学习者、有特殊教育需要学习者或残疾学习者，知道如何考虑实际教学中的多样性，实现教学的平等和包容。

Q20 知道并理解有特定职责的同事角色，包括那些负责有特殊教育需求、残疾及其他学习者个人学习需求的同事。

（6）健康和幸福

Q21 （a）注意当前维护、促进儿童和年轻人的幸福法律规定，国家政策和指导。

（b）知道如何识别并支持儿童和年轻人，他们的进步或个性受到他们的个人情况改变或困境所影响，知道什么时候请他们的同事提供专业支持。

三、专业技能

（1）计划

Q22 根据他们教学对象的年龄和能力范围计划进度，在课内及课与课之间设计有效的学习顺序，展现充足的科目和课程知识。

Q23 为学习者设计、提高他们读写、计算和 ICT 技能的机会。

Q24 设计作业或其他课外工作来维持学习过程，扩展和巩固他们的学习。

（2）教学

Q25 根据受培训对象年龄和能力范围，从下面四个方面安排教学：

（a）运用各种教学策略和资源，包括电子学习资源，考虑实际教学的多样性，提供平等机会，对学生采取包容态度。

（b）在已有知识、概念和教学过程基础上，使学习者能够运用新知识和技能,实现学习目标。

（c）让学习者适应教学者的语言,能够清晰地展示新想法和概念,有效地使用解释、提问、讨论及大会中使用的语言形式。

（d）演示管理个人、小组、班级的能力,调整教学以适应课程阶段。

（3）评估、监控,并给予反馈

Q26 （a）有效利用一系列的评估、监测和记录策略。

（b）评估教学对象的学习需要,设置具有挑战性的学习目标。

Q27 对学习者的成绩、进步和发展领域提供及时、准确和建设性的反馈。

Q28 支持和引导学习者反思自己的学习,确定他们已经取得的进展,及新的学习需求。

（4）回顾教学与学习

Q29 评价教学对所有学习者学习进程的影响,并在必要时修改教学计划和课堂实践。

（5）学习环境

Q30 建立一个有目的的、安全的、有利于学习的环境,寻找学习者在课外环境中学习的机会。

Q31 就课堂纪律制定一个清晰的框架,建设性地管理学习者的行为,促进他们的自制力和独立性。

（6）团队合作

Q32 作为团队成员,识别与同事合作的机会,与他们分享有效的教学经验。

Q33 确保同事适当地参与学习,理解他们应当实现的角色。

标准二 核心教师

一、专业属性

（1）与孩子及年轻人的关系

C1 对于儿童和年轻人有很高的期望,包括承诺确保他们可以接受完整教育体系,建立公平、尊重、信任、支持和建设性的关系。

C2 持有积极的价值观和态度,在其专业角色上采用高标准的行为。

（2）框架

C3　保持最新的知识，理解教师的专业职责和法律框架内的工作，并有助于工作场所政策和实践的开发、实现和评价，包括那些旨在促进机会平等的政策。

（3）与他人交流与工作

C4　（a）与孩子、年轻人以及同事进行有效沟通。

　　（b）与父母和看护人进行有效沟通，及时传达成绩、目标、进步和个性等相关信息。

　　（c）知道沟通是一个双向过程，鼓励父母和看护人参与到儿童和年轻人成长和有关幸福的讨论中。

C5　认可、尊重同事、父母和看护人，可以为儿童和年轻人成长、幸福获得做出贡献，并提高他们的成就水平。

C6　承诺协作和合作。

（4）个人专业发展

C7　评估他们的表现，通过适当的专业发展提高他们的教学实践能力。

C8　创造性地、建设性地运用批判的方式看待创新，如果确认他们能带来效益和教学水平的提升，要做好准备去适应他们的实践。

C9　根据建议和反馈来活动，接受指导和咨询。

二、专业知识和理解

（1）教与学

C10　知道和理解一系列的教学、学习和行为管理策略，知道如何运用这些策略，包括如何实现个性化学习和为所有学员提供实现他们潜能的机会。

（2）评测与监督

C11　知道学科、课程领域的评估要求和安排，包括那些有关的公共考试和资格证书。

C12　知道一系列的评价方式，包括形成性评价的重要性。

C13　知道如何使用当地和国家统计信息来评估他们教学有效性，监督他们所教对象的进步和水平提升程度。

C14　知道如何使用报告和其他评估相关的外部信息，为学习者提供精确的、建设性的反馈，了解自己的长处、弱点、成就、进步和发展领域，包括改进的行动计划。

（3）学科与教学

C15　对科目、课程领域以及相关的教学法有充分的知识和详细的理解，包括所教授的课程对跨课程学习所能做出的贡献，以及近期的成绩。

C16　知道并理解相关课程和框架，包括《国家战略》对科目、课程领域提供的相关规定，以及其他所有相关的、适用于他们教学对象的规定。

（4）语文、数学和信息通信技术

C17　知道如何使用读写、计算和信息通信技术技能来支持他们的教学，开展更广泛的专业活动。

（5）成就与多样性

C18　了解儿童和年轻人如何取得进步的以及一系列发展的、社会的、宗教的、民族的、文化的、语言的因素是如何影响他们进步和人格的。

C19　知道如何做出有效的、为他们提供个性化的帮助，包括那些将英语作为二语的学习者、有特殊教育需要的学习者和残疾学习者，知道如何考虑实际教学的多样性，实现教学平等，并对学生采取包容态度。

C20　知道并理解有特定职责的同事的角色，包括那些负责有特殊教育需求、残疾或其他学习者个人学习需求的同事，以及他们能够为儿童和年轻人发展和幸福做出的贡献。

C21　知道何时利用同事的专长，比如那些负责维护儿童和年轻人以及有特殊教育需求和残疾学习者的同事，知道何时从外部机构获取信息、建议和支持。

（6）健康和福利

C22　知道当前维护和促进儿童和年轻人幸福的法律规定、国家政策和指导。

C23　知道当地有关维护儿童和年轻人的规范。

C24　知道如何遵循维护程序，识别潜在的儿童虐待或儿童漠视行为。

C25　知道如何识别并支持儿童和年轻人，他们的进步或个性发展受到他们的个人情况或环境改变所影响，知道什么时候请他们的同事提供专业支持。

三、专业技能

（1）计划

C26　根据他们教学对象年龄和能力范围安排计划进度，在课内和课与课之间设计有效的学习顺序,展现充足的科目、课程知识。

C27　为学习者设计发展他们的读写、计算和 ICT 技能的机会的同时,提供发展当前阶段、当前环境下的思维和学习技巧的机会。

C28　设计作业或其他课外工作来维持学习过程,扩展和巩固他们的学习。

（2）教学

C29　根据受培训对象年龄和能力范围,从以下方面来安排教学:

（a）使用各种教学策略和资源,包括电子学习资源,考虑多样性,促进平等,体现包容。

（b）在已有知识基础上树立实现学习目标,维持学习进度。

（c）开发概念和过程,使学习者能够运用新知识和技能。

（d）让学习者适应教学者的语言,清楚地引进新的想法和概念,有效地使用解释、提问、讨论和大会语言形式。

（e）展示管理个人、小组、班级学习的能力,调整自己的教学模式以适应课程阶段以及学习者需求。

C30　根据学习者基础设置合理预期,激励学习者学习,提高进步的程度。

（3）评估、监控及反馈

C31　有效利用一系列的评估、监测和记录策略作为基础,评价具有挑战性的学习目标并监督他们的进步和收获的水平。

C32　对学习者的成绩、进步和发展领域提供及时、准确和建设性的反馈。

C33　支持和引导学习者反思自己的学习,确定他们已经取得的进展并确定积极的学习目标,促使他们成为独立的成功的学习者。

C34　利用评估作为教学的一部分,诊断学习者的需求,设定现实的、具有挑战性的目标以获得进步,并设计今后的教学计划。

（4）回顾教学与学习

C35　评价教学对所有学习者发展的影响,在必要时调整他们的教学计划和课堂实践。

C36　审查评估对学习者反馈的影响,引导学习者如何提高成绩。

（5）学习环境

C37　（a）建立一个有目的的、安全的、符合当前法律规定和国家政策的学习环境,维护儿童和年轻人的幸福,这样学习者将具有安全感,自信心,必将为学习和学校做出积极贡献。

  (b) 利用当地关心儿童和年轻人的条件。

  (c) 利用校外环境,实现个性化、扩展性学习,使课内外学习融为一体。

C38 (a) 建立清晰、积极的框架管理学习者行为,与学校的行为政策保持一致。

  (b) 使用一系列行为管理技术和策略,提高自控力和独立性。

C39 通过发展自己社会、情感和行为技能,促进学习者的自控能力、独立性和团队合作精神。

(6) 团队合作和协作

C40 作为团队成员,抓住与同事合作的机会,与他们分享有效教学实践。

C41 确保同事适当地参与继续学习,理解他们应当实现的角色。

标准三 阈值后教师

阈值后教师应符合下列标准(P)同时满足核心标准。

一、专业的属性

框架

P1 对工作场所政策的推行、教学实践以及集体责任感增强贡献显著。

二、专业知识和理解

(1) 教育和学习

P2 知道和理解一系列教学、学习和行为管理策略,以及这些策略的运用及适应性,包括如何实现个性化学习,如何为所有学员创造发挥潜力的机会。

(2) 评估和监控

P3 知道他们教学学科、课程领域的评估要求和安排,包括那些有关的公共考试和资格证书。

P4 理解不同类型资格证书及专业最新知识,并能辨别这些证书及知识是否满足学习者需求。

（3）科目和课程

P5　对科目、课程领域以及相关的教学法有更深入的理解，知道学习的本质。

（4）健康和幸福

P6　有足够知识和经验为儿童和年轻人今后发展和幸福获得提出建议。

三、专业技能

（1）计划

P7　设计灵活、有创造力、有效的学习顺序，展现充足的科目、课程知识以及最新的进展，有效、循序渐进地实现学习目标，满足学习者需要。

（2）教学

P8　利用教学技能，帮助学习者取得更大进步。

（3）团队合作和协作

P9　促进团队合作，提高团队合作开展工作的效率。

P10　通过培训和指导、提供建议反馈为同事的专业发展做出贡献。

标准四　优秀教师

优秀教师（E）应符合下列标准并同时满足核心标准和阈值后教师的标准。

一、专业的属性

框架

E1　愿意带头制定工作政策，开展教学实践，促进增强集体负责感。

个人专业发展

E2　研究和评估课程实践和创新，利用研究结果和其他外部证据来源提高自己和同事的实践。

二、专业知识与理解

（1）教学与学习

E3　对最有效的教学、学习和行为管理策略有深刻了解，包括如何选择和使用有效的教学方法，创造个性化学习机会，促进所有学习者挖掘他们的潜力。

（2）评估和监督

E4　知道如何改善工作场所评估有效性，包括如何分析统计数据来评估整个学校教学效果。

（3）学科和课程

E5　对科目、课程领域和相关教学法有一个广泛而深刻的认知和理解，例如从课程领域相关的其他专业领域获得的教学法。

（4）成就与范围

E6　对平等、包容性和多样性的教学有广泛的认知。

三、专业技能

（1）计划

E7　（a）领导并规划与同事协作，以促进有效教学实践。

　　（b）识别并探索科目之间、课程区域之间的联系。

（2）教学

E8　有取得优秀成绩及成果的教学技能。

E9　展示优秀的、创新的教学实践。

（3）评估、监控及反馈

E10　展示优秀的评估和评价能力。

E11　具有优秀的能力，针对学习者取得的成就、进步和某领域才能的发展，向学习者本人、同事、家长及监护人员提供及时、准确和有建设性的反馈，进一步促进学习者进步。

（4）教学与学习回顾

E12　使用本地和国家统计数据和其他相关信息，为如下三方面提供证据支撑：

　　（a）为评估学习者的进步和成就提供比较基准；

　　（b）对教学有效性进行判断；

　　（c）提升教学基准。

（5）团队合作

E13　与领导团队密切合作，带头实施、评估实践政策，促进学校改进提升。

E14　使用一系列技术和技能，促进适合他们需求的专业发展，提高有效教学实践能力。

E15　能够有依据地给出建议，在课堂观察中应用高级技能对同事的工作进行评估、给出建议。制定和实施有效的策略以满足儿童和年轻人学习需求,引导学生改进学习结果。

标准五 高技能教师

高技能教师(A)应符合下列标准,还应该满足核心教师标准,阈值后教师标准和优秀教师标准。

一、专业的属性

框架

A1 愿意在制定学校政策及教学实践中承担战略领导者角色,促进集体责任感在自己和工作中的落实。

二、专业技能

团队合作

A2 与领导团队密切合作,并在其中扮演领导角色,实施并评估学校政策和教学实践,为学校进一步发展做出贡献。

A3 具备分析人际关系和组织能力等必要技能,不受学校范围限制,能与员工和领导团队有效开展工作。

标准六 卓越教师

——给教师、校长和当地政府的指南(威尔士)

一、简介

(1)这份指南阐述了卓越教师的角色、预期、标准、申请过程以及评估/就职安排。

(2)卓越教师等级制度于 2006 年 9 月 1 日开始实施。相关的法定条文罗列在学校教师工薪和待遇文献里。

(3)卓越教师等级制度的简介作为教职员工薪水结构改革和调整的一部分被引进,从而使教师有更多时间专注于他们的核心任务——教学和引导教学。新教师职业重心在于帮助教师专业上得到自我提升以及帮助他人提升。《针对幼儿及以上学习者五年计划(2004)》中指出："那些对提升学生成绩做出最大贡献的人,那些持续不断地提升专业水平的人,那些帮助他人提升专业水平的人必定会取得职业上的进步和经济上的回报。"

（4）贯穿职业生涯,所有教师都应以有效的、持续的方式发展他们的职业。最有效的职业发展路径需要师师互学。所有教师都可以从教学和对他人的指导中受益或做出贡献。综合考虑教师技能等级、专业水准、经验程度、在学校里的角色、对最新的学科知识和教学方法的反思,教师可以从不同课堂观察中获得专业支撑。

（5）"卓越教师计划"为有经验的教师提供了一个新的职业通道。ETS 欣赏卓越教师累积的专业知识,卓越教师通过与其他跟班教师分享教学经验和技巧而使跟班教师获得超长发挥,这些是跟班教师凭借自己能力而无法达到的。

二、卓越教师角色

（一）目的

（6）卓越教师计划为有经验的跟班教师指出了一条报酬丰厚的职业路线,这是除了教学责任薪资、优秀技能教师等级和领导小组的职位外的另一种选择。

（7）卓越教师有纵横深三方面的经验:卓越的教学、高层次的指导力及辅导能力。高超的教学技能使卓越教师能对经验较少的跟班教师发挥到带头引领作用。

（8）除了履行常规课堂教学职责之外,卓越教师还有一个特殊的作用——帮助其他教师提升教学效果,提高全校学生成绩。

（9）卓越教师这一角色非常适合那些积极性高的同事。帮助他们提高效率,解决专业发展和其他绩效管理过程中产生的问题。

（二）特征

（10）卓越教师计划赋予了学校为教师开设新职位的权利,这些新职位使教师拥有了新角色——将重心放在整个学校教学事务中。与高能力教师不同的是,卓越教师的职位并没有一个外延功能。卓越教师计划在英格兰和威尔士等地区实施,这里的学校按照学校教师工薪和待遇文件要求雇佣教师。

（11）教学责任薪资制度不适用于卓越教师。这是因为卓越教师不负责领导、管理或者发展一个学科或者课程领域,他们也不应承担管理责任。

（12）是否开设卓越教师这样的职位取决于学校。在适当商讨后，学校可以在任何时候开设卓越教师的职位。

（三）责任

（13）一旦坐上卓越教师位子，教师就应该保持高标准，承诺会一直保持专业上的发展；通过他们的专业知识为其他职工提供典范榜样。

（14）卓越教师应该发挥独特的作用——能改善全校教学。除了履行跟班老师常规的专业职责之外，对卓越教师的具体要求应该是参与刚入职教师的就职仪式；参与对其他教师的专业指导；通过展示课，分享好的教学实践；帮助其他教师提升在教学计划、教学准备和教学评估方面的专业知识；帮助其他教师评估他们的教学对学生的影响；参与课堂观察以帮助和支持绩效管理过程，帮助其他教师提高他们的实际教学能力，包括过程管理能力。

（15）卓越教师应该在各领域都有涉猎和专门研究。在实践中，相关的知识输入量应取决于学校发展需求。

（四）卓越教师在校职位

（16）卓越教师应在提高学校教学质量、学生学习成绩方面做出巨大贡献。他们可能是专门的学科老师，能够与全校教师分享他们的专业知识。学校也会决定如何才能更好地雇佣卓越教师，并且在专业职责基础上更好地拟定合适的职位描述。

（17）卓越教师的工作重心是在教师身上，因此被赋予了更多期待，能对全校职工产生影响。卓越教师的空缺职位可以被内部或外部职员填补。

（五）卓越教师在当地教育部门的职位

（18）根据以上列出的标准和预期，任何将重心放在教学上的地方政府服务中心都能新设出卓越教师的职位。这种角色的核心要素是在服务范围内提供师师互助。

三、创设卓越教师职位

（一）环境

（19）个别学校根据学校需求决定卓越教师职位数，必须与学校员工结构相一致。

（20）如果一所学校决定开设一个卓越教师职位，并且这个职位被内部人员填补，必须清除这个上任教师原先职位以及原先适用的教学责任薪资制。因此，当新设卓越教师职位时，很重要的一点是学校得重视卓越教师的独特作用，以及这个职位对剩下职工结构的影响。

（二）评价标准

（21）只有当本校存在英语教师职位空缺时，教师才可以递交卓越教师职位申请。评估时，教师需满足如下条件：一直保持专业水准的发展；一直定期对其他教师提供辅导和指导；丰富的工作阅历使他们能够察觉并解决学生的特殊需求；满足两年预备实践期；符合启蒙老师的标准；符合卓越教师的标准。

（22）当详细考虑分析需求证据时，对于那些因两年预备实践期而缺席学校职位的教师，学校可以把考察期延长但不得多于五年。这个将离校期计入在内的延长考核机制，校长应该在申请表格中对此做出评价。

（23）如果教师不能满足任何一个评估标准，他们需要和校长讨论如何解决这个问题。这样的讨论应该和绩效管理紧密联系在一起，能够让教师与校长意识到应给专业发展明确的优先权。一旦教师符合了卓越教师评估标准，他们就能申请本校的卓越教师职位的评估。

（三）任职标准

（24）为了能合格地坐上卓越教师的位子，教师必须符合卓越教师的标准；在他们坐上卓越教师位置之前，薪水标准应达到启蒙教师薪资等级三至少两年。

四、申请过程评估

（一）教师职责

（25）申请卓越教师职位完全是自愿的。还没有通过评估过程的教师不能申请本校的卓越教师职位。

（26）当申请卓越教师职位时，还没有符合标准的教师必须提交一份完整的卓越教师申请表给校长以证明他们符合所有卓越教师标准项目；证明他们符合先决条件和评估标准；符合职位招聘中要求的所有信息。

（27）候选人通过申请表里提供的信息，在日常教学及相关文件拟定中的表现，说服评估者他们符合卓越教师的标准。

（二）校长职责

（28）卓越教师申请中，校长需要承担的具体职责，在学校教师工薪和待遇文件里得以明确说明。

（29）学校教师薪资待遇文件中显示，为了解决薪资问题，卓越教师修订后的标准从 2007 年 9 月 1 日起生效。对于在英格兰的教师来说，这些标准是专业标准框架的一部分，包含了合格教师获奖标准、针对那些在薪资系统中成功完成就职的教师标准（核心标准）、针对启蒙老师的标准。在框架内，这些标准被设计成具有累积性和过程性的。有些标准只针对一个职业阶段，但也适用于接下来的各个职业阶段。

（30）尽管这套框架总体来说只适用于英格兰，卓越教师标准中的薪资标准也适用于苏格兰和威尔士。

（31）2007 年 9 月 1 日起，卓越教师评估开始实施这份修订后的步骤。校长必须在教师提出卓越教师标准的评估申请之前，先审核他们是不是符合启蒙教师的标准。

（32）如果校长对申请卓越教师职位者不满意的话，可以拒绝该阈值后教师的申请，但必须提供书面拒绝的理由。这些必须在收到申请之后的 20 个工作日内完成。不需要额外进行评估。

（33）如果校长对申请卓越教师者感到满意，而且该教师已经满足阈值后教师标准，他必须决定是否要同意卓越教师标准评估。如果校长同意进行评估，应完成相关的申请表格，并且在收到申请后的 20 天内将完成的表格提交给评估机构。校长必须为每位校内候选人完成这项程序。

（34）如果校长认为他们不能批准评估申请，他们应该给申请者提供反馈。不满意校长评价的申请者可以通过申诉解决问题。

（35）如果申请者同时被两所及以上学校聘请，那么相关学校的校长们应该达成一致，推选他们其中的一位担任职责校长。如果校长们不能达成一致，那么职责校长应由工龄最长的那位来担任。

（36）如校长是临时派遣的，该校长则应与其他校长协商之后再完成申请表。

（37）卓越教师的任命遵守本校的常规过程和步骤。

（三）测量

（38）校长只有在存在卓越教师职位空缺的时候才能对教师进行卓越教

师标准的评估。当计划或反思学校教工结构时，这种"一位一评"法是实施卓越教师计划切实可行的方法。这种"一位一评"政策至少在计划实施两年前就要下发落实。

（39）外部评估员最终决定该教师是否符合卓越教师标准。外部评估员的角色是保证英格兰和威尔士卓越教师标准评估过程连续性和严密性。英国儿童、学校和家庭委员会支付英格兰和威尔士的评估费用。

（40）全国评估委员会安排每个将要进行卓越教师标准评估的候选人在本校进行评估。评估者会在评估之前与学校联系，以便确定评估时间及程序。

（41）每次评估大概需要半天时间。评估包括对候选人课堂进行考察；与候选人进行面谈；评估相关文本资料信息；与候选人所在学校校长（或副校长、主任）商讨。

（42）评估者决定候选人是否符合卓越教师职位的标准，并且撰写总结报告逐条评述候选人符合卓越教师标准的具体表现。

（43）卓越教师评估通常在评估机构收到申请的六周内完成。如果想要加急评估报告，需与评估机构联系。

（44）那些通过卓越教师标准评估的教师会收到一份证明。

（45）那些没有通过的教师将会收到不符合标准的原因反馈。如果申请者对决策不满意，他们可以申请外部评估的单独复议。

（四）任命

（46）一旦所有相关申请的评估完成（其中包括单独复议），学校应该走常规的任命步骤和程序。

（47）一旦教师顺利通过卓越教师标准评估，他们就可以申请任何卓越教师职位。

（48）一旦就职，卓越教师的行为目标及训练/发展需求就应该与他们新职位相一致。他们的整体表现就应该依据新环境和学校行为管理政策来进行评估。

（49）符合卓越教师标准的教师拥有卓越教师的职位，因此就应享有卓越教师的工资待遇。

（50）那些通过卓越教师标准评估，但没有任命的教师不应该被期望履行卓越教师的专业职责。

（51）一旦被任命为卓越教师，教师就应按照卓越教师薪酬基点对待。

五、卓越教师标准(2007 年 9 月)

（一）专业属性

E1　愿意在制定工作政策、落实教学实践以及提升政策实践实际运作中发挥主导作用。

E2　研究、评估创新的课程实践,利用研究成果和其他外部证据来证明自己及同事教学实践效果。

（二）专业知识与理解

E3　对最有效的教学、学习和行为管理策略能够进行批判性理解,这包括如何选择和使用个性化学习方法,以为所有学习者提供发挥潜能的机会。

E4　懂得如何在工作中提高评估的实际效率,这包括如何分析数据信息以评估全校教学效率。

E5　具备广博的学科、课程知识及相关的教学法知识,该教学法知识应通过与学科、课程相联系的更广泛的专业网络中的案例形式获得。

E6　具备对教学的平等性、包容性和多样性的知识。

（三）专业技能

E7　为了促进有效的实践、发现和探寻学科、课程领域之间的关联,卓越教师应在与同事合作时发挥主导作用。

E8　具备能创造卓越成绩和结果的教学技能。

E9　具备展示卓越的、创新的教学实践能力。

E10　具备卓越的评估和评价能力。

E11　针对学习者的成果、进步及今后继续发展的领域,能够给予学习者、同事、家长和监护人及时、准确并有建设性的反馈。

E12　为了给评估学习者的进步和成绩提供相对的基线;判断教师教学的有效性;改善教学和学习的基础,卓越教师应具备利用当地政府和国家的统计数据和其他信息的能力。

E13　和领导团队紧密合作,在与学校发展密切相关的政策实践的制定、实施和评估方面发挥主导作用。

E14　通过利用大量能够满足同事需求的技术和技能,为同事的专业发展做出贡献，这样他们能增强同事教学实践的有效性。

E15 能够充分根据实际情况开展评估的能力。能够在课堂观察中运用高水平技能为同事的工作进行评估，提出建议。设计、实施有效策略以满足儿童和青少年的学习需求，以帮助他们实现学习成绩的提高。

第三节　澳大利亚教师专业标准

对于《澳大利亚教师专业标准》（简称《标准》）的研究在澳大利亚教育、幼儿发展与青年事务委员会的资助下于 2009 年正式开始。在 2009 至 2010 年间，澳大利亚教育、幼儿发展与青少年事务顾问室的国家标准小组承担了重要研究工作。2010 年 7 月，澳大利亚教学与学校领导研究中心负责《标准》的制定与完成。2010 年 12 月，《标准》经澳大利亚教育、幼儿发展与青年事务委员会签署同意。澳大利亚教学与学校领导研究中心对部长们在素质教育及提高教师素质的国家伙伴关系方面所做的贡献大为赞赏，同时希望在国家重要改革方面能与之继续合作。

一、前言

1. 教师的关键作用

教师在促使年轻人成功、丰富生活而做准备方面分担了重要责任。《标准》基于国内国际实情创设——教师会对学生产生强有力的影响，认为教师素质是影响学生成就的最重要的校内因素。高素质教师会成为学生灵感的来源，并对学生在未来教育、工作和生活的选择方面提供可依赖的、持续的影响。

《提高教师素质国家伙伴关系》和《关于澳大利亚青年教育目标的墨尔本宣言》表明，提高教师素质是澳大利亚教育改革的重要内容之一，教育改革的目的就是致力于提高学生成就并确保澳洲拥有世界一流水平的教育系统。"澳大利亚学校所拥有的最佳资源就是其师资力量。他们在学校教育方面花费巨大，并对学生学习产生了重要影响，这种影响远胜过任何其他教育计划或政策。"从国内和国际角度看，教育正通过提升教师专业标准来吸引、发展、确认、保留优质教师。高水平学校尽管在学校构建和环境创建上有显著区别，但由于改进教学对学生成就的直接影响，学校仍着重强调改进教学的重要性。

2. 教师专业标准

教师专业标准可以指导教师专业学习、专业实践和专业参与，发展教师专业标准有利于促进教师素质的提高及教师积极形象的树立。《标准》对卓越教师的关键要素做了相关描述,明确指出对处于四个不同发展阶段(毕业、精熟、高成就和领导)的教师所需具备的知识和能力标准。

《标准》体现了对澳大利亚教师教学和实践有效性的分析。他们的发展包括教师资格认证;注册机构、用人单位和专业协会对教师专业知识、专业实践、专业参与度的综合评判。不同职业阶段的描述都贯穿着教师的理解。通过对近6 000名教师的广泛调查,确保了《标准》中每个描述都源自教师。

《标准》支持《墨尔本宣言》,该宣言描述了对所有澳大利亚年轻人在下一个十年中的期望,并向澳大利亚教育部长承诺能够实现澳洲学校教育体现学生之间的平等,促进学生发展。最终具体教育目是培养标澳洲年轻人成为成功的学习者、自信且有创造力的个体、充满活力且拥有学识的公民。所有澳大利亚政府、大学、基础教育部门和私立学校都有责任共同合作,支持包括加强教师职前教育的高质量教学和学校领导。

3.《标准》的目的

《澳大利亚教师专业标准》是关于教师素质构成的公开声明。他们定义教师工作性质,明确21世纪学校高质量、高效率教育构成要素。《标准》通过提供明确的教师职业生涯所需的专业知识、专业实践和专业参与度的框架来完成上述教师工作性质定义。《标准》提出了在教师、教师教育者、教师组织、专业协会和公众之间存在的共识。教师标准也促进了专业学习目标的发展,提供了教师可以用以评价其学习成功、帮助自我反思、自我评价的理论框架。教师可以利用本《标准》认识自身目前和不断发展的能力、专业期待及成就。

《标准》对专业化教学和教师职业地位提升做出了巨大贡献。它是专业责任模式的基础,确保教师可以展示合适的专业知识、专业实践和专业参与水平。《澳大利亚教师专业标准》从四个职业发展阶段组织内容,并对教师培养、提升及发展三个阶段发挥重要引领作用。这些阶段反映了从本科准备阶段到成为模范课堂实践者及教师职业领导者之间的教师专业发展延续性特征。《师范毕业生标准》将加强对职前教师教育的资格鉴定。由官方认定教育文凭的毕业生有资格在任何一个州和领地注册成为教师。《熟练标准》将被用来加强正式登记成为教师的过程及支持全国统一教师注册的要求。在高度实现和领导阶段的相关标准提供自愿认证制。

二、《澳大利亚教师专业标准》的构成

《澳大利亚教师专业标准》包括7项标准,概述了教师所需具备的知识和

能力。《标准》中的内容相互关联、相互依存,并且有部分重叠。《标准》将内容分成3大教学领域:专业知识、专业实践和专业参与。在实践中,教学需要利用3个领域中的各个方面。每项标准的重点领域都对专业知识、专业能力和专业参与做了进一步说明。这些说明被分成了四个职业阶段的描述:刚毕业、熟练、高成就和领导。

表 3-1　《标准》构成

教学领域	标准	重点领域和描述
专业知识	了解学生及学生如何进行学习; 了解内容并知道如何去教授;	指每个职业阶段的相关标准
专业实践	实现有效教学与学习的规划; 创造和维持支持与安全的学习环境; 学生学习的评估、反馈与报告;	
专业参与	致力于专业学习; 与同事、家长/监护人及社区共同致力专业	

1. 专业知识

教师在其教学情境中利用大量专业知识和研究来满足学生需求。教师非常了解学生,包括学生具备的不同语言、文化、宗教背景等,知道学生带到课堂学习中的经验是如何影响他们继续学习的,知道如何构建课堂实现学生身体、社会、智力等方面的发展。教师了解其科目与课程内容,知道并理解与其教学计划相关的基本概念、结构和查询程序。教师了解影响他们学习与教学计划有效性并发展适宜策略因素,并使用该知识使其教学内容更具意义。通过教学实践,教师在其学科领域中提升了学生语文与数学能力。他们还能够使用信息和通信技术扩大学生学习方法与学习宽度,并使学生学习情境化。

2. 专业实践

教师能够使学习变得有吸引力、有价值,能够创造并维持安全、包容又具挑战性的学习环境,实施公平、公正的行为管理计划,使用复杂的沟通技巧。他们掌握各种有效教学策略,并能使用这些技巧来实施其设计精巧的教学计划和课堂,定期对其教学实践各方面做出评价以确保实现学生学习需求,理解并使用学生评估结果来诊断学生学习障碍,并且给学生提出一些挑战以提高自身表现。教师能有效完成教学周期的每个阶段,包括学习和评价的设计、发展学习项目、教学、测量、对学生学习做出反馈、向家长及监护人给出报告。

3. 专业参与

教师应示范有效学习,确定自身学习需求,分析、评价及扩大个人及同事间的专业学习。教师在与学生、同事、家长/监护人、社会的所有互动过程中都应体现对对方的尊重,并展示其专业水准,能敏锐捕捉家长/监护人的需求,并能针对孩子学习情况有效地与之交流。教师珍惜课堂内外参与学校社团的机会并以此丰富学生的教育情境,了解学校、家庭、社会团体和学生智力发展之间的联系。

三、《澳大利亚教师专业标准》的内容

7项标准明确了在3个教学领域中对教师的期待。教师对这些标准的展示会出现在他们专业阶段的具体教学情境中,并明确他们对所教学生的学习要求。

表 3 - 2　七项标准

教学领域	标　准
标准 1 标准 2	1. 了解学生及学生如何进行学习; 2. 了解内容并知道如何去教授;
标准 3 标准 4 标准 5	3. 实现有效教学与学习的规划; 4. 创造和维持支持与安全的学习环境; 5. 学生学习的评估、反馈与报告;
标准 6 标准 7	6. 致力于专业学习; 7. 与同事、家长/监护人及社区互动中体现专业性

1. 重点领域及描述

重点领域和描述明确了各职业阶段优质教学的组成部分,构成了复杂教学过程的约定特性。有效教师能够综合应用描述中所概述的知识、实践和专业参与来营造重视学习的教学环境。

2. 四个职业阶段的专业能力

《标准》中四个职业阶段为确认教师在职业中的专业发展提供基准。四个职业阶段中的描述代表了教师在专业知识、专业实践及专业参与上水平不断提高。阶段的进展表现在对一系列更广大、更复杂的情况深入理解。

3. 新入职教师

新入职教师获得了职前教师教育国家认证所要求的资格。对于这项资格的认定意味着他们符合刚毕业教师标准。在成功完成职前教师教育后,新入

职教师利用掌握的知识和技能,计划、管理学生学习,展示了对学生身体、文化、社会、语言和智力等方面的理解。他们了解包含原则、差异教学策略以满足不同能力阶段学生的具体学习需求。刚毕业教师对其科目、大纲内容和教学策略都有所了解,能够设计符合课程、评价和报告要求的课堂教学;有能力通过解读学生评估结果评价学生学习、修改教学实践;并知道如何选择、运用及时、合适的反馈类型提高学生学习。刚毕业教师能运用实践策略知识,创造与学生之间的友好关系,管理学生行为。在与学校、系统课程和法律要求的合作基础上,知道如何保障学生健康与安全。教师知道在工作中保持师德的重要性,与同事合作、外部专家和社会代表等致力于学校生活的重要性。了解与家长/监护人如何开展有效合作的策略,认可家长在孩子教育上的重要作用。

4. 熟练教师

熟练教师在7项标准中展示出熟练水平,符合注册教师的要求。教师为学生提供有效教学和学习经验,了解学生特有的背景,并且通过调整教学以满足学生不同文化、社会和语言特征的个体需求,发展安全、积极、富有成效的学习环境,鼓励学生积极参与。他们设计并实施具有吸引力的教学计划,满足课程、评估和报告的要求,通过使用反馈和评价分析学生知识层面的理解水平。熟练教师使用包括学生成绩在内的一系列资源,评价自身教学并调整计划以便更好满足学生需求。熟练教师在其职业中属于活跃的参与者,积极根据同事提出的建议确认、安排、评价自身专业学习需求。熟练教师是小组成员之一,与同事共同合作;找出并对影响其教学实践的教育相关问题做出回应,与学生、同事、家长/监护人及社区成员进行有效交流,在任何座谈会上都能展示专业性并且体现师德。

5. 高成就教师

高成就教师被认为是高效率、熟练的课堂实践者,通常以个体或合作形式开展工作,提高自身及同事的教学实践能力。他们知识渊博并且是学校活跃分子。高成就教师对其同事学习也有很大帮助。他们扮演着指导、建议或引领他人的角色,定期发起并参与关于提高学生学习的有效教学讨论。他们通过了解学生背景、个体特征及这些因素对学生学习的影响来使学生学习机会最大化,为同事,包括职前教师提供支持及策略,创造积极且富有成效的学习环境。高成就教师在其职责范围内对学科、课程内容有着深入的认知,在教学领域示范合理教学实践,与同事合作安排、评价和修改教学计划以此提高学生学习;了解其专业领域的最新发展,或对于全科教师来说,了解教学内容的最新发展。高成就教师擅长分析学生评估结果并利用其有效提高教学。他们积极创设能使同事专业学习和实践机会最大化的环境,监测自身专业学习需要,并使自身专业需求与学生学习需求保持一致。他们每时每刻都举止得体,在人际交往及陈述技巧方面能力突出,与学生、同事、家长/监护人和社会成员都能进行有效并礼貌的沟通。

6. 领导型教师

领导型教师被当作模范教师而受到同事、家长/监护人及社会的认可及尊重。他们一直开展革新的教育实践。在学校内外,发起并领导有助于提高所有学生教育水平的活动,创设包容型教育环境来满足不同语言、文化、宗教和社会经济背景下学生的需求,设法提高自身实践并与同事分享经验。领导型教师擅长指导同事、职前教师,利用活动提升专业知识、专业实践和专业参与,推动同事开展创造性、革新性思考,运用技巧、深入的知识和理解来创设有效课堂、提供学习机会,并将此信息分享给同事及职前教师。他们描述高效教学之间的关系,激励同事提高自身专业实践。他们通过评价和修订教学计划、分析学生评估结果及思考家长/监护人的反馈意见来提高学生学习表现。这种做法与有效教学最新研究成果相结合。领导型教师在社会中代表了学校及教师职业。无论是在校内还是在校外,他们都是专业的、有道德的,并且是受尊敬的个体。

结　论

澳大利亚教师专业标准的发展是确保澳大利亚学校素质学习及教学不可或缺的一部分。随着《标准》的发展及实施,澳大利亚教育水平在世界上名列前茅。这些标准建立在澳大利亚之前所做的重要研究基础之上,是提高教师素质的国家伙伴关系所赞同的教育改革的基础部分,并将有助于实现《墨尔本宣言》所制定的目标和承诺。

附录一　专业知识

标准 1　了解学生及学生学习情况

重点领域	毕业	熟练	高成就	领导
1.1　学生身体、社会、智力发展与特质	展示对学生身体、社会、智力发展与特质的知识,理解这些因素是如何影响学习的	根据学生身体、社会、智力发展及特质,使用教学策略提高学生学习	从灵活有效的教学策略中选择适合学生身体、社会、智力发展及特质的教学策略	领导同事利用对学生身体、社会、智力发展及特质的知识选择、发展教学策略以提高学生学习

（续表）

重点领域	毕业	熟练	高成就	领导
1.2 学生如何学习	展示对学生如何进行学习及教学意义研究的了解	利用关于学生如何学习的研究及同事建议建构教学计划	利用调查研究和职场知识扩大对学生如何学习的理解	通过调查及职场知识了解学习情况;指导并评价教学项目的有效性
1.3 不同语言、文化、宗教与社会经济背景学生需求	展示相关教学策略,回应不同语言、文化、宗教和社会经济背景下学生的学习优势与需求	设计并实施相关教学策略,回应不同语言、文化、宗教和社会经济背景下学生的学习优势与需求	帮助同事发展有效教学策略,处理不同语言、文化、宗教和社会经济背景下学生的学习优势与需求	利用专业知识、社区知识及经验评价并修改学校教学计划,以满足不同语言、文化、宗教和社会经济背景下学生的需求
1.4 原住民或其他领地学生的教学策略	广泛了解文化、文化特征、语言背景对来自原住民或其他领地学生的影响	回应原住民或其他领地学生的当地社区、文化环境、语言背景及历史特征,设计并实施有效教学策略	对同事提供建议及帮助,使其利用社区代表相关知识及支持,对原住民或其他领地学生实施开展有效教学策略	通过致力于社区代表与家长/监护人之间的合作关系,发展、支持原住民或其他领地学生公平参与教学计划
1.5 满足学生具体学习需求的差异化教学策略	了解能够满足学生具体学习需求的差异化教学策略	设计实施能够满足学生学习需求的差异化教学策略在内的教学活动	利用学生评估数据结果,评价学生具体学习需求差异的教学计划	领导同事有效评估学生具体学习需求差异的教学计划
1.6 身心障碍学生完全参与教学的辅助策略	对身心障碍的学生参与教学的立法要求及教学策略有广泛的知识及理解	计划并实施支持身心障碍学生参与与学习的教学活动,并关注相关政策及法律要求	与同事合作运用专业知识、相关政策及法律发展支持身心障碍学生参与与学习的教学计划	发起并领导对学校政策的检验,支持身心障碍学生完全参与,并确保遵循法律或系统政策

标准 2　了解教学内容及教学方法

重点领域	毕业	熟练	高成就	领导
2.1 教学内容与教学策略	了解教学内容与教学策略的概念、实质及结构	运用教学内容知识与教学策略,设计参与性教学活动	帮助同事利用现代而全面的内容知识与教学策略,开发并实施参与性教学计划	在校内带头评估、提高内容知识与教学策略,并利用有效的、基于研究的教学计划展示对学科的示范作用

重点领域	毕业	熟练	高成就	领导
2.2　内容的选择与组织	按有效教学顺序组织内容	将内容组织成连贯有序的教学计划	在内容选择与组织、教学计划的分配中展示出创新实践能力	在利用全面内容知识提高内容选择及排序,以便形成连贯有序的教学计划中掌握主动权
2.3　课程、评估与报告	利用有关课程、评估与报告的知识设计学习顺序及课程安排	使用有关课程、评估与报告要求的知识设计并实施教学计划	帮助同事利用有关课程、评估与报告要求的现代知识及理解,安排并实施教学计划	领导同事利用有关课程、评估与报告要求的全面知识发展教学计划
2.4　尊重原住民或其他领地学生,并促成各族群学生间的认同	理解并尊重原住民或其他领地学生的历史、文化和语言	提供学生机会理解并尊重原住民或其他领地学生的历史、文化和语言	帮助同事为学生创造机会理解并尊重原住民或其他领地学生的历史、文化和语言	在帮助同事为学生创造机会理解并尊重原住民或其他领地学生的历史、文化和语言方面起带头作用
2.5　文学与数学策略	知道并理解文学、数学教学策略及其在教学领域的运用	运用有效教学策略支持学生在文学与数学方面的成就	帮助同事实施有效教学策略,提高学生在文学与数学方面的成就	利用基于研究的知识及学生数据,监测、评价提高学生文学与数学成就的教学策略的实施
2.6　信息与通讯技术	实施教学策略,利用信息通讯技术扩大学生课程学习机会	运用有效教学策略将信息通讯技术融入教学计划,使内容相关且有意义	示范高水平教学知识与技巧,与同事合作利用现代信息与通讯技术提高教学实践,使内容相关且有意义	领导并帮助同事选择、使用信息通讯技术及有效教学策略,扩大所有学生的学习机会及内容知识

附录二　专业实践

标准 3　实现有效教学并规划学习

重点领域	毕业	熟练	高成就	领导
3.1　建立学习挑战目标	设立学习目标，对不同能力及特性的学生提供可以实现的挑战	对所有学生设立明确的、具有挑战性而又能实现的学习目标	通过示范及设立具有挑战性的学习目标，发展一种对所有学生都具有高期望的文化	展示示范性实践及高期望，领导同事鼓励学生在教育的各方面都追求具有挑战性的目标
3.2　学习方案的规划、结构与顺序	运用学生学习内容及有效教学策略的知识安排课程顺序	规划、实施结构良好的教学计划或课程顺序，促进学生专心参与学习	与同事合作规划、评价、修改教学计划，创造能使所有学生专心参与的富有成效的学习环境	展示示范性实践，领导同事规划、实施、检验其教学计划的有效性以发展学生的知识、理解与技能
3.3　运用教学策略	掌握一系列教学策略	选择、使用一系列相关教学策略提升知识、技能、问题解决、辩证及创造性思维能力	帮助同事选择与运用有效教学策略提升知识、技能、问题解决、辩证和创造性思维的能力	与同事合作检验、修改及扩大其有效教学策略范围，使学生有运用知识、技能、问题解决、辩证和创造性思维的能力
3.4　选择与运用资源	了解大量学习资源(包括信息通讯技术)，促使学生专注学习	选择、创造和使用一系列包括信息通讯技术在内的资源，使学生能够专注于学习	帮助同事创造、选择和使用一系列包括信息通讯技术在内的资源，使学生能够专注于学习	示范技巧，领导同事选择、创造和使用一系列包括信息通讯技术在内的资源，并运用于校内外
3.5　开展有效课堂交流	掌握一系列言语及非言语交际策略，并支持学生参与课堂交流	使用有效的言语及非言语交际策略支持学生理解、支持学生理解、参与课堂交流，并取得一定的学习成果	帮助同事选择一系列言语及非言语交际策略支持学生理解、参与课堂交流，并取得一定的学习成果	使用合作策略及背景知识帮助学生理解、参与课堂交流，并取得一定的学习成果，通过言语及非言语交流事例进行展示并领导

重点领域	毕业	熟练	高成就	领导
3.6 评估与改善教学方案	了解教学计划的评价手段以提高学生学习效果	评价个人教学计划,利用包括来自学生反馈及学生评估数据在内的证据为规划提供信息	使用学生反馈、学生评估结果、课程知识及职场实践,与同事合作检验当前教学计划	利用学生评估结果、课程文件、教学实践及来自家长/监护人、学生与同事反馈等多种来源,实施对教学计划的定期检验
3.7 使家长/监护人参与教学过程	掌握促使家长/监护人参与教学过程的一系列策略	为参与孩子学习的家长/监护人规划合适的、相关语境的机会	与同事合作,为参与孩子学习的家长/监护人提供合适的、相关语境的机会	开创相关语境过程,创立促使家长/监护人参与孩子教育、扩大学校重点及活动的计划

标准 4　创造并保障安全的学习环境

重点领域	毕业	熟练	高成就	领导
4.1 支持学生参与	确认包括学生参与及投入课堂活动的策略	建立并实施包容的、积极的互动,帮助所有学生投入课堂活动	示范有效实践,帮助同事实施能够支持所有学生参与的包容性策略	通过案例展示并领导创造性、包容性学校学习环境,通过包容性策略运用,挖掘提高学生参与度并支持所有学生的学习的新方法
4.2 管理课堂活动	展示组织课堂活动与提供明确指令的能力	建立并维持有序可行的常规,创造一种学生时间都能用于学习任务的环境	示范并与同事分享有利于课堂管理的灵活策略库,确保所有学生都投入到有目的的活动中	研制策略并领导同事实施有效课堂管理,提高学生学习的责任感
4.3 管理具有挑战性行为	了解管理具有挑战性行为的实践方法	通过与学生协商建立对学生明确的期待,管理具有挑战性的行为,迅速、公平、尊重地向学生阐明纪律问题重要性	使用专业知识及职场经验,发展并与同事分享行为管理的灵活策略	领导并实施主动行为管理,帮助同事扩大相关策略

（续表）

重点领域	毕业	熟练	高成就	领导
4.4 维护学生安全	与学校/系统、课程、法律要求合作，能够描述支持学生健康及安全的策略	通过实施学校/系统、课程、法律要求，确保学生在校内的健康与安全	发起并负责实施当前学校/系统、课程、法律要求，确保学生健康与安全	使用当前学校/系统、课程、立法要求，评价学生健康政策及安全工作实践的有效性，帮助同事增强实践能力
4.5 运用信息通讯技术需注意的安全、负责与伦理	理解教学中安全、负责、有道德地使用信息通讯技术策略等相关问题	将安全、负责、有道德地使用信息通讯技术的策略与教学相结合	示范并帮助同事发展提高教学中安全、负责、有道德地使用信息通讯技术的策略	检验或实施新政策及策略，确保教学中安全、负责、有道德地使用信息通讯技术

标准 5　学生学习的评估、反馈与报告

重点领域	毕业	精熟	高成就	领导
5.1 评估学生学习	展示对包括非正式与正式、诊断、形成性与终结性评价方法在内的学生学习评估策略的理解	发展、选择、使用非正式与正式诊断、形成性与终结性评估策略，评估学生学习	发展、运用一系列全面评估策略，诊断学习需求，遵循课程要求，帮助同事评价其评估方法的有效性	使用评估结果诊断学习需求，遵循课程、系统/学校评估要求及一系列评估策略，评价学校评估政策及策略并帮助同事
5.2 对学生学习提供反馈	展示对学生学习提供及时、合适的评估目的的了解	针对学生取得的与其学习目标相关的成就开展及时、合适的反馈	为了取得学习上的进步，在及时了解每个学生当前需求后做出判断，从一系列策略中选取有效策略以提供有针对性的反馈	示范典型实践，发起计划帮助同事运用一系列及时、有效、合适的反馈策略
5.3 提供持续且可比较的评比	有评估调整能力并用其持续地比较学生学习	理解并参与到评估调整活动，并用其持续地比较学生学习	组织评估调整活动，并用其持续地比较学生学习	领导并评价调整活动，确保对学生做出持续且可比较的评比以实现课程、学校或系统的要求

（续表）

重点领域	毕业	精熟	高成就	领导
5.4　诠释学生数据	展示诠释学生评估数据的能力,评价学生学习与修改教学实践的能力	使用学生评估数据分析、评价学生对于主题/内容的理解,确定干预与修改教学实践	与同事合作使用学生内外部评估数据评价教学,确定干预与修改教学实践	利用学生内外部评估数据协调学生表现及评价计划,提高教学实践
5.5　提供学生成果报告	理解一系列向学生、家长/监护人报告学生成就的策略,理解对学生成就保持准确、可信记录的目的	使用准确、可信的记录,向学生、家长/监护人清晰、准确、礼貌地报告学生成就	与同事合作向学生、家长/监护人提供准确、包含足够信息且及时的学生学习成果报告	评价、修改学校报告及责任制,满足学生、家长/监护人及同事的需求

附录三　专业参与

标准 6　致力于专业学习

重点领域	毕业	熟练	高成就	领导
6.1　专业学习需求的确认与规划	展示对《澳大利亚教师专业标准》在确认专业学习需求方面的理解	使用《澳大利亚教师专业标准》及同事的建议,确认并计划专业学习需求	分析《澳大利亚教师专业标准》,规划个人专业发展目标、帮助同事确认并实现个人专业发展目标,及帮助职前教师提高课堂实践	利用对《澳大利亚教师专业标准》的全面理解,规划并领导专业学习政策及计划的发展,处理同事、职前教师对专业学习的需求
6.2　致力于专业学习与实践提升	了解与教师专业学习相关且合适的资源	参与学习,更新针对专业需求及学校/系统重点的知识与实践	通过获取、批判相关研究规划专业学习,参与高质量、针对性机会以提高实践,为职前教师安排适当的、优质岗位	合作扩大专业学习机会、参与研究,并为职前教师提高优质机会与工作岗位
6.3　致力于与同事合作与实践提升	寻求并运用来自管理者和其他教师有建设性的建议提高教学实践	促进同事间讨论,并运用同事有建设性的建议提高专业知识与实践	在多种平台发起并参与到同事间的专业讨论,评价直接用于提高专业知识、实践及学生教育成果的实践	为提高学生教育成果,与学校进行专业对话,利用由反馈、对当代研究的分析与实践贯穿的专业学习网络

（续表）

重点领域	毕业	熟练	高成就	领导
6.4 专业学习应用与提升学生学习	理解继续教育基本原理及对学生学习的启示	承担专业学习计划，解决被确认的学生学习需求	与同事合作，评价教师专业学习活动的有效性，解决学生学习需求	提倡、参与并领导策略，为同事提供致力于提高学生学习的优质专业学习机会

标准7 与同事、家长/监护人及社区共同致力于专业培养

重点领域	毕业	熟练	高成就	领导
7.1 实现专业道德与责任	了解并运用道德准则中所描述的关键原则，并在教师职业中实施	实现与实施由管理机构、系统及学校建立的道德准则	维持高道德标准，帮助同事理解道德准则，并在所有学校与社会背景下进行合理判断	示范典型道德行为，并在所有与学生、同事及社会的专业来往中进行明智判断
7.2 遵守法律、行政与组织要求	根据学校对教师的要求，了解相关法律、行政与组织的政策及过程	遵守法律、行政、组织、专业的要求、政策与过程，并理解其意义所在	帮助同事回顾并了解法律、行政、组织的要求、政策与过程	开创、发展、实施相关政策及过程，帮助同事遵守并理解现存的新的法律、行政、组织、专业方面的责任
7.3 与家长/监护人共同参与	了解与家长/监护人有效、体贴及忠诚合作的策略	考虑到孩子的学习与健康，与家长/监护人建立并维护互相尊重的合作关系	在与家长/监护人针对孩子学习与健康的所有交流中体现责任心	识别、发起并创造机会，促使家长共同参与孩子学习过程及学校教育重点中
7.4 与专业教学网络和社区共同投入	了解外部专业与社区代表在扩大教师专业知识与实践方面所扮演的角色	参与专业、社区网络及平台，扩大知识提高实践	促成专业网络与协会，建立与范围更广的社区之间的联系以提升教学	在专业与社区网络中发挥领导作用，帮助同事参与外部学习机会

第四节 国外卓越教师标准对我国教师教育专业培养的启示

一、英美两国英语卓越教师标准的卓越取向

2011 年 NBPTS 发布的《英语作为一门新语言的教学标准》和英国 2007 年的《教师专业标准——为什么你在职业上止步不前?》及《给学校、教师、校长和当地政府的指南》对教师专业能力、教学能力和合作能力三方面的要求,从中可以大致了解两国英语卓越教师标准的卓越取向,结果如下表。

表 3-3 英美两国英语卓越教师标准的卓越取向

国家 方面	美国	英国
专业能力	● 要能够运用有关学生语言发展、文化、能力、价值观、兴趣和期望方面的知识 ● 要了解学生的文化背景,向学生和其他人证明学生能够在保持其文化认同感的同时在学术上有所建树 ● 要精通英语相关知识并且能够了解到学生们语言学习的需要	● 要对学生们保持较高期望,体现出积极向上的价值观,注意自身行为与态度 ● 要对课程领域和相关教学法有深刻的理解 ● 要能够了解教师的工作职责以及他们工作的法律框架
教学能力	● 要辩证地评估学生的学习方法,并且运用该方面知识帮助学生学好英语 ● 要能够使用高效的指令来帮助学生提高语言学习技能,帮助他们获得学术的成就,学会能够受用终生的技能 ● 要采用多样性的评价方法,帮助学生在反思中取得进步	● 要能够使用各种教学策略和资源,包括电子学习资源,考虑实际的多样性,促进平等和包容 ● 要对最有效的教学、学习和行为管理策略有深刻了解,包括如何选择和使用方法,提供个性化学习机会使所有学习者实现他们的潜力 ● 要能够有效利用一系列的评估、监测和记录策略,评估学生的学习需要,设置挑战的学习目标并及时修改他们的教学计划和课堂实践

国家 方面	美国	英国
合作能力	● 要建立和维持好与学生家庭和社区的关系 ● 要能够帮助同事提高教学水平，推动教学领域发展	● 要能够与父母和看护人进行有效的沟通 ● 要能够带头与同事协作（包括跨学科教师）以促进有效的教学实践

由表可见，在专业能力方面，英美两国都认为英语卓越教师除了需要精通教学法等专业知识，其个人素养应具有积极向上的价值观和尊重文化多样性的意识也是之所以称为"卓越"的重要衡量标准。美国考虑到其为移民大国的特殊性，对教师的专业能力提出了要了解学生文化背景的要求，指出卓越教师要了解学生在学习一门新语言的同时也在学习一种新文化，提出了卓越教师要注重建设文化呼应型课堂，在教授美国文化的同时尊重学生的本国文化，公平对待拥有不同文化背景的学生。

在教学能力方面，英美两国均强调了合理、全面的教学评估方法，丰富多样的教学方法和个性化教学的重要性。两国均指出评估反馈活动是教学的重要部分，卓越教师们要能够采用多样的评估方法来对学生进行公平公正的评估，并将评估结果及时、真实地反馈给学生和参与培养学生语言学习能力的学校同事、学生家长及社区成员。两国的具体标准中还都指出卓越教师们要能够批判性地反思自己的课堂实践，在反思中不断改进教学实践的各个环节。

在合作能力方面，英语卓越教师作为英语学科领域的引导者，其与同事和跨学科教师之间的合作也是英美两国所共同倡导的卓越取向。美国指出了卓越教师与社区之间的合作的重要性，卓越教师们要了解学校在服务范围内的社区，学校、家庭和社区之间的良好关系能够帮助学生们在语言学习上取得进步，培养学生英语学习兴趣，形成课内外都适合语言学习的氛围。

二、对我国构建英语卓越教师评价标准体系的启示

英美作为国际教育改革的先驱，其提出的英语卓越教师标准也成了教师培养的指路明灯。自上个世纪以来，我国在探索教师培养的道路上不断摸索。2014年的《教育部关于实施卓越教师培养计划的意见》提出了实施卓越教师培养计划的目标要求，要求分类推进卓越教师培养模式改革、建立高校与地方政府、中小学"三位一体"协同培养新机制等七项意见。英美两国的卓越教师

标准为我国培养英语卓越教师提供了更加详细与明确的建议。根据英美两国卓越教师标准的研究以及对其卓越取向的解读，现得出对我国英语卓越教师评价标准的三点启示。

（一）反思与评价教学过程的专业能力

美国 NBPTS 提出了有关卓越教师标准的五项核心主张（Five Core Propositions），其中，第四条主张的具体内容反映出了卓越教师的反思与评价能力的重要性。该主张指出英语卓越教师不仅需要具备扎实的知识储备和教学能力，还要能够全面、系统地反思教学活动。2007 年英国的《教师专业标准——为什么你在职业道路上止步不前？》也明确提出了卓越教师除了应该具备扎实的专业知识和教学技能，还应该学会建立有效的评估和反馈机制。

我国在培养英语卓越教师时也应该着重注意教师反思与评价教学过程的专业能力。该能力具体表现在教师要能够有效利用一系列的评估、监测和记录策略，来评估学生们的学习需要，设置挑战性的学习目标；能够建立起及时的反馈机制，对学生取得的成绩和进步提供及时、准确和建设性的反馈，在引导学生反思自己的同时相应地调整自己的教学目标；评价教学过程对所有学生的影响，并在必要时修改自己制定的计划和课堂实践目标。

英语卓越教师要能够利用他们的专业知识以及对学生的理解做出不同的判断，并且基于这些判断，引领同事们或者其他教育工作者建立起有效的评价机制。例如，在进行英语阅读教学时，教师要就学生学习能力进行评估，根据以往的教学经验做出总结与反思，预估所选的文本中哪些语言和词汇对学生现有阅读水平产生影响、会出现哪些难以理解之处，再决定该文章学生们是否能够自主阅读，需要采用何种教学方法等。然后在教学实践中，教师们要根据学生不断改变的语言学习需求来选择、修改教学方案。

英语卓越教师还应善于利用多种评价方式对学生掌握的语言知识和学生的语言使用水平做出评价，了解到评估过程是一个以学生为教学中心的形成性过程，对评估的不同目的进行区分，根据评估结果鉴定学生的英语语言水平，并以此组织教学。根据评估结果，教师们可以对有特殊需要的学生给出针对性的指导，适当地将评估结果清楚地、定期反馈给学生、学生家长、教师同事和社区成员。教师们还应根据听、说、读、写和视觉素养这五个语言领域制定不同的评估方法，例如，在评估学生口语水平时要根据学生不同的水平创设不同的情境，针对英语初学者，可以安排口头完形填空任务或图片排序的活动；针对中等水平的学生，可以要求学生解释一个熟悉的过程的步骤或描述一个重要事件；针对口语流利的学生，可以使用等级标准来评估学生对单词前缀、词尾变化、情态动词、代词和短剧或演示中过渡词的掌握程度和使用水平。

英语卓越教师对教学过程所做出的反思与评价，利用从学生的进步和课堂中收集到的信息，能够为学生的语言和学科内容学习设立高而有价值的目标，并为学生设计出更符合他们学习需求的教学策略。

（二）搭建学校、家庭与社区间的合作平台的能力

家庭和社区参与度高的学生更容易取得成功。我国应鼓励社会各界力量参与到卓越教师的发展过程中。2011 年，美国 NBPTS 的英语卓越教师标准中明确提出了英语卓越教师要能够建立起学校、家庭和社区之间密切合作的关系，帮助学生们取得学业上的进步，形成一种校内外都热爱英语学习的氛围的要求。

英语教师应帮助学生家长了解孩子的英语学习进展并且鼓励他们参与到学校活动中去，定期通过家访、短信、电话甚至网络，如建立微信群来与学生家长进行沟通，帮助他们学会换位思考，理解自己的孩子。同时，与家庭合作是一种帮助和激发学生学习动力不可或缺的途径。家长的参与可以使教师们了解到家长对于子女的期望，可以了解到学生们在学校里没有表现出来的天赋与才能。根据与家长的联系中所获得的信息，卓越教师们可以更科学地制定教学目标，做到真正的因材施教。教师与家庭的合作还可以体现在互帮互助上。例如，教师们可以请家长配合问一些有关学校作业的问题，鼓励孩子们用英语回答，帮孩子们一起准备课堂讨论内容，帮助他们建立起英语学习的兴趣。考虑到家长在孩子成长中所起的重要作用，教师们可以建议家长们始终对自己子女保持较高期望，和家长们解释他们可以做哪些来支持孩子们学习，列出些家长可以帮助孩子们取得学术成就的步骤与方法，让家长们了解到始终保持对孩子的较高期望可以培养孩子们的自信心、能力、自律意识和积极性。

社区不仅为学生提供了生活的环境，其提供的各种服务也可以帮助学生学习。2016 年《教育部等九部门关于进一步推进社区教育发展的意见》提出"积极开展青少年校外教育，推动实现社区教育与学校教育有效衔接和良性互动"和"开展形式多样的早期教育活动，有条件的中小学、幼儿园可派教师到社区教育机构提供志愿服务"的要求。作为有丰富教学经验和对英语学习有独特见解的教师，英语卓越教师们还可以定期到社区举办有关英语学习的讲座，邀请学生和家长们一同参加，帮助学生们提高英语学习兴趣，向家长们介绍帮

助孩子提高英语水平的办法。他们还可以与社区工作人员取得联系,邀请社区志愿者帮助社区小孩阅读双语书籍,对学生进行一对一指导或者小组教学,帮助学生提高母语的阅读和写作水平,促进学生的认知发展,并且有利于学生将母语中的读写技巧运用到英语学习中。教师们还可以与社区领导合作,投资建立一些流动骑车图书馆,为学生、家庭和社区成员们提供一些便捷的、与课程相关且有趣的阅读材料来给他们提供学习机会。在接受社区帮助的同时,教师们还应与社区成员们保持良好的互动关系,定期将孩子们的表现反馈给社区成员,帮助他们能够更有针对性地举办活动。

（三）专业的领导力与合作能力

卓越教师不仅是学生的榜样,更是同事的榜样。英语卓越教师在专业英语教学领域充当着领导者的角色。他们在引领学生进行英语学习的同时,肩负着促进同事专业水平的提高,保证团队工作可以高效进行和推动学科专业知识进步的责任。2007 年,英国 DCSF 发布的《给学校、教师、校长和当地政府的指南》也明确指出卓越教师不仅需要拥有丰富的教学经验,还应该具备高层次的指导和辅导能力。

卓越教师承担着专业带头人的责任。教师可以主动发起线下或线上的讨论,与同事分享材料和专业知识,与同事合作设计、改进、评估学术计划和专业发展计划。同时,卓越教师还担任了同事的指导教师的职责,负责指导新教师和有经验的同事。通过观察同事的教学,轮流邀请同事观察和评估他们自己的教学来改进教学过程中的不足。例如,卓越教师可以邀请别人评价他们给学生布置的书面作业所反映出来的问题,请同事们找出他们的课程计划、单元教学或教材的优缺点。卓越教师还可以负责分析和批判同事们的课堂表现,提出合理的建议。

对卓越教师们来说,引导和帮助同事们的教学工作也是自我提升的一种有效途径。通过与同事们,特别是有新鲜思想的年轻教师们的不断沟通与合作,可以帮助他们提高自己的工作效率,设计出新颖的教学活动来帮助学生们巩固母语水平、提高英语能力,同时还为他们提供了改进英语学科教学方法的新思路。

英语卓越教师还可以与其他学科教师进行合作,进行跨学科的知识归纳、整合。学生英语水平的提高也受制于其他学科能力的限制。仅仅突出学科本位,割裂与其他课程的联系,会导致课程缺乏应有的沟通和渗透。在英语教学的时候,教师们可以结合其他学科知识来帮助学生们提高学习能力。例如,根据美国国家专业教学标准委员 NBPTS 在 2011 年提出的英语卓越教师标准中提到的视觉素养(Visual Literacy)在学生语言学习中的重要性,为了培养和加强学生的这种能力,卓越教师可以和艺术专业老师进行交流合作,创设更具有意义和操作性的活动。卓越教师应该承担起搭建与其他学科教师交流的桥梁的作用,帮助同事们了解其他学科知识,并且运用到教学实践中去。

总　结

卓越教师的作用不仅局限在一个学科,更是会影响整个社会教育水平的发展。在呼吁教育体制需要加快改革步伐的今天,卓越教师的卓越取向需要被更清晰和全面地解读。英语卓越教师作为推动英语教学改革与发展的先进力量,其卓越取向更不应该只是侧重论文数量和公开课效果,还需要注重教师的个人专业素养、反思、引导与合作能力。

第五节　基于标准的英语卓越教师专业能力的研究

卓越教师专业标准的制定与实施是教师专业化发展的基本问题。制定一份完善的卓越教师专业标准,为优秀教师进一步提升专业水平、提高教学质量提供了有规可循的专业指导,具有重大的参考价值。

早在 20 世纪 80 年代,教师标准研究就在国外开始实行,先后制定了合格教师标准、优秀教师标准。进入 21 世纪以后,开始了卓越教师专业标准的研究,美英澳三国率先建立了较为完善的卓越教师专业标准。

2014 年《关于实施卓越教师培养计划的意见》也指出卓越教师培养计划的要点之一就是把握国际趋势,对比研究美、英、澳这三个国家的卓越教师标准对我国构建卓越教师专业标准具有重大的启示意义。而卓越教师的专业能力影响着教师效能的高低,是教师是否卓越的根本特征(祁占勇,2014)。

因此,本节通过介绍这三国的教师专业标准,分析比较其卓越教师标准中英语教师专业能力的构成,从中获得启示,以期为我国英语教师专业能力的提升提供以资借鉴的思路。

一、英国卓越教师标准中专业能力的构成

2007 年 9 月,英国实施的《教师专业标准》从专业品性、专业知识和理解、

专业技能三方面对各水平阶段的教学提出了基本要求,为教师的专业发展提供了基本参考依据。教师职业阶段主要包括合格教师(Qualified Teacher Status,简称 Q)、普通教师(Teachers on the Main Scale,简称 C)、资深教师(Post Threshold Teachers,简称 P)、优秀教师(Excellent Teachers,简称 E)、高级教师(Advanced Skills Teachers,简称 A)。每个职业阶段的教师都有各自在专业品性、知识和理解、技能三方面的标准要求。《标准》阐明了教师在其现职业阶段应当保持或建立的专业特点。教师职业阶段的发展反映出教师在三大标准领域中品性、知识、技能的提高;其角色的高效及人们对于教师发展的期望。

专业标准内容主要包括专业品性(professional attributes)、专业知识和理解(professional knowledge and understanding)、专业技能(professional skills)。

专业品性是教师所应具备的专业理想、情操和性向等特质,主要包括与儿童及青少年的关系、与他人交流和工作、个人专业发展三方面。

在与儿童及青少年关系中,专业品性要求对于儿童和青少年要抱有较高的期待,并能同其建立起公平、尊重、信任、支持和积极的关系;了解与教师工作相关的法律、政策、惯例,能够承担起教师的专业责任。

在与他人交流和工作方面,专业品性要求教师能与儿童、青年人、同事、家长及监护人做出有效沟通,承认并尊重家长和监护人为儿童和青年人发展幸福所做出的贡献。

在个人专业发展方面,要求教师能反思并提高自己的教学实践满足其专业发展的需求;用批评的方法看待创新,适应教学实践;积极对待建议和反馈,并乐于接受教导和监督。

专业知识和理解主要指教师在专业知识方面的掌握。主要包括:

一是教学知识。教师要求了解一系列教学及行为管理策略,实现个性化学习,挖掘学生潜力。

二是评估和监督知识。教师要求了解所教学科的评估要求及程序;知道一系列评估方法;了解利用地方和国家统计信息评估教学有效性的方法。

三是学科和课程知识。教师要对科目、课程、相关教学法有充足的知识储备;了解相关的法定和非法定课程和框架。

四是读写、计算及信息通信技术的知识。教师必须通过计算能力、读写能力和信息和通信技术(ICT)方面的专业技能测试;知道如何使用这些技术支持其教学及更广泛的专业活动。

五是学生成就及多样性知识。教师须了解儿童和年轻人如何取得进步的及一系列影响学生进步过程和人格发展的因素；为学生设计个性化教学，实现教学多样性，促进教学的平等和包容；了解具有特定责任的同事的角色，包括具有特殊教育需求或个人学习需求的同事。

六是学生健康和幸福知识。教师要求了解维护和促进儿童及青年人幸福的法律、政策等；知道如何鉴别并帮助处于困境的儿童，如何请求同事专业帮助。

专业技能包括一般能力和与教学有关的特殊能力。主要包括：

一是规划技能。老师能根据学生年龄及能力设计有效学习计划；设计发展读写、计算和通信技术的机会；设计作业巩固学习成果。

二是教学技能。老师须根据学生年龄及能力安排教学，语用教学策略和资源，促进教学多样性，促进平等和包容，实现学习目标。

三是评价、监督及反馈技能。教师须能有效利用一系列评估、检测和记录策略；能评估学生学习需求，设置挑战性学习目标；反馈学生成绩；引导学生反思学习，确定学习需求。

四是回顾教学技能。教师能通过评价教学对所有学习者进程的影响及时修改教学计划和课堂实践。

五是学习环境建立技能。教师要求建立有利于学习的环境，发现学生课外学习机会；制定明确的课堂纪律，促进学生自制力和独立人格的发展。

六是团队合作技能。教师能作为一个团队成员工作，发现与同事合作的机会，分享有效实践经验；确保同事参与支持学习，理解其承担的角色。

二、美国 NBPTS 卓越英语教师标准中专业能力的构成

美国国家教师专业标准委员会（National Board for Professional Teaching Standards，NBPTS）自 1987 年成立以来积极研发与实施美国优秀教师专业标准，至今建立了世界上相对最成熟的教师专业标准体系。2010年，美国 NBPTS 发表了题为《英语作为一门新语言的教学标准》第二版（English as a New Language Standards for Teachers of Students Ages 3 - 18＋），提出了英语（非母语）教学的卓越教师专业标准。该标准首先强调了美国 NBPTS 在 1989 年发表的《教师应该知道什么与能够做到什么》（What Teachers Should Know and Be Able to Do）政策文件中就已经提出的卓越教师专业标准的"五项核心主张"（Five Core Propositions），即卓越教师需要具备的五项基本专业素养，具体内容为：关注学生与学生的学习；了解学科知识

和教学法知识;管理与监控学生的学习;对教学实践进行系统地思考,从经验中学习;成为学习共同体中的一员。

在这五项核心主张的前提下,美国 NBPTS 针对英语教学和教学对象制定了具体的英语(非母语)教学的九项卓越教师专业标准,阐释了卓越英语教师应该具备的各项专业素养。具体内容如下:

标准一:了解学生。为促进学生语言、学术和社交方面的进步,英语卓越教师要能够运用有关学生语言发展、文化、能力、价值观、兴趣和期望方面的知识。英语卓越教师了解并尊重学生的多样性,悉知并理解学生的家庭背景和教育背景。同时,卓越教师认同学生拥有丰富的技能、知识、文化背景和兴趣储备并能够充分利用这些资源,为学生们提供机会,学习具有挑战性的学术性内容,接触新知识,提高学生的课堂表现。通过深入观察学生,与学生建立建设性的关系,卓越教师能够根据不同学生的特点满足不同学生的特殊需求和才能,创设符合学生共性和特性的教学任务。

标准二:了解文化及其多样性。英语卓越教师要尊重文化多样性,使学生在保持其文化认同感的同时在学术上有所建树。教师对文化多样性的鉴赏力、对具有文化特征的知识和教学策略的发展都有赖于学生对本国文化和世界文化的理解。卓越教师深知学习一门新语言也意味着学习一种新的文化,学生的学术成就和其文化身份密切相关,因此需要建立文化呼应型课堂,在教授美国文化的同时不忽视学生的本国文化。此外,教师应该公平地对待来自不同文化背景的学生并引导学生之间互相尊重,创造一视同仁的学校氛围。

标准三:构建家庭、学习和社区之间的联系。英语卓越教师需要建立并维持好与学生家长和社区的关系。卓越教师发现家庭参与度高的学生更容易取得成功,因此应确保家长在学生学习过程中的参与度。卓越教师主张家长提出有关学生学习的建议,并帮助家长告知学校、社区。除了和学生家长建立起有效的、互惠互利的合作关系,卓越教师还应该重视社区在学生学习过程中的重要作用,了解学校在服务范围内的社区,与有助于学生学习并满足家长诉求的机构、组织建立起良好的合作关系。建立学校、家庭和社区之间的良好关系能够帮助学生取得学业上的进步,培养学生课内外的英语学习兴趣。

标准四:了解英语语言知识。英语卓越教师要掌握英语语言知识并了解学生们语言学习诉求。卓越教师在英语语言的不同层面都有扎实的知识储备,英语语言的不同层面包括听、说、读、写和视觉素养,并能够辨别学生语言学习的重点和难点。同时,英语卓越教师要悉知英语语言学的知识,并将这些知识运用到英语教学中去。

标准五：了解英语语言习得的知识。英语卓越教师应进行一些有关语言习得方面的研究，并根据研究结果调整其教学决策，同时有助于教师辩证地看待有关语言习得的理论及假说。为了帮助学生取得语言学习的进步，英语教师应该有效识别出学生所处的语言学习阶段和语言学习模式，使用合适的教学策略。

标准六：教学实践。英语卓越教师基于学生的特点以及校方提出的语言学习需求、学术需求为学生创设积极的学习环境。有效的语言教学和学科内容教学能够扩展学生的英语语言才能，使学生获取学术成就和有益终生的技能。

英语卓越教师在教学准备的过程中应该分析学生的优点和学习需求，包括学术能力、语言能力。通过联系学生生活实际、关注每一个学生，鼓励学生不断探索英语语言学习的方法，学会合作学习和自主学习。教师将学生所处的文化融汇于英语教学中，在学生已有的知识基础上，为学生创设有效的课堂教学。此外，在一系列丰富的教学资源中，卓越教师能够明确教学目标，选择合适的教学材料，制定相应的教学策略。他们根据课文、学习任务找出学生需要学习的语言点、文化和概念，采用多种多样的教学方法使学生加深英语学习，拓宽课程学习途径，增加学习趣味性。

标准七：教学评估。英语卓越教师应采用多种多样的评估方法合理地评估学生，对评估数据进行准确的分析、做出评估报告，并依据评估结果调整教学方案。同时卓越教师应将评估结果清楚地、定期地反馈给学生、学生家长、教师同事和社区成员。卓越教师将评价作为教学的一个组成部分，这不仅能使学生受益，也能使教师自身受益。由于教学评估过程是一个以学生为教学中心的形成性过程，教师有义务让学生参与评估过程，并让学生进行自我评估。此外，教师可以根据评估结果，对有特殊需要的学生进行针对性的指导，包括那些被认定为有天赋和才华的学生在内。

标准八：教师作为学习者。英语卓越教师应对其职业充满热情，并且不断追求专业能力的进步。将自己的学习过程中获得的经验运用到帮助学生学习实践的过程中去。持续地进行自我反省，乐于尝试新方法提高教学水平，作为一名教师的同时乐于成为一名学习者，这些都是卓越教师的卓越之处。

标准九：职业领导力和倡导力。英语卓越教师有助于同事的职业能力发展和教学领域发展，并且对学生具有学习倡导力。英语卓越教师在专业教学社区具有领导力。他们要承担的不只是他们所负责的班级的责任，还应该负责在整个学校营造出一个良好的学习环境，在这样的环境中，所有的教职工都为学生的语言发展和学术成功而努力。

三、澳大利亚卓越教师标准中专业能力的构成

2011 版《澳大利亚教师专业标准》(以下简称《标准》)是对 2003 版《国家教师标准》的补充及更新,形成了澳大利亚关于教育改革的最新要求。该《标准》以"质量教学"为核心,明确了教师在学生教育过程中所起到的关键作用——教师效力会对学生形成强有力的影响,教师素质是影响学生成就的最为重要的校内因素。进一步表明在《墨尔本宣言》中提出的提高教师素质是澳大利亚教育改革的实质部分之一。同时,通过提供明确的教师各职业生涯阶段所需的专业知识、专业实践及专业参与的框架完成对教师工作的明确定义,强调加强对教师资格认证和注册的审核。《标准》对处于毕业、熟练、高成就、领导四个不同发展阶段的教师在专业知识、专业实践、专业参与三个领域所需掌握的知识、技能以及 7 项标准做出了明确的说明。

(一)四个发展阶段

教师职业发展阶段代表了教师在专业知识、专业实践及专业参与上水平的不断提高。《标准》将教师发展所能达到的专业水平分为四种:一是刚毕业教师;二是精熟教师;三是高成就教师;四是领导型教师。

刚毕业教师必须具备职前教师教育国家认证计划所要求的资格,拥有规划和管理学习的知识与技能,能够达到注册教师的所有要求。这一阶段的教师可以通过在日常教学中逐步明确职业发展目标,通过帮助学生获得良好的学习效果,通过同行学习等方式丰富自身的专业角度,逐步融入专业教师的角色。

精熟阶段的教师已经具备教师职业所需的专业能力,完全符合注册教师的要求。这一阶段更强调教师专业知识在教学过程的专业发挥;与学生互动,激发学生学习兴趣,满足学生个性化学习要求。此外,该阶段的教师能够有效监督、评价和规划学生学习,并能根据不同学生群体需求制定有针对性的教学计划,能够通过团队合作方式促进教学实践和专业实践。

高成就教师拥有并不断完善教学内容、教学法和有关学生方面的知识,并能将这些知识应用于实践,使学生学习结果最大化的教师。与精熟教师相比,这一阶段的教师具备更强的合作能力,能通过与同事、家长及社区团体合作对学生学习做出指导与影响。同时,通过积极展开合作,在充分实现自我发展的同时提升整个团队的教育实践能力。

领导型教师掌握所教学科知识内容、教学法，了解影响学生学习的各种因素，是教育领域内最具成就的专业人士。领导型教师擅长指导同事利用活动发展知识、实践和专业参与，推动同事进行创造性、革新性思考，运用技巧、深入的知识和理解来传递有效课堂及学习机会，为学生、同行、教师职业及社会及时提供教育远景规划。这一阶段教师的工作重心是推动教师专业发展，推进教育改革。

（二）三大领域

《标准》设立的三大领域的专业素养为：专业知识、专业实践、专业参与。这三个领域相互联系，有依存也有交叉部分。在实际教学过程中，教学活动涉及三个领域的所有方面。

专业知识包括 2 项内容标准，每项分别涉及 6 个具体指标内容。要求能够利用专业知识回应学生个体需求；了解学生，包括其不同语言、文化、宗教背景及身体、社会、智力的发展与特征；了解其科目与课程内容及与其教学计划相关的基础概念、结构；能够使用信息和通讯技术扩大学生学习的方法与学习的宽度，并使学生学习情境化。

专业实践包括 3 项内容标准，每项包括 5 到 7 个具体内容指标。要求教师为学生创设安全、包容又具有挑战性的学习环境；掌握有效教学策略，实施设计精巧的教学计划和课堂，对教学实践做出评价以确保实现学生学习需求；制定学习和评价计划、发展学习计划，对学生学习做出反馈、向家长或监护人汇报学生学习情况。

专业参与包括 2 项标准，每项标准分别涉及 4 个具体内容指标。专业参与是指教师在教学过程中逐步发现专业学习的新需要，并通过与同事、家长、专业团体等建立专业联系，以期达到提高教学质量的目的。要求教师必须不断反思、总结以提高自身专业知识和专业能力；在与学生、同事、家长及社会的互动过程中体现尊重及其专业水准；丰富学生的教育情境，了解学校、家庭、社会团体和学生智力发展之间的联系。

（三）七项标准

① 了解学生及学生如何进行学习；② 了解内容并知道如何去教授；③ 实现有效教学与学习的规划；④ 创造和维持支持与安全的学习环境；⑤ 学生学习的评估、反馈与报告；⑥ 致力于专业学习；⑦ 与同事、家长/监护人及社区共同致力专业。此七项标准明确了在三大教学领域中对教师的期待，教师对

这些标准的展示会出现在其专业阶段的具体教学情境中，并且反映他们所教学生的学习要求。

四、三国卓越教师标准中专业能力构成的比较分析

通过对美、英、澳三国卓越教师的研究对比，可以发现《澳大利亚教师专业标准》中对于卓越教师专业能力的构成较为清晰地划分为三大领域，分别是专业知识、专业实践和专业参与。相比较而言，虽然美国 NBPTS《英语作为一门新语言的教学标准》（以下简称"美标"）对于卓越教师应该具备的专业能力有更加详尽具体的要求，但其内容略微分散，款项良多。而英国《教师专业标准——为什么你在职业上止步不前？》（以下简称"英标"）中对于卓越教师专业能力的要求则略为笼统。因此，我们基于《澳大利亚教师专业标准》（以下简称"澳标"）中划分的三大领域进行比较。

（一）专业知识

美国建立了最为完善的卓越教师专业知识的内容框架，英国和澳大利亚对卓越教师所需掌握的专业知识虽然没有美国完善，但也明确了内容。

1. 三个标准在专业知识方面的共同点

非常重视卓越教师对于知识的掌握。共同重视的知识包含：① 专业知识，即课程与科目、教育教学方面知识；② 支持性知识，即语文、算数和信息技术方面的知识；③ 关于教学对象，即关于学生生理的、社会的和智力发展方面的知识。

除此之外，英标重视卓越教师应掌握并熟练运用与教育教学、课程、学生、教师职业、工作场所等方面相关各级各类政策法规。而澳标特别强调卓越教师应关注学生文化、语言、经济 、宗教等背景知识。并且三个国家都强调卓越教师的各种知识体系应具有动态发展的特点，也就是说卓越教师应不断更新自己各方面的知识，而不是坚持一成不变。

2. 三个标准在专业知识方面的不同点

首先，美标在专业知识方面强调卓越教师必须掌握英语语言习得的相关知识，对此做出了详细的说明，表明卓越英语教师除了在学科知识方面知识渊博，同时还须掌握英语语言习得知识，把握学生语言学习的规律，才能更好地设计灵活多样的教学手段，促进学生外语的习得。而英标和澳标中知识对此笼统提出了卓越教师需要掌握相关教学知识，并未对此做出明确详尽的说明。

其次，英标在专业知识上特有的项目包括师生关系、制度框架、健康和幸

福感。英国卓越教师标准要求卓越教师了解学生对教师、学校寄予的期望，保证其可以发挥潜能，与其建立公正、信任、支持和建设性关系；要严格遵守各级各类与教育活动有关的政策、法律、法规等制度；要对提升学生的健康和幸福感负责。美标中也涉及卓越教师应与学生建立良好关系。澳标没有此方面要求。

（二）专业实践

澳标中关于专业实践的标准有三条，分别是实现有效教学与学习的规划；创造和维持支持与安全的学习环境；学生学习的评估、反馈与报告。美标中与之相对应的是标准六和标准七。英标中的专业技能属于这一范畴。以下为比较结果：

1. 三个标准在专业实践方面具有高度一致性之处

第一，三个标准都表明英语卓越教师应该为学生创设并维持一个高参与度、目标统一、互帮互助的学习环境。通过符合法律及学校规定的管理条例、日常活动营造一个情绪稳定、学风严谨的学习环境，使学生对身处的学习环境具有归属感，并引导学生接受班集体的规定，培养学生的学习热情和自控能力，对自己的学习负责。

第二，三个标准都提出卓越教师应根据学生的年龄与能力范围，选择合适的教学材料，运用合适的教学策略实施有效的教学。卓越教师根据学生原有的知识、经验、长处、兴趣及语言能力基础，对学生进行合理预判，设立合适的学习目标，鼓励学生完成学习任务，取得学习进步。选择、创造并使用多样化的学习材料，同时选择相对应的教学策略进行教学。

第三，十分重视教学活动中的评估、监督与反馈工作。卓越教师将评估反馈活动作为教学的一部分，采用一系列多样化的评估方法对学生进行持续而公平公正的评估，并将评估结果真实地反馈给学生、学校同事，学生家长及学习社区。跟踪监督学生的学习情况，根据评估、反馈结果诊断每个学生的需求，对已实施的教学活动进行回顾与反思，从而调整改善教学方案。

第四，强调卓越教师在教学实践中的示范作用和领导力。卓越教师能够制定合适的学习目标、选择准确的学习材料、实施有效的教学策略，对其他教师起到良好的示范作用。并能够向同事分享教学经验，提供专业帮助，帮助同事实施有利于学生学习的教学策略、提高教学水平，为学校的英语教学负责。

第五，教师要掌握教学相关的科学技术辅助教学开展。卓越教师能够在他们的教学中运用一系列现代科技资源,例如使用电子图书、网络调查、相关视频及图片,帮助并强化学生对于语言、文化及课程相关概念的学习。也能够运用现代信息技术,与同事、家长进行及时的有利于学生学习的交流。

2. 三个标准在专业实践方面具有中等一致性之处

首先,三个标准都强调合作教学的重要性,但侧重点各有不同。卓越教师应该与大量从事教学工作的同事在计划教学、实施教学、评估教学和反思教学的过程中进行各种形式的合作以满足学生的需求。澳标每一条标准都强调卓越教师应与同事进行合作,并在必要的时候帮助同事进行有效的英语教学。英标重视卓越教师与同事交流分享教学经验,并确保同事对他们的教学提出有建设性的意见。而美标则特别指出英语卓越教师在教学实践中不仅要与同一学科内的英语教师进行合作,更要与其他学科的教师进行合作。英语教师与学科教师合作,在英语教学中结合学科知识及学科教学目标,明晰并达成相对应的语言目标。此类合作使合作双方教师深入语言、文化和学生概念学习需求的研究,以设计相关课程的教学实践。

其次,美标及英标分别提出卓越教师应引导学生进行自我评估和反思。培养学生的自我评估能力能够提高学生的自我决策能力,促进学生发现实际生活和课堂活动之间联系,并使他们成长为独立的善于反思的英语学习者。同时,学生的自我评价结果能够给教师提供有价值的信息,做出有利于学生语言能力发展的教学决策。因此,卓越教师要求学生个人和学习小组进行自我评估是很必要的。而澳标并没有明确要求这一点。

再次,英标及澳标都提出卓越教师能够使用有效的语言和学生进行课堂交流,使学生能够准确地理解教师的解释、提问及发起的讨论,提高学生的课堂参与度。美标没有明确提出卓越教师应与学生进行有效的课堂交流,但是美标提出卓越教师要使用不同的教学方法及策略增强课堂上学生之间的互动,设计有效的课堂活动提高学生的语言能力和课堂参与度。设计课堂活动的同时能够有效地管理一系列课堂活动。

最后,美标与英标都提出了个性化教学。但是英标侧重利用校内外学习环境中的机会进行个性化教学,扩展学生的学习内容。而美标重视卓越教师根据学生提出的需求进行个性化教学以满足学生的学习需求,特别是具有不同的英语水平、内容知识和教育背景的学生的需要。澳标没有涉及这一点要求。

3. 三个标准在专业实践方面差异较大之处

首先,澳标强调卓越教师要为学生建立学习挑战目标。根据学生不同的能力及特性，为其设立明确的具有挑战性而又能实现的学习目标，发展一种对所有学生都有高期望的学习氛围，使学生建立学习信心。其他两个标准没有强调这一条要求。

其次，美标提出卓越教师应引导学生进行一些具有特殊目的的评估，通过这些评估结果判断学生能够参与的学习项目（如英才计划）及特殊的学习服务。教师主张对他们的学生进行公平的有关特殊教育的评估，并确保评估结果反映了学生真实的英语水平。英标和澳标没有此条要求。

再次，美标要求卓越教师锻炼学生解决问题的能力和批判思维。教师分析出学习任务中对学生批判性思维做出要求的语言和文化知识，发起能够培养学生探究能力和表达复杂思想能力的任务。鼓励学生提出问题来扩展概念或使概念更加明晰，促进学生进行更深入的思考。通过让学生进行批判性思维活动，培养出敢于挑战假设，从事创新项目，并孜孜不倦地为获得高水平的英语语言能力而努力的学生。

（三）专业参与

澳标中关于专业参与的标准有两条，分别是致力于专业学习以及与同事、家长/监护人及社区共同致力专业。美标中与之相对应的为标准三、标准八及标准九，而英标中的专业品性涉及了专业参与的相关内容。以下为比较结果：

1. 三个标准在专业参与方面的共同之处

首先，三个标准都强调卓越教师应该致力于个人专业发展与提升。具体有以下三方面的要求：跟进语言习得学说最新的理论和研究，并利用这些知识来提高教学水平；批判性地反思自身课堂实践，在反思中不断精进教学实践；珍惜一系列高质量、结构化的、持续的与英语教学有关的教育机会。

其次，重视卓越教师与同事、家长/监护人及社区共同致力于专业提升。卓越教师应该与同事、学生家长建立互惠互利的合作关系，还应该重视社区在学生学习过程中的重要作用，了解学校在服务范围内的社区和邻域，与有助于学生学习并满足家长诉求的机构、组织建立起良好的专业合作网络。建立学校、家庭和社区之间的良好关系能够帮助学生取得专业学习的进步，培养学生课内外的英语学习兴趣。

2. 三个标准在专业参与方面的不同之处

美标提出卓越教师应该为未来做准备。卓越教师首先需要了解国内外的政治形势、国内社会环境和自然事件，并判断这些因素对学生的影响；其次，为学生提供详细的大学信息或就业信息并进行必要的指导，例如申请书和个人履历的写作。英标只是要求卓越教师了解英语相关的公共考试及职业资格证书。而澳标没有提及这一要求。

五、对我国卓越英语教师专业能力成长的启示

对比美英澳,我们可以发现三国标准在专业知识、专业实践及专业参与的以下五个方面具有较高的一致性:一是了解学生、了解文化、了解英语学科知识,二是实施有效的教学策略,三是重视评估、监督及反馈的重要作用,四是与建立全面的合作关系促进学生的语言学习,五是不断追求个人专业发展。

2014年我国印发了《教育部关于实施卓越教师培养计划的意见》,而三国卓越教师专业标准的对比研究对于我国"国培计划"选拔真正有意愿提高自身能力、有奉献精神、有高度责任感、有教学激情、重视培训的英语教师进行培训具有重要的参考意义(王东杰,方彤,2013),并对于如何培养卓越的英语教师提供了可操作的方向。三国专业标准的比较研究对我国英语教师专业能力的提升在三大领域有以下启示:

(一) 在专业知识方面需要具备的素养

卓越英语教师必须拥有渊博的英语、英语教学等专业知识,同时也要了解综合知识。主要内容:

(1) 英语、英语教学专业知识。包括卓越教师需要掌握正确规范的英语语音、语调,实用语法知识、英语词汇、听说读写能力等;精通课堂用语及日常交际用语;了解英语国家文化、历史、风土人情;掌握基本英语语言理论知识、英语习得知识、教育学、心理学知识等。

(2) 全面的综合知识。综合知识包括其他学科的科学文化知识和基本的教育心理学知识。科学文化在英语教学中会涉及历史地理、文化习俗、数理化、计算机等学科知识,而语言是文化的产物,语言中渗透着人文因素,因此英语教师必须了解相关学科的文化科学知识,以敏锐的眼光吸取当代科技发展的最新知识,认识到中西方文化的差异,自觉加强中外文化修养,拓宽并丰富自己的知识面。同时,英语教师要掌握学生语言学习心理、认知规律等必须努力学习教育学心理学方面的知识。

(二) 在专业实践方面需要提升的专业能力

1. 英语卓越教师需要起到教学示范和引领作用
三个国家都要求卓越教师需要起到教学示范和引领作用,这说明卓越教

师不仅仅需要对自身的教学结果负责，还需要对整个年级，乃至整个学校的教学成果负责，成为优秀教师的学习榜样。在学生中选定榜样对学生的学业进步方面是一种牵引和推动的力量，榜样对于一个优秀教师走向卓越的成长过程也会同样地发挥引领作用（朱纯洁，朱成科，2015）。英语卓越教师除了自身在选择、组织、使用教学内容、教学资源、教学技能、教学策略方面精准、娴熟、有效，给其他老师起到良好的示范作用外，还应该带领英语学科内的其他老师一同达到这个要求，从自身的教学经验中提取有效的知识及技巧，传授给其他教师，帮助其他教师共同提升教学水平。

2. 英语卓越教师需要建立全面的评估机制

在英美澳三国的卓越教师标准中，评估都是尤为重要的一个内容并建立了较为完善的评估体系，而我国的教育评估机制还需要进一步完善。英语优秀教师要迈向卓越必须建立一个全面的评估体系，并根据评估结果精进教学水平。

首先，要明确评估的对象，评估的对象不仅仅是接受英语教学的学生的成长和发展，还包括对教师自身、其同事及学校教学水平的发展。

其次，在评估的方法上，卓越教师要掌握多样化的评估方式，善于利用数据进行统计分析，确保评估结果的真实性。

再次，卓越教师还需要将评估结果反馈给学生、同事及学校、家长，与学生、同事及学校、家长共同根据评估结果做出努力，改进教学策略。通过"评估—监督—反馈—反思—改进"这样一个循环过程对学生英语水平的发展以及教师教学水平的发展进行跟进研究，不断取得进步。

3. 英语卓越教师在教学过程中要尊重学生的多样性

美国和澳大利亚都是有大量移民的国家，学生背景具有多样性，所以这两个国家制定的教师标准都十分强调卓越教师应尊重学生的多样性。中国地域广阔，拥有庞大的人口基数，2016 年全国中小学生人数总计约为 1.6 亿，而不同地区的学生受地域影响及家庭影响具有不同的特点，包括其文化背景、经济情况、发音特点等，因此中国的学生也具有多样性。而我国的英语教师往往会忽略这一点，实施同一性的英语教学，英语卓越教师必须了解学生的多样性，依据学生的特点实施针对性的教学策略以实现教学的最优化。

4. 英语卓越教师应该设立一个具有高期待度的学习环境

三国的标准都提出了高期待度这一词，要求教师鼓励每一个学生设立一个具有挑战性的目标，寄予每一个学生高度期待。我国的多数教师会对班级中的尖子生和差生给予更多的关注，要求尖子生参与相关的学科竞赛，或是帮助差生提高成绩,而给予中等生的关注相对较少,甚至有教师对差生进行辱骂等不当行为。这些行为十分不利于学生的学习成长,卓越教师应该对所有学生一视同仁,鼓励每一个学生设立具有挑战性的目标,维持学生的学习热情,同时培养学生的探索能力,这要求教师对每一个学生的学习情况、学习能力具有较全面的了解。

(三) 在专业参与方面需要提升的专业能力

英语卓越教师需要建立全方位多领域的专业合作关系。全方位指搭建学校、家庭、社区紧密联系的合作平台;而多领域则指建立跨学科合作关系。合作能够使教师认识到自身在专业方面的不足,并与合作对象共同提升,实现合作共赢。

在合作对象上,多数教师能够认识到与英语学科内的教师进行合作的重要性,但往往忽视家庭与社区的重要作用。卓越教师需要听见家长的声音,通过与家长的交流沟通深入了解学生的需求。促进学校与家长之间的交流,增强家长对学校文化的认同感与支持,也是评价卓越教师的不可忽视的指标(左岚,2015)。

同时,卓越教师还应该获取学校周围的社区信息,利用社区资源,与社区成立合作项目以提高其专业水平。《教育部等九部门关于进一步推进社区教育发展的意见》也指出,积极开展青少年校外教育,社区教育机构要紧密联系普通中小学、青少年校外活动场所、社会组织等,开展青少年校外教育及社会实践活动。此外,卓越教师必须认识到学生是最好的资源,与学生合作,让学生参与教学资源的选择,教学计划的制定,能够使教学更加贴近学生的学习需求。

美标中提出英语卓越教师需要与学科教师进行跨学科的合作。在美国所有学科都使用英语进行教授,英语教师需要了解其他学科中基础的表达用语,帮助英语非母语的学生适应全英语的教学环境。虽然中国不是全英语的教学环境,这也给英语卓越教师一点启示:卓越教师需要教授学生更多的实用性英语。除此之外,英语教师同学科教师合作,了解并整理出有利于英语学习的学科知识,可以丰富英语课堂的教学内容,提高课程教学的准确性。

第四章

案例教学

第一节　案　例

　　哈佛大学商学院教授克里斯坦森(C.R.Christensen)认为，"案例就是一个执行官或其他管理人士曾面临的情景的部分的、历史的、临床的研究。它运用叙述式的表达方式，鼓励学生的参与，为认识现实世界的复杂性和模糊性提供实证性、过程性资料，是分析特殊情景所必不可少的环节"。案例教学专家理查特(A. E. Richert)认为："教学案例描述的是教学实践。它以丰富的叙述形式，向人们展示了有关教师、学生的典型行为、思想、感情在内的故事。"在案例中，通过对一个真实情景的描述，呈现出"是什么"和"为什么"的问题(刘双，2003)。同时，案例是为了达成一定的教学目的，围绕选定的一个或几个问题，以事实为素材而编写成的对某一实际情境的客观描述(张家军，靳玉乐，2004)。但需要注意的是，教学案例不一定非得是一段文字作品，从本质上说，它是情境问题和经验分析的表现方式(许立新，2004)。

　　由此可见，案例应该具备如下七大特征：

　　(1) 真实性。讲述的应该是一个真实的故事，叙述的是一个事例。

　　(2) 完整性。案例的叙述要有一个从开始到结束的完整的情节，并包括一些戏剧性的冲突，同时，案例的阅读者就像身临其境一样感受着事件的进程。

　　(3) 时空性。案例的叙述要把事件置于一个时空框架之中，也就是要说明事件发生的时间、地点等。

　　(4) 复杂性。案例对行动等的陈述，要能反映教师工作的复杂性，揭示出人物的内心世界,如态度、动机、需要等。

(5)问题性。在事件中必须要包含一个或多个疑难问题,同时也可能包含解决这些问题的方法,也就是说,没有问题在内的事件不能称为案例。

(6)典型性。能够作为案例的事件一定要具有典型性。通过这个事件可以给人带来许多思考,带来若遇到同样或类似事件如何应对的借鉴意义和价值。

(7)动态性。案例展示的事件不能是对事物的静态描述,而应展示事件演进的过程。

著名教育家顾泠沅先生曾经说过,案例在教学中发挥着重要的作用,是教学问题解决的源泉、教师专业成长的阶梯、教学理论的故乡(顾泠沅,2001)。因此,当前课堂教学中,以案例为出发点,挖掘问题,寻找答案,是培养学生创新思维、提高思辨能力的重要一环,在全球化的形势下显得尤为重要。

第二节　案例教学与案例教学法

一、案例教学

案例教学发端于美国哈佛大学商学院。自 20 世纪 20 年代以来,一直被作为商业、法律和医学领域职业培训的基本教学模式,尤其是广泛地被运用于MBA 的教学之中。后来,案例教学逐渐被运用到教育中来,包括学科教学和教师教育领域。案例教学是在学生掌握了有关基本知识和分析技术的基础上,在教师的精心策划和指导下,根据教学目的和教学内容的要求,运用典型案例,将学生带入特定事件的现场进行案例分析,通过学生的独立思考或集体协作,进一步提高其识别、分析和解决某一具体问题的能力,同时培养正确的管理理念、工作作风、沟通能力和协作精神的教学方式(张丽梅,2006)。案例教学需要实际的、可操作性的典型案例来加强运用(陈潭,程瑛,2004)。

案例教学提供了加深内容理解、应用、评价、综合能力和提高长时信息保持力的途径(许立新,2004),是一种独一无二的教学形式,它在理论与实践的沟壑之间架设了一道桥梁,势必会引发三方面的转变:

1. 教师角色的转变

教师将逐渐从课堂的主导者、统治者转变为促进者、组织者和指导者。教师历来被认为在课堂上具有绝对的权威性,教师的尊严不容挑战。而案例教学的实施则使教师处于与学生同等地位去分析解决教学中可能遇到的问题。问题的解决是在互相商讨、质疑中实现的，而教师则是整个问题解决活动的促进者、组织者和指导者。

2. 学生角色的转变

学生的角色也将从知识的被动接受者转变为教学活动的主动参与者。案例教学中，学生的作用主要表现在三个方面，即"参与性""协作性"和"研究性"（夏正江，2005）。学生已经不再是传统意义上的信息的接受者，而应成为教学过程的参与者、教学活动的协作者和问题解决的研究者。这样才能保证知识在头脑中的真正建构与迁移。

3. 师生关系的转变

师生关系将从教师的"独角戏"转变为师生的平等对话。最初的教学模式是信息流单方面从教师流向学生，是一种单方面的输入过程。而案例教学则使信息的传递实现了对流，学生在教师的引导下，深入思考；教师也会在学生质疑解惑中，构建新的解决途径。这种平等对话的方式有助于创新思维能力的培养及思考的深入。

较之传统以教师为主导的教学模式，案例教学主要具备五方面的特点：明确的目的性、客观真实性、较强的综合性、深刻的启发性和突出的实践性（张家军，靳玉乐，2004）。

（1）明确的目的性是指案例的选取要与本次教学目标相一致。只有目的一致，才能取得加速度的效果。

（2）客观真实性即案例是客观发生的、具有普遍性和典型性的教学事件。同时学生在解决这些问题时也是真正从问题出发，寻找解决途径。

（3）较强的综合性是指案例教学过程中需充分发挥学习者的主观能动性、积极主动思考，全方位考虑案例的解决途径。

（4）深刻的启发性是指案例教学所引发的思考是深远的，是经过深思熟虑获得的，并且对今后的人生产生重要的启示作用。

（5）突出的实践性是指案例教学应有助于指导学习者今后的教学实践。因此，案例教学是以提高学习者实践能力为主要目标的。

虽然案例教学具有充分发挥学生主观能动性的优势，但在当前我国的课堂中得以充分实施，仍需注意如下几个方面的结合：

（1）案例教学与理论讲授相结合。注意引导学生对教材内容的学习，选择的案例必须与课堂讲授的理论知识有相关性，易于使学生将案例中所讨论的问题与将要学习的知识或已学过的知识联系起来。案例只能是抛出问题、引发思考,从而推导出理论的形成或借用理论进行阐释,因此,脱离案例的理论不会深刻,无法上升到理论层面的案例教学也势必流于形式。在教学中,教师应科学合理把控案例教学与理论讲授之间的关系。只有互相融合、互为辅正,才能达成最好的教学效果。

(2)教师已有教学方式与案例教学方法相结合。案例教学不能为了案例而组织教学,案例的作用是为了使教学更形象、更接地气,只有需要时才会发挥作用。如果有的课堂教学没有合适的案例能够插入,或者案例的插入反而会影响教学的效果的话,可能就需要思考一下案例的可适性问题。因此,教师在组织教学前就须深入思考什么样的课堂需要案例,什么样的课堂需要保持原有的教学方式,只有适合的才是最好的。

(3)案例选取与案例编写相结合。当前案例的选取主要应从中国案例库中选取,因为中国案例库中的案例都是经过专家评选出来的规范的案例。但是,在案例库中的案例并不是很丰富的前提下,教师需要自己编写部分合适的案例来佐证自己的教学。

(4)教师课堂指导性与引导性相结合。教师在讨论过程中应发挥积极的引导作用。教师在案例讨论中必须注意倾听、回应和沟通。教师专心倾听学生的陈述,不仅可以帮助教师选择适当的回应方式,同时能鼓励学生畅所欲言,开启师生之间对话的通道。

(5)个案分析与系统讲授相结合。案例教学法固然有效,但教育学课程具有严密完整的体系,在课堂教学中要注重其系统性,应以系统讲授为主,案例教学法只能作为系统讲授的辅助方法,而不能在教育学课程教学中进行纯案例教学。

(6)案例的适用性与案例教学,究其实质是用一种生动、灵活的方式剖析教育理论的内涵,要将其作用圆满地发挥出来,就必须避免盲目追求案例方法而脱离学生的学习实际,避免对案例本身情节的过分渲染而远离教育学理论。这是正确运用案例教学法讲好高师院校教育学课程的前提(经柏龙,罗岩,2006)。

二、案例教学法

案例教学法(Case Study Approach)是指在学生掌握了有关基本知识和分析技术的基础上,在教师的精心策划和指导下,根据教学目的和教学内容的要求,运用典型案例,将学生带入特定事件的现场进行案例分析,通过学生的独立思考或集体协作,进一步提高其识别、分析和解决某一具体问题的能力，同时培养正确的管理理念、工作作风、沟通能力和协作精神的一种教学方法（杜鹃，陈玲，徐爱荣，2005）。《教育大辞典》对案例教学法的定义为"高等学校社会科学某些科类的专业教学中的一种教学方法。即通过组织学生讨论一系列案例，提出解决问题的方案，使学生掌握有关的专业技能、知识和理论"。因此，案例教学法是一种运用典型案例，将真实生活引入学习之中，"模仿真实生活中的职业情境"，创作"剧情说明书"用来做详细的检查、分析和理解，帮助学习者像从业人员那样思考和行动的教学方法；是在教师的指导下，运用多种方式启发学生独立思考，从而达到教学目的的一种教学方法。它要求根据教学大纲规定的教学目的和要求，以案例所提供的材料和问题为中心进行分析研究、提出见解、做出判断和决策，借以提高学生分析问题和解决问题的能力的教学方法（郑淑芬，2008）。案例教学法就是一种培养学习者初步具备职业技能的教学模式和教学方法，是沟通理论与实践、能够把认知性和感受性学习方式很好地融合起来的一种教学方法。

案例教学法倡导多元的、发散型的思维方式。案例教学不求思想统一，反对教条和标准答案，注重批判反思，为学习者提供充足的创新思维空间，有效地培养学生的创造力、开放性和创新性（陆俊元，2007）。案例教学法的主要教学目的是提高学生对知识理论的理解及运用，加强理性的理解及应用能力，提高和培养学生的评论性、分析性、推理性的思维和概括能力、辩论能力以及说服力方面的能力和自信心。案例教学法能够使学生认知经验、共享经验，能够促进学生扩大社会认知面以及激发学生解决一些社会问题的愿望和相关能力（赵革，王青梅，2009）。

案例教学法的作用及意义：

（1）有利于学习者各项能力的培养和提升。案例不是知识的传授，而是学习者利用掌握的知识进行分析和处理实际问题，因此，案例教学首先有助于学习者分析解决问题能力的提升。同时，分析解决问题过程中，势必会促使他们进行多元思维，因此，又有助于处理复杂事件的应变能力的培养。在讨论的过程中，由于不同观点的碰撞，又有助于提高学生与人沟通、合作的能力。这些能力的培养，最终目的将是学生学会学习能力的形成。

（2）有助于学习者团队合作精神的养成。当前学习者团队合作精神相对匮乏，学习者在合作过程中并不能真正做到全力付出，而是过多地思考活动过程中是否会"不均"。这样就致使课堂中很多学习者宁愿自己完成任务，也不愿与他人合作完成任务。案例教学可以在一定程度上扭转这种局面，学习者必须将劲往一处使才能更有效地完成任务。

（3）有助于学生者创新意识的培养。当前学习者的创新意识是教育改革的重中之重，没有创新，就没有真正意义上的学习。案例教学法可以充分发挥学习者创新意识，一改学习者被动接受的状态，争做学习上的主动者和创新者。

由于案例教学法对学习者创新意识、合作精神及各方面能力培养中的作用，越来越多的高校教学中开始采用案例教学法进行，尤其是教师教育的培养中。

第三节　教师教育中的案例教学

教师教育领域中的案例教学，是指教育者根据一定的教育目的，以案例为基本教学材料，将学习者引入教育实践的情境中，通过师生之间、生生之间的多向互动、平等对话和积极研讨等形式，提高学习者面对复杂教育情境的决策能力和行动能力的一系列教学方式的总和。它不仅强调教师的"教"（引导），更强调学生的"学"（研讨），要求教师和学生的角色都要有相当大程度的转变。师生之间、生生之间的讨论与对话进一步深化了人们对案例的认识与理解，从而促进了学生实际课堂教学能力的培养与提高（许立新，2004）。国际教师教育研究同样表明，教师培训采用"基本课程＋案例教学＋实践反思"的模式，这是造就经验教师和专家教师的必由之路。其中案例处于纽带和中介的地位（顾泠沅，2001）。

由于教师教育既是理论的传授、实践能力的培养、技术操作的运用，同时又是培养人的事业，因此，教师教育中案例教学法主要可以分为学术倾向、实践倾向、技术倾向和个人倾向等四种类型。

1. 学术倾向

学术倾向的案例教学法研究主要集中在对案例方法的一些基本知识的探究上。舒尔曼对案例概念进行了开拓性的较全面的诠释，提出并定义了"案例知识"（Schulman，1986）。学术中心主要是关心知识的传递和理解的形成。按照舒尔曼的案例知识概念，由于案例——理论的共存性，学术中心的目的在于通过案例教学达到理论传授的目的。

2. 实践倾向

主要是集中注意熟练的教师们在教学中表现出的诸如技巧、技术和艺术的部分，并强调课堂教学的独特性、情境的模糊性和复杂性。实践定向保证了经验是教学知识的来源。通过案例教学，可以使学生学习经验丰富的教师如何了解课堂的复杂性，并帮助他们获得如何了解的技巧。

3. 技术倾向

技术倾向的目标是使教师有效地完成教学任务，要求教师们通过对教学的科学研究来把握教学规律和实践。当前教师教育专业学习者培养的一个目标就是要求多媒体运用能力的提高。因此，在教师教育专业的案例教学中应该考虑到多媒体开发制作的相关案例及需要注意的问题。

4. 个人倾向

个人倾向中强调教师学习者个人的成长和发展，将教师和学习者作为教育过程的中心。在教学目标和方法上，以学生个人经验的获得和他们的反思为主。如组织学生自己编写案例，重视学生参加课堂讨论及自我反思等。对于批判或社会定向中案例研究者的研究则较少（张奎明，1997）。

第四节　核心素养理念下英语教师教育专业案例教学

核心素养理念下的英语教师教育专业案例库建设主要是指建立一套基于核心素养理念的英语教学案例，作为教师教育专业学习者培养环节中的重要部分。科学合理的案例库创建将有助于提升教师教育专业学习者的核心素养意识，教师的核心素养意识是英语核心素养理念在中小学实现的前提。如果教师都没有能够深刻理解核心素养理念甚至不知道英语核心素养的内涵，怎么能做到有意识地培养学生的核心素养能力。因此，新的英语课程改革首先需要转变的是教师的意识、观念，对教师教育专业学习者的理念渗透则显得尤为重要。

案例教学对于更新教师教育专业人才培养观念，优化教师教育专业人才培养方式，提高教师教育专业培养质量具有特别重要的意义。因此，应大力开发核心素养理念下英语教师教育专业案例库的建设，并将案例教学引入教师教育专业培养中来。教师教育专业学习者透过案例能够更好地思考核心素养理念在基础教育英语教学中的可适性和具体实施等问题，从而发掘主观能动性，进行深入思考。英语教学由于具有自己的学科属性，因此在构建案例库的过程中要关注到英语语言知识的教学、英语技能的教学、英语教学设计的开展、英语教学测量与评价以及英语教师教育专业培养等方面。

第二篇　案例篇

第五章

核心素养理念下英语语言知识教学

案例1　词汇教学

在教育部2014年印发的《关于全面深化课程改革落实立德树人根本任务的意见》中，首次提出了"核心素养"的概念。这个概念对于未来国内教育的革新有着不同以往的影响，核心素养的发展在深化课程改革和落实立德树人目标中占到了基础地位。随着国家、地区对教育的探索和研究，"核心素养"渐渐出现在人们的视野中，人们已经意识到，知识教学也要适度使用，因为过度会阻碍学生的想象力，剥夺他们发挥自我创造的权力，通过核心素养理念的塑造，学生的知识、人格都会得到发展，形成宽阔的国际视野和先进的文化意识。

对于初中学生来说，培养核心素养是培养今后更好适应社会需求的必备品格和关键能力，是在打好坚实知识基础的同时，逐步塑造人格品德。在初中的英语教学中，学生的英语核心素养主要有四个维度，分别是语言能力、学习能力、思维品质和文化品格。这四个方面既是学习英语学科的关键能力，也是成为优秀学生的必备素质。

英语词汇是打开学生进入英语之门的钥匙，是学好听力、写作、阅读、口语的基石，学好词汇必然会促进学生写作和阅读能力的提升。在初中英语教学中，积极开展丰富有意义的词汇课教学，是为日后获得全面的英语能力铺垫基石，也能有力地带动学生核心素养的提升，同时推动初中生素质教育改革的发展。

目前新教材课本的单词量比老教材要多出许多，教师在讲授时只做到了讲单词，而忽视单词与课文的关系，没有做到把单词和课文背景结合起来，久而久之，学生就只会死背单词，不去联想创设有利于记忆的情景，学生没有养成良好的学习单词的意识。新课标已经明确提出，教学应尊重个体差异性，应以学生为主。但不少英语教师仍然习惯把单词大量灌输给学生，一节课时间内，只能跟着老师朗读，再自己拼读，自己默写。当时记住了单词，但是学生在课堂上没有机会和教师交流自己对单词的疑惑。在这样的课堂里，学生无法进行自我表达，势必会打击学生学习词汇的积极性，也会影响课堂的氛围，课堂效果无法提高，更谈不上提高学生的单词运用能力。

教师在设计单词教学时，应先考虑教材作者设计意图，挖掘其中的文化、内涵，再详细进行教学设计。情景教学是打开学生思路的一大利器，同时也可以辅助运用直观的教具，有效吸引学生注意力，引发学习兴趣，也可运用多媒体来辅导教学。因此，教学的设计应有梯度且层层递进，达到用英语做事情的目的。在设计活动时，教师要把握好机械操练和有意义操练的比重，还要设计交际性练习让学生在模拟情景中进一步运用。本案例选自 A 初中 C 老师上的一部分课堂教学内容。核心素养的渗透给教师上课带来新的思路，也对学生的能力提出了新的要求，如何将核心素养理念贯彻到真实的课堂中，如何做到真正培养学生的学习能力，养成自主学习的习惯，在东西方文化的碰撞中感受英语语言的魅力，这是教师在实践中亟需解决的问题。

案例正文与分析

一、如何将核心素养理念贯彻到初中英语词汇教学

语言是思维的产物，英语不只是学生交流的工具，还具有人文性。因此，教师应遵循核心素养四个维度，对英语教学提出更周密更改良的要求。教师要在新理念下进行词汇教学，提高课堂教学的有效性。在这节课上，教师主要思考的问题是，如何在核心素养理念的指导下，结合初中生的学情，让学生轻松有效地识记单词。

程晓棠、郑敏（2002）将词汇学习策略分为六种：在语境中学单词；利用联想增强对同类词汇的学习效果；利用图像或想象加深对词汇的理解和记忆；通过分类加深对单词的理解和记忆；利用同义词和反义词进行对比；根据构词法学习、复习、记忆英语单词。作为英语教师，必须认识到词汇教学在英语教学

中的根基作用,教学内容既是打好基础,也要适时地与高中接轨,引导学生利用科学的词汇学习策略识记单词。词汇教学应该从方法、方式着手,从引导开始,逐渐培养学生学习和记忆单词的能力,教学方法要和教材内容和特点相结合,注重课堂教学效率。在新课程标准下,教师更要掌握多种词汇教学方法,在有限的课堂时间内,把所要求的词汇呈现给学生,并组织学生进行巩固操练,很好地完成每一个模块任务,提高学生学习英语的自信心。让学生掌握一定数量的单词,扩大他们的词汇量,也才能更好地进行听、说、读、写等综合技能的训练,从而提高学生们的英语水平和兴趣,达到良好的教学效果。

二、如何把握新初中生学单词的特征

(一)词汇量小,新单词识记困难

根据义务教育阶段英语课程标准,在六年级毕业时,也就是学生在进入初一学习时,应该达到二级词汇的要求,知道单词是由字母构成的,知道要根据单词的音、义、形来学习词汇,学习有关本级话题范围的 600—700 个单词和50 个左右的习惯用语,并能初步运用 400 个左右的单词表达二级规定的相应话题。可见,在小学阶段,学生的英语学习内容都相对简单,学校以培养学生的听、说能力为主,注重学生直观感受方面的积累,只学习一些简单的句子和少量的语法知识。但是,到了初中之后,学生的英语学习就与以前大相径庭,语言的学习就进入了拓展和应用的阶段,内容也逐渐复杂起来,学生要逐渐构建自己的英语知识体系,单词的积累就是英语储备这座大厦上的砖瓦。学生要通过日积月累的学习,最终达到五级词汇目标的要求,掌握 1 500—1 600 个单词,学会运用词汇说明概念,达到学以致用的目的。

(二)自主学习能力不够

学生要真正适应初中英语学习,首要任务就是要先在扎实原有小学阶段英语知识的基础上,培养英语学习习惯,注重小学与初中英语知识的衔接,慢慢往初中英语学习过渡。一般小学阶段的学生普遍存在如下问题:英语书写不规范、拼写错误、语法概念模糊、用汉语方式代替英语等。所以教师一定要帮助他们形成学习英语的好习惯,小学阶段的英语学习都较为机械化,学生普遍缺乏分析及解决问题的能力,一般都是被动地接受教师所教授的内容,而上了初中之后,则是一个英语知识实践和使用的过程,而且所学内容相较于小学要复杂很多。为了让学生能够更快地适应初中英语学习,教师要将核心素养的培养理念融入日常教学中，培养学生发现问题、分析问题以及解决问题的能力。

（三）英语学习主要靠趣味驱动

刚上初中的初一学生，倾向于在轻松有趣的氛围中学习，喜欢参与教师组织的教学游戏，喜欢观看小视频等。因此，在单词教学中，教师可以引导学生设想场景，将所学到的新单词运用到小学时期所学的句型里，这样可以帮助他们完整地组织并表达所学单词。小学阶段学生的词汇量有限，因此，教师可以帮助学生寻找符合他们英语水平，并能激发兴趣的读物，既提高了英语阅读能力，在阅读文章的同时也可以积累词汇。在词汇教学中，还有一个重要落脚点就是要培养学生的英语思维能力。在平时的课堂上，教师可以以生活中学生身边的事为引，将近期单词融入其中，和学生共同完成英语对话，来训练自我英语表达能力。

三、初一单词课的教学设计与实施

（一）寻找答案　增强学习自主性

所谓学习自主性就是为了达成目标，尽量脱离教师指导，自主寻找解决问题的方式，养成良好的学习态度和学习方法，增强学习的自主性。学生遇到生词时，要学会利用已有的资源，自己寻找答案，而不是直接求教老师。面对刚上初中的学生，教师可以先给予一定的指导或者提示，例如将提示隐藏在短视频或 PPT 中，让学生从中寻找，或者根据单词编制简单易操作的课堂游戏，教师要从学生的学习心理出发，多种方式结合、创新，帮助学生培养自主学习能力。

案例一

T：Let's meet two new friends.

（在多媒体播放 Hobo 和 Eddie 的小短片）

T：Who are they?

S：Hobo and Eddie.

T：What's their relationship?

S：Hobo is Eddie's master.

T：How do you know that?

S：Because Hobo buys an e-dog，his name is Eddie.

T：So what does Master mean?

S：主人。

T：So if you buy a doll，which means you are her……

S：Master!

T：Good!

新课标强调，教师要秉承以学生为主，教师为辅的教学理念，不能坚持自己的绝对权威地位。教师在培养学生学习能力时，要善于设置问题，让学生有内容可答，也要注意学习任务的难易程度。对于学习能力较高的学生，可以设置较难一些的任务，让学生感受到挑战性，增强学习动机，对于学习上的后进生，则要设置相对简单的任务，保证他们能够完成目标，增加学习自信心，增强学习动力。同时，教师也要善于利用多媒体等数字资源，设置丰富有趣的问题情境，调动他们的好奇心，提高学习兴趣。

（二）深度扩展 关注语言运用能力

教材大量词汇的增加导致教师在教学过程中为了追求教学进度就参照单词表进行最直接的词汇教学，结果就是在词汇教学上变得非常枯燥乏味。为了提高教师课堂教学有效性，教师可以在有限的单词表中发散多种词汇表现形式。比如在一个单元里，以一个主体词汇为中心利用其他词汇对它扩展，教师可以围绕这个单词连续提问，让学生回答，重复使用这个词，使学生在语言环境中掌握这个词。

案例二

（打开 PPT 上的新单词以及对应词组）

T：Can anyone help me find out the words relate with "school"?

S：grade，student，read，after school, classroom

T：Good! Let's make a dialogue to practise these words.

（请一位同学与老师对话做示范，教师扮演学生的好朋友 Amy）

T：Hello，how happy to meet you! We are now in a same school again!

S：Amy! Nice to meet you!

S：Are you in Grade eight now?

T：Right，and you are a new <u>student</u> here?

S：Yes，class will begin soon and I should go back to my <u>classroom</u> now.

T：OK，shall we <u>read</u> books together <u>after school</u>?

S：Of course! See you later.

T：See you!

T：Well done. Sit down please.

T：Now let's begin the role play and practise the talk.

（请同学上台演练，并加以指导）

当教师在进行教学活动之前，需要充分地掌握每一个学生的具体情况，同时还要尊重学生之间存在的差异。提升英语教学成果和质量，单凭教师的一人之力是不够的，还需要教师和学生一起共同努力。就初中英语教师来说，必须要经常与学生进行沟通和交流，针对学生的兴趣、爱好及生活来设计教学活动。将核心素养理念充分地渗透到英语教学中的一个首要前提是尊重每一位学生，师生相互交流。因此，深入地了解、尊重每位学生是初中英语教学活动的必要准备。

这节课的单词内容与学校相关，教师设计好对话模型，让学生套用新学单词来完善对话，把话语权交给学生，让他们主动开口。先教授单词读音及意思，再由教材单词展开，利用小学时期学过的问句模板，和学生展开沟通、对话，既增加了他们对单词的熟悉度，也是对学生口语能力的培养，毕竟单词是语言组织的基础，但光靠学单词，又无法形成完整的语言。

（三）用好单词　训练良好思维品质

思维品质是学生通过英语学科的学习而得到的心智发展。思维品质的发展有助于提升学生分析问题和解决问题的能力，从跨文化的视角观察和认识世界，对事物做出正确的价值判断。需要指出的是，这里说的思维品质主要指与英语和英语学习有关联性的思维能力，而不是一般意义的思维能力（程晓堂，2017）。如何将思维品质的培养落实到课程设计和教学实践中，成为当前英语教育界探讨的热点话题。

初中英语单词量较小学要多，对学生英语学习的要求也较高。作为第二语言的学习，在初学英语的阶段，教师要有意识地培养学生英语思维品质的准确性、灵活性、逻辑性、创造性、开放性等。

案例三：以设问导入单词，训练思维逻辑性

（教授有关乐器的生词）

T：What do you hear?

S：Music. We can hear it when someone wins an award.

T：Yes，this is an award music. It is played when an award is presented to a teacher or a student.

T：But do you know what do musicians play music with?

S1：They can play with guitars.

S2：They can play with violins.

S3：They can play with pianos.

T：Good! We can call them musical instruments.

T：Common objects like leaves or glasses can also make music.

T：Do you want to play?

S：Of course!

通过一个个循序渐进的问题，教师将枯燥的单词串联成有意义的对话，引导学生观察生活，培养了学生思维的逻辑性。

案例四：利用构词法培养思维创造性

T：我们看 super 这个单词，表示超级、过度，可以作为前缀加在名词的前面，如 supermarket，what does supermarket mean?

S：超市。

T：Good! Can you think of other words with prefix-super?

S：Superstar!

T：What does it mean?

S：巨星。

T：Any others?

S：Superman!

T：It means...

S：超人!

案例五：利用同义或反义锻炼思维发散性

T：Do you know the game-opposite tune?

S：No.

T：That means I say a word，and you say the opposite one.

S：OK!

T：Like.

S：Dislike.

T：Under.

S：Above.

T：Lucky.

S：Unlucky.

T：Well done.

词汇教学也是具有艺术性的,利用教词汇的艺术,可以克服过去词汇教学中的孤立教词汇,系统性不强,边学边忘的缺陷。相反,立足于贯彻核心素养理念的教学要求,实施质量并重,逐层加深,立足于词汇系统之上,着眼于词汇教学之外,集中分散,交替互补的原则和方法。同时还能使词汇的意义和用法的教学、词汇的读音和拼写的教学紧密结合起来,使学生学习英语词汇的读音和书写形式时,不感到杂乱,而感到有条理、有规律,从而调动学生学习英语的积极性。

（四）介绍单词　培养文化意识

通过单词教学向学生介绍国内外文化现象,提高学生跨文化意识,将眼界放宽至国际视野,了解不同国家的文化背景。英语单词就像中文汉字一样,每个单词都承载着不同意义,构成独特故事,学习单词的同时挖掘它背后的意义,更能加深对本国及他国文化的理解。例如,教师在教授 Halloween 这个单词时,可以向学生介绍外国人如何庆祝万圣节,trick or treat 的由来,和学生一起过一个中国的万圣节,可以帮助他们更好地理解国外的节日。

教师可以在课堂上播放介绍万圣节的短视频,通过视频中两个人物的对话介绍在国外人们如何庆祝万圣节。

案例六

T：What are Lily and Sam talking about?

S：They are talking about Halloween.

T：When is it?

S：It's on October 31st.

（教师播放介绍万圣节的短片）

T：What do children wear in Halloween?

S：They wear scary clothes.

S：They wear hats and masks.

T：What games do they play?

T：They play trick or treat.

T：What do children do in the game?

S：They go to people's houses and scare them.

T：What do people do?

S：They give them sweets.

T：Do you want to play in the Halloween?

S：Yes，of course!

T：Do you want to make a mask?

S：Yes!

T：Do you want to play trick or treat?

S：Yes!

T：So what do you think about Halloween?

S：It's fun!

教师通过创设情境，组织活动，教授了 Halloween，trick，treat，scare 等词汇。万圣节是外国传统节日，庆祝形式非常有趣，随着中国人逐渐了解西方节日，学生在课堂上学到的词汇在日常生活中也能得以运用。

案例思考题

1. 教材中的生词确实增加了教学难度，那么教师可以采取什么方法来进行单词教学呢?

2. 案例中教师是如何导入第一节单词课的学习的?

3. 案例中的教师是怎样体现核心素养与单词教学结合的?

案例 2　语法教学

背景信息

在初中英语语法教学中，部分教师采用传统的"演绎法"语法教学模式，即教师在开始授课时，便直接讲述语法规则，然后提供大量的例句，最后学生套用规则并通过大量的习题来识记和领会语法项目。这种以教师为主、满堂灌输、缺少交际的课堂会使学生觉得枯燥乏味，甚至会使他们丧失语法学习兴趣，从而降低课堂效率。因此，演绎法也就成了"填鸭式"的教学方法。部分教师提倡"归纳法"的教学方法，即课堂上教师先提供大量的例句，诱导学生去发现语法规则，然后再通过一定的练习去巩固语法知识，最后归纳总结出语法规则。初中学生大多处在感性认知阶段，这种不停发现规则并总结规则的理性学习方法不适合初中学生的认知水平和模式，不仅课堂时间花得多，而且学生们也倍感压力，长此以往，他们会因此失去英语学习的动力。还有的老师提倡"交际化"，即通过学生之间的语言交际活动，自然而然地感受和体验语法知识，从而习得英语语法规则。这种教学方法，学生并没有真正领会语法的形式、意义和用法，只是依葫芦画瓢似的知道个大概，学生的语言应用能力根本无法得到有效提升。所以对于英语学习者来说，语法是一定要专门学习的，靠大量输入培养起来的所谓"语感"往往并不靠谱。这三种教学方法，都是语法教学的误区，只使用其中的任何一种都是不可取的。

英语语法教学是语言实践能力的前提。在过去的 2500 年间，语法教学始终都是外语教学的重心或者同义词。事实上，以英语为母语的美国或英国学生，尚且觉得语法教学有助于增进他们的 speaking correctly and writing accurately 的语言能力。所以，在初中英语教学中，语法教学始终占据举足轻重的地位。在当前核心素养理念下的英语教学应优化语法教学，帮助学生形成以能力发展为目的的学习方式，让学生有意识地去学习这些语法规则，并在运用和交际过程中达到从"知"到"能"的转化，从而真正掌握语法知识，并更好地为听、说、读、写、看等语言技能的提高服务。

案例正文与分析

一、将语言能力融入英语语法教学

核心素养中语言能力的提升是基础,只有提升语言学习者的语言能力,才能彰显英语学科的魅力,使英语教学成为充满生命活力的探究、交往、对话与语言锤炼的平台。

例如,在复习 there be 句型时,教师可以带领学生们玩一个游戏:教师让一个学生背对同学,悄悄地把一个球放在另一个同学的课桌里,当该同学靠近球时,大家大声喊"There is a ball."靠球远时,大家声音放轻,帮助学生找到球。There is a ball in …'s desk. 然后教师再把书本等复数物品让学生放,大家进行猜测。当游戏结束之后,再用抢答竞赛的形式谈论教室:

T:There is a ball in our classroom. There are some toys in our classroom. What is in our classroom? Please introduce our nice classroom. (学生分组用 There be 句型说出教室里的物品)

S1:There is a blackboard in our classroom.

S2:There is a computer in our classroom.

S3:There are many desks in our classroom.

通过趣味的游戏和竞赛活动,学生们不仅巩固了 there be 句型的用法,也为他们之后熟练而准确地运用语言打下了扎实的基础。此外,教师可以在教学中创设情境来培养学生的语言能力。

心理学研究表明,未成年人依赖生动形象的直观教学手段,在直接的语言交流中去感知并习得知识。所以教师在设置语境时,应尽量贴近真实情景,语言材料应包含典型的语法结构,以易于学生接受。以下列举两个教学片段:

片段一:感知形容词比较级的形式和用法

教师在教授形容词比较级时,请两个学生到讲台前面来

T:Who's taller,Mike or Jack ?

Ss:Mike.

T:Mike is taller than Jack. Jack is shorter than Mike.

在此基础上，教师再取出事先准备好的两个大小不同的苹果、长短不一的铅笔、新旧差异的手机等直观物体，让学生两两结合，自编对话，用 than 句型来描述事物。接着，让学生自己寻找身边的实例，对不同的形容词用 than 来对事物人物做出比较。在描述的过程中思考感悟这一句型的结构和功能。语言能力是英语学科核心素养的基础，教师依托学生们熟悉的实物来创设学习环境，使学生通过真实情境中的实物比较，整合性地运用所学知识进行对话操练，感悟感知形容词比较级句型的形式、语法知识，并在相互合作中掌握语法规则，不仅加深直观印象，还增强了领悟能力。

片段二：领会形容词比较级的修饰词汇

教 a little，much 等修饰比较级时，教师找 3 个身高不同的学生，Peter，175 cm；Jack，170 cm；Mike，158 cm。先让学生用已学的比较级造句，然后教师补充得更具体：

Peter is a little taller than Jack，but he is much taller than Mike.

这个时候，让学生们根据实际身高对比，从中找出这两个句子的差异，从而得出，根据程度的不同，可以用 a little 表示一点儿的差异，而 much 是许多的意思。接着趁热打铁，通过练习使学生加以认识并巩固。如：

1. A car runs much _____ than a bike. (fast)
2. This problem is a little _____ than that one. (easy)

比较法使语法知识直观形象化，使学生对比较级的用法有了进一步的认识和领悟。语言学习的目的是为了交流，交流的目的是为了弥补或消除"信息差"，这也是语言交际和活动的动力。在英语教学中，为学生创设生动有趣的语言学习情境，激发学生学习的求知欲，从而使他们更有效地掌握语法知识。

二、将思维品质融入英语语法教学

在语法教学中，除了讲授语法的形式，还应包括语法的意义、功能与使用。在讲解语法的意义与功能，应用语法条目时，可以与思维品质的培养相结合，既培养学生的语言应用能力，又促进学生思维品质的发展。语法教学有利于培养学生的分析能力，如虚拟语气的教学。虚拟语气表示对过去的后悔、悔恨，对现在和未来的期待，对他人的建议和要求等。在虚拟语气教学中，教师比较重视虚拟语气的形式维度,强调虚拟语气"与现在事实相反、与过去事实相反、与将来相反"的句子构成,强调主句与从句的相应形式,较少对虚拟语气的语意功能进行应用。在教学中,可以设计如下的活动,既促进学生对虚拟语气语意功能的理解与使用,也是对学生反思、分析能力的培养。

(1) 在过去的一段时间内,你有没有后悔做过某事? 或者没做某事?

(2) 作为学长或学姐,你对学弟学妹们在学习上有哪些建议?

(3) 你对自己未来学习的期待和希望是什么?

在这个活动中,学生会应用虚拟语气,学生可以使用的句型包括:

> I wish I had...
>
> I wish I hadn't...
>
> I suggest that you should...
>
> It is necessary that you should ...
>
> It is important that you should...
>
> It is essential that I should...
>
> It is vitally important that I should...

在这个活动中,学生可以反思自己的学习,找出自己做得好与不好的地方,并认真进行规划。在此过程中,学生既练习了虚拟语气的多种形式,如与过去事实相反的主从句的构成、给他人提建议时可以使用的虚拟语气结构"It is important (necessary,essential)＿＿＿＿＿"等特殊的虚拟语气结构等,又对虚拟语气的表意功能有了深刻的体会,并能与自己的学习和生活实际联系起来。更重要的是,教师引导学生对自己的学习进行反思,找出自己的不足,给自己和他人提出建议,培养学生的反思能力。

同时教师通过对上述活动的设计,引导学生进行分析,比如"什么样的事情是让人后悔的,从这样的事情中可以得到什么样的启示;当别人遇到困难时,如何为他们提出好的建议;作为学姐或学长,对学弟学妹们有什么样的学习建议"等。这些提问使困扰教师的语法表意功能问题得到了解决,当学生思考"有哪些后悔的事,对他人有什么建议"时,虚拟语气的表意功能得到突出,有利于学生理解与掌握虚拟语气。学生学会分析生活中令人后悔、令人期待的事情,学会思考如何给予他人帮助、如何解决问题。

通过这样的语法教学设计,学生在学习过程中不仅掌握了虚拟语气的形式,同时深刻地理解和感受到虚拟语气的表意功能,拓展了学生对语言的使用。学生在活动中收获的是对虚拟语气表意功能的掌握以及分析问题、解决问题能力的发展。

在教与学的关系中，古人强调的是教必有趣，以趣促学。我们现在的教学理念，更要强调在学生感兴趣的事物中开展教学，基于此开展教学活动，才有可能使枯燥的语法变得通俗易懂。例如，if 引导的条件状语从句教学：教师在教学 if 引导的条件状语从句时，可以先让学生学唱"If You Are Happy"。这是一首动感十足充满欢乐的歌曲，在学生熟练演唱后，再配以动作表演。在欢乐的气氛中，教师把歌词展示出来，让学生朗读，发现并总结 if 引导条件状语从句时的基本规则：从句用一般现在时，主句用将来时。通过诵读歌词、观察差异，进而归纳语法规则，不仅促进了学生思维的准确性，还摆脱了机械记诵语法规则的模式。

在知道了 if 句型规则后，教师可以通过 Relay in Sentence Making（句子接龙）的方式，以小组为单位开展游戏活动。教师把学生分成 4 个组，给每个小组成员提供适当的词汇，如：arrive in Shanghai，tell sb. the news，have a cold，go to see a doctor，take one's advice 等。告诉学生们必要的游戏规则：① 必须用 if 句型；② 第二个学生的句子的首句必须是前一个学生的尾句，如：

S1：If it is sunny tomorrow, we'll go to the Science Museum.
S2：If we go to the Science Museum，we'll learn a lot.
S3：...

接龙游戏竞赛，是学生把所学的知识由输入到输出的转变。在游戏过程中，学生们必须全神贯注地投入，认真听对方的句子、开动脑筋积极思考，然后快速做出应答。这样的游戏活动锻炼提升了思维的灵敏性和创造性，更有利于所学语法知识的理解，对语法的记忆也更加牢固，真正使所学知识从识记领会发展到了能力应用。

三、将学习能力融入英语语法教学

在目前英语教学过程中，知识的学习和技能的培养严重分离，过分强调老师的输入而忽视学生的主动参与；课堂教育只重"学习结果"而忽视了"学习效果"。这些被动的学习方法，完全忽视了学生学习的主体地位，完全脱离了新课程标准的要求。我国教育家叶圣陶先生就曾经说过："教师之主导作用，在于引导启迪，非教师滔滔讲说。"国际教育家 Douglas Brown 也将教学定义为

"Teaching is guiding and facilitating learning, enabling the learner to learn, setting the condition for learning."因此，英语教学的关键更应在于学生的学，老师的教也要通过学生的学来体现，学生能否学会自主学习是教学能否成功的关键。

教师可以采用问题探究法，即在教学过程中教师要把提问的权力交给学生并引导学生积极思考，通过开展小组间的讨论、辩论来解决问题，实现英语词汇、语言规律等基础知识的掌握，同时学生的创新思维和发散性思维得以拓展。以苏教版 7A Unit 6 Food and lifestyle 为例，教师在课堂上提出"Do you know how to keep fit？"论题并展开小组讨论，通过讨论，不仅能让学生把学到的语言知识加以应用，还能更好地调动学生参与课堂的积极性。

又如情景教学法，即根据不同的教学内容，引用学生较为熟悉的生活实例来设计教学情景，从而激起学生学习兴趣及自主学习欲望，并通过语境激活背景知识，促使学生运用已学知识进行交流，实现主动进行语言学习活动，达到培养学生自主学习的能力。如在讲授 7A Unit 7 Shopping 时，对 Integrated Skills 中 dialogue 部分改编后安排学生进行表演，通过创设的日常买卖情景使学生更快、更好地融入教学氛围中，并将知识的要点进行掌握和运用。

当然还有其他很多教育方法，如合作学习法、任务型教学法等。总之，在英语教学过程中教师不仅要将基础知识、基本技能传授给学生，更应当积极引导学生进行自我学习，保持浓厚学习兴趣，养成良好学习习惯，形成终身学习的能力，达到让学生"自求得之"的终极教育目标。

每个语法项目都有一个逐步积累和系统化过程，教学中应采用层层推进的办法，由易到难，先讲涉及面窄的，后讲涉及面宽的；同一语法项目多层次、多方位反复深入进行探讨。下面以现在完成时语法教学为例。现在完成时是初中阶段最为复杂的语法知识，所以在教学过程中，教师必须逐步推进。第一层次，让学生分辨现在完成时和一般过去时的区别，教师可以通过"I had breakfast just now."和"I have just had lunch."做比较，让学生理解：一般过去时表示过去发生的动作，对现在没有影响，而现在完成时是过去的动作对现在的影响，从而掌握现在完成时的概念以及结构：have/has done。同时加以一定的练习，让学生对于现在完成时使用的时间词 already, yet, just, never, ever, so far, in the last/past three years 等有一个基本的印象。第二层次，让学生掌握现在完成时的用法，即过去发生的动作一直持续到现在，可能还将持续下去。这个时候，可以通过数轴上的点和直线分别表示瞬间动词和可持续性动词，并通过例句"He died three years ago."与"He has been dead for three years."做比较,使学生知道动词词汇意义(动作和状态两方面)的密切联系情况:表示短暂动作的动词在现在完成时中必须转换为相应的持续性动词,在这样的句子中,可以与 for+一段时间/since+过去的时间点连用。第三层次,在学生对现在完成时有了一定的认识和灵活的运用后,让他们区分"have/has been in""have/has been to""have/has gone to"的用法,教师可以先给出例句:

1. Tom has been in Beijing for three years.
2. Tom has been to Beijing twice.
3. A：Where is Tom? B：He has gone to Beijing.

这时的学生对现在完成时已经有了充分的认识,所以教师可以让学生之间相互探讨。通过讨论,他们可以得出初步的结论。这时,教师再给予典型的习题,让学生掌握 have/has been in 表示在某地待了一段时间,还可能继续,常与 since,for 和 how long 连用;have/has been to 表示人曾经去过某地,现在已经不在某地了,常与 never,ever,once,twice 等词连用;而 have/ has gone to 则表示人去了某地,现在不在这个地方,常与"Where's sb. ? Sb. isn't here."等连用,而且这个结构一般只和第三人称主语连用。

按照认知心理学阶段发展观点,人们对于事物本质规律的认识都不是一次实现的,对知识的认知有一个由浅入深、由低到高、从简单到复杂、从旧到新的不断变化和反复巩固、完善过程。循序渐进法是一种特别适合语法特点的教学方法,在这个过程中,学生们在教师的引领下,通过比较、探究、讨论等积极主动的学习方法,充分发挥自己的学习潜能,提升英语学习的意识和能力,更有效地完成了学习任务。

案 例 思 考 题

1. 你觉得核心素养理念下语法教学的关键是什么?
2. 语法教学中语言形式与语言意义的关系如何? 二者如何能够做到有效兼顾?

第六章

核心素养理念下英语技能训练

案例3　听力教学

背景信息

　　语言技能是构成语言交际能力的重要组成部分。语言技能包括听、说、读、写四个方面的技能以及这四种技能的综合运用能力。听力教学的目标要求是：在听、读、看的过程中有选择地记录所需信息,借助话语中的语气和语调理解说话者的意图,根据话语中的重复、解释、停顿等现象理解话语的意义。

　　本案例以初中英语听说课为主要课型,听说能力作为英语学习者必不可少的能力,英语教学中时常会强调,"听说不分家",但听力教学是一切口语表达能力的前提,只有在听懂理解材料含义的基础上才能进行接下来的说的练习,所以听力教学正在日益成为英语教师们关注和重视的问题。本案例选自"第八届全国中学英语教学观摩研讨会"一等奖教学视频,本节课的讲授内容为人教版(go for it),八上　Unit 10　I'm going to be a basketball player Section A 中的听说训练,以及语法 be going to do 部分。

案例正文与分析

一、如何理解初中英语听力教学

　　关于初中英语听力教学,它的内容一般应包括:语音训练、听力技巧训练和听力理解训练。首先是语音训练。语音训练包括对听音、重读、意群等的训练，增强学生的语音辨别能力，对于造成听力困难的语音应专项训练。如：bed—bad, ship—sheep, chip—cheap, pin—pen, sit—seat 训练应从词到句，再到文。其次是听力技巧训练。听力技巧包括听大意、听具体信息、猜词义、听细节、听隐含之意等。听力教学应包含训练这些技巧的各种听力活动。接下来是听力理解训练。听力技巧的培养是为理解服务的，除了语音和技巧的训练之外，听力教学更多的应是通过各种活动训练学生句子和语篇的理解能力，使学生的理解由"字面"到"隐含"再到"应用"，理解步步加深。

人教版新课标初中英语在每个单元的 section a、b 中都设计了听力部分，如何在这一模块落实新课标，切实培养与提高学生的听力技巧，将听与说、读、写有机结合？本文所列案例涉及初中的部分教学片段，处于这一阶段的学生，有其自身独有的心理特征和年龄特点，需要教师根据他们的特点，有针对性地进行教学。

二、如何把握初中生英语听力教学模式

听力课型教学模式主要有 PWP 模式和 3P 教学模式。

1. PWP 模式

即 pre-listening, while-listening, post-listening。

（1）听前：准备要充分，教师提前预设问题，为听力教学做好充分的铺垫。

① 扫清重要词汇障碍，做好背景知识、初步感知语言知识的导入。

② 利用课本资源进行听力预测：充分利用课本图片，通过听前讨论图片、根据图片回答问题等，培养学生听前看图进行听力预测的习惯；浏览文字：预习听力的题目、题干、图片、表格、选项、判断正误句子等。

③ 教师创造性地使用练习：教师要根据学情及听力难易度，整合教材中的听力题目，做到让学生听有所获。

（2）听中：知识输入要合情、听力操作要合理：

① 听几遍合适？播放磁带的遍数（听几遍录音）——由学情及听力材料的难易决定。

② 如果听力材料有好几段，教师要逐段播放，一个小对话结束后要暂停，让学生有时间做听力练习，然后再往下播放下一个对话的录音。

③ 如果听力材料太长，教师备课时就应该按意分成几个小段，播放时增加停顿，给学生留出做题时间。

④ 如果有很难的句子,且句子很重要,可以适当停顿,多次播放,这也是对学生的一种人文关怀。

(3) 听后:输出要多样。教师应要求和鼓励学生用完整的英语句子进行说的练习。此外,听后的输出活动形式应该是多样的:如根据图、表格、听力题目等资源进行对话、写话;跟读,角色朗读和自编新的主题对话的形式。把听、说和听、写相结合,进行训练。

2. 3P 教学模式

即 Presentation—Practice —Production。

(1) Presentation 阶段

教师通过解释、举例、示范、角色扮演等向学生介绍新的语言项目,包括语法、句法、功能、会话技能等,确定课堂的教学内容和教学目标。

(2) Practice 阶段

教师为学生提供各种机会,使学生运用所展示的内容。练习由易到难,由控制到半控制,逐步增加学生的自主性。

(3) Production 阶段

教师给学生提供机会将其新学到的语言知识和交际技能融入已有的知识之中,使其能自由地运用语言进行交际。

Z 老师在本节课的教学内容是初二上学期的一节听说课,主题是关于职业的单词和将来时 be going to do 的用法,在这节课的教学设计方面结合初中生的身心特点主要采用了游戏法、交际法和任务型教学法来吸引学生的兴趣,积极参与到教学活动当中来,从具体的教学步骤上讲,在引入部分先让学生听一首歌曲,在这首歌当中,包含了很多和职业有关的单词,以此来引导学生复习以前学过的单词,也进一步学习和职业相关的新单词。接下来在学习将来时态 be going to do 的过程当中,先给学生讲一个关于 be going to do 的故事,让学生先感知一下将来时态的运用,然后我们再通过机械的练习包括任务型活动编故事以及交际活动编对话的方式让学生来熟练目标语言。最后阶段设计了与世博会相关的活动——为世博会的志愿者设计一份海报,在这样的教学过程中,学生能够比较容易地从说的阶段过渡到写的阶段,从输入阶段过渡到输出阶段,与此同时,也渗透了情感教育的部分内容,在这一过程中可以帮助学生树立为社会服务的意识,最后通过一个改错练习再次强化 be going to do 的易错点,让同学们能够注意一些时态上的知识点,巩固本节课所学内容。

三、教学设计与实施

（一）创设问题情境，提升学生文化意识

教学需要情境，需要师生互动来完成。语言是文化的载体，不同的语言所代表的是不同的文化背景，通过创设问题情境，启发学生思维，使学生对比和分析不同语言环境和背景，对于提升学生文化意识具有主要意义。创设问题情境是教师进行课堂教学的第一步，它关系到整体教学进程的推进和展开，影响学生的学习内容和过程体验。该课的核心课题是"职业"及"be going to do"将来时态的用法。作为一节典型的听说课，教师需要对其进行一定强度的听力训练以提高学生的听力水平和能力，为避免听力训练枯燥无趣，学生学习积极性不高等教学弊端，需要教师创设一定的教学情境来改善课堂活跃程度：

片段一

T：Boys and girls, nice to meet you!

Ss：Nice to meet you, too.

T：I'm very glad to see you here. Nice to hear that. So you see, this is the first time for we meet each other. So I'd like to tell you something about myself. I'm from the mountain city of China. Do you now which city it is?

Ss：Chongqing.

T：Yes, Chongqing. That's right. You see I'm a teacher and my father is a policeman and my mother is a doctor. So actually all of my family members do different kinds of jobs. Do you want to know more about them?

Ss：Yes.

T：Okay. Later, I'll ask you to listen to an English song and in this song you'll hear a lot of words about jobs. If you hear them, you can write down the words. Can you understand?

Ss：Yes.

T：OK. Let's start.

（老师播放英文歌曲，并在教室中巡视同学们对于所听内容的记录情况。）

OK. I like this song very much. So do you like it?

Ss：Yes.

T：If you hear any words about jobs in this song. You can raise your hands and let me know. This girl.

S1：Policeman.

T：A policeman. So can you read this word once again?

S1：Policeman.

T：OK. How about you?

S2：Singer.

T：Do you want to be a singer?

S2：No.

T：All right. Any other words?

S3：Postman.

T：Very good. Postman.

S4：Doctor.

T：Doctor. Yes，that's right. Just like my mother.

S5：Actor.

OK. Actually we have heard policeman，singer，postman，doctor and actor. They are all words about jobs. Today，we will learn more words about them. Do you want to have a try?

Ss：Yes.

T：OK. Let's look at the screen.First one，what is his job?

Ss：Pilot.

T：Can you speak louder? Pilot.

Ss：Pilot.

(教师接下来按照同样的方式教读本课的新单词,并邀请同学起来轮流朗读单词,强化学生单词读音。)

从教师的教学设计中可以看出,听英文歌曲,从歌曲的歌词中找出与职业相关的单词对学生来说是有一定难度的,但是因为歌曲中的与职业相关的单词有许多是学生在学习本课之前就学过的,教师在听英文歌曲之前不再需要做相应铺垫,也不需要扫清听力障碍,教师从学生原有知识积累中的一些单词引入教学,以旧带新,让学生们一步步进入新课词汇的学习,从这节课可以看出,教师创设情境的做法对于教学来讲是十分有效的,在教师创设的情境中,学生们锻炼了其听说能力、动手能力以及创新和实践能力。教师应依据课程的总体目标并结合教学内容,创造性地设计贴近学生实际的教学活动,吸引和组织他们积极参与。学生通过思考、调查、讨论、交流和合作等方式,学习和使用英语,完成学习任务。

（二）听、说、读、写四方面应有效结合起来,提升学生语言能力

片段二

T：I have a friend. He is a driver. But he has a very strange name. We called him "Mr. Going-to-do" So do you think it's a very interesting man?

Ss：Yes.

T：So you said Mr. Going-to-do. I don't think it's a very good name. You see Mr. Going-to-do is very strange and he is a driver. He has a very bad habit. That is he always say "I'm going to do something." But he never get this. Look. So this is Mr. Going-to-do's car. It's so dirty, do you think so?

Ss：Yes.

T：Mr. Going-to-do always say："I'm going to wash it tomorrow." But he never does this. Once again, this is Mr. Going-to-do's room. What a mass! Can you guess what is Mr. Going-to-do always say? You are so active.

S6：I'm going to clean it tomorrow.

T：Yes. Good. I'm going to clean it tomorrow. You know something about him now. Now, next one. There are all dirty clothes of Mr. Going-to-do. So can you guess what he always say?

S7：I'm going to wash it tomorrow.

T：Yes. I'm going to wash them tomorrow. You know something about Mr. Going-to-do and how we use be going to do. So after listening to the story, I have two questions to ask you.

（接下来教师通过问学生关于将来时态的两个问题,强化学生对于 be going to do 的用法的理解。）

1. 听故事,感知新知

英语课堂教学的基本目的是通过听、说、读、写等教学活动,使学生获得语言知识和掌握语言技能。因此,学生学会了多少,掌握了多少,是英语课堂教学成功与否的根本出发点和落脚点。这个教学片段以听故事的方式讲述了Mr. Going-to-do 的一些坏习惯以及他最喜欢说的话,让学生们对于本节课的新知识点有了一定程度的了解和感知,并给出相应图片让学生自己根据所给信息用目标语言进行表达,给学生充分的空间进行猜测和想象,让学生有机会参与到课堂当中来,这是一节十分民主的英语课。过去的听课和评课过程中,过分强调教师教的过程,忽视了在课堂当中学生才是主体,在以上的教学片段中,学生是课堂的主体,为学生创造了一种轻松、和谐、积极互动的语言氛围。从学生以往学习过的知识点入手,导入新课,以旧引新,从听、说、读、写等方面对学生进行训练,尤其是听力训练的强度较为明显,让学生在不知道所学内容的情况下凭借自己已有的听力水平和基础知识,运用目标语言进行英语表达。教师的话不多,但是起到了很好的组织和引导作用。

2. 讲故事,促进学生语言能力培养与形成

Z 老师认为她在课堂上给学生们讲的这个故事对于学生们的思维品质也有着一定的教育启发作用,Mr. Going-to-do 总是说明天要做许多事情,但是他的车总是那么脏,他总是有许多脏衣服没有洗,他的房间总是那么乱,其实也是从侧面告诉学生们"明日复明日,明日何其多,我生待明日,万事成蹉跎"的情感态度、价值观教育,告诉学生们要认真对待自己要做的事情,不能总是拖到明天,这也从侧面体现了对于学生的核心素养的价值观教育,而不仅仅局限于学生学习的目标语的操练和使用。对于相同或类似的学习情境,促进学生的学习迁移,培养和发展学生的学习能力。

(三)设计任务,激发学生思维品质

片段三

T：Just now, I make some sentences. Look. My example, I'm just said I'm going to watch cartoon in May. Boys and girls, I like cartoons very much, do you like cartoon?

Ss：Yes.

T：OK. If you like cartoons, I guess you must know these guys. But at this time, I will not ask you to watch the big wolf and goats. I will ask you to make up a story about them. So let's have a try. The first example. Now, they are friends. They are now talking about their hobbies. And there are some blanks for you. For example, the first sentence I say. "What do you like?" Can you answer me? According to the picture? Look at here. Can you understand me? What do you like?

(教师走到学生中间,指导学生运用屏幕上给出的例子自己编故事和对话。)Anyone knows? Yes.

S8:I like singing and running.

T:Yes, great. You know how to do this now. And the next picture, they will talk about their future jobs. Please pay attention to the questions. Anyone want to have a try to make a short conversion.

(一组同学举手,老师邀请学生进行对话表演。)Have a try. Ask and answer.

S9:Are you going to be a pilot?

S10:No, I'm not.

T:OK. Later we will go on discussing their future jobs. How about this one? If you know, please hands up. Yes good. You two please.

S11:What are you going to do?

T:Yes, what are you going to be?

S12:I'm going to be a singer.

T:I'm going to be a singer. That's right. Great. OK. Next one. Look, vocation plan. So they are talking about their vocation plan. May Day is coming. Who knows what they are talking? You two please.

S13:What are you going to do?

S14:I'm going to watch a movie.

T:OK. The last one. Let's do it together. The last sentence do you know what's that? That sounds great! Maybe say:"Let's go!" Right?

Ss:Yes.

本节课不仅是创设情境,吸引学生参与到课堂活动中来,更是通过给学生布置一个又一个任务来引导学生一步步从不会到会,培养学生的创新精神和实践能力,从而提升学生的核心素养,以及熟练运用所学语言的水平和能力。

在这节课中,Z老师组织同学们两人一组开展对话,对于关于职业的词汇以及be going to do 的用法进行强化和巩固。因此,教师必须不断革新思想,学习相关的创新课堂理论,更新教育观念,在教学实践中不断反思和总结。在教学活动中,应该以学生为中心,以活动为中心,通过设置多种多样的活动让学生积极主动地参与到课堂中来,反复操练相关语言技能,而不仅仅只是单一的听力技能,课堂中设置的听对话后进行复述的环节,难度较大,但设置成活动,学生的积极性会有所提高,在相对轻松活跃的氛围当中,在教师积极主动的引导和组织下,也能够使这一枯燥的活动变得充满趣味性。只有当教师改进和完善了教学方法,注重抓住一切时机调动和激发学生学习的热情和欲望,学生的创新意识、创新思维、文化意识等多方面的核心素养能力才能得到充分的发挥和施展,切实提升学生的语用能力。

教师在设计"任务型"教学活动时,应注意以下几点:

(1) 活动要有明确的目的并具有可操作性;

(2) 活动要以学生的生活经验和兴趣为出发点,内容和方式要尽量真实;

(3) 活动要有利于学生学习英语知识、发展语言技能,从而提高实际语言运用能力;

(4) 活动应积极促进英语学科和其他学科间的相互渗透和联系,使学生的思维和想象力、审美情趣和艺术感受、写作和创新精神等综合素质得到发展;

(5) 活动能够促使学生获取、处理和使用信息,用英语和他人交流,发展用英语解决实际问题的能力。

活动不应该仅仅局限于课堂教学,而要延伸到课堂之外的学习和生活之中。

案例思考题

1. 你对初中英语听力教学是怎样理解的? 请谈谈你的看法。

2. 阅读本案例,你如何理解 Z 老师教学的导入环节?

3. 阅读本案例,对于 Z 老师的故事教学法你有何看法?

4. Z 老师的这节听说课对你有哪些启发?

案例 4　口语教学

背景信息

　　口语是英语的重要技能之一，是对外交际的重要基础，也是英语教学的核心之一。学好语音不仅是交流的基础，也是学好英语的必备技能。标准流利的口语能让说话者的观点传达得更准确，也可以让双方交流得更加顺畅，提高效率。同时，口语教学有利于提高学生的英语水平，全面提高英语运用能力。然而，由于应试教育的束缚，对读写的要求远远高于听说，从而导致哑巴英语越来越普遍，甚至成为中国学生的通病。因此学生的语音发展水平和能力较落后。根据学科核心素养的要求，对学生的语言能力进行全面提高则尤为重要。

　　《英语新课程标准（2011 年版）》指出口语教学是语言教学的重要内容之一。学生在初中阶段已经获得了初步的语音意识，学习了一些语音知识，因此侧重于口语教学，即在有意义的语境中，通过学习和运用语言，感知语言的表意功能，逐步学会恰当地运用语音知识达到有效的交际的目的。如何在口语课上让学生锻炼发音以及给学生更多说的机会？这个问题困扰了众多年轻教师。本部分通过对语音教学案例的剖析来全面解读核心素养下语音教学的应用。

案例正文与分析

　　案例选自《义务教育课程标准（2011 年版）案例解读——初中英语说的能力教学》。案例中的 C 老师是一名优秀的中学教师。C 老师这节口语课 Getting There 主要采用了任务型教学法，通过给学生布置一系列的任务来一步步引导学生独立思考并且对所学内容有更好的掌握。这节课的最终目标是学生通过小组讨论，制定一份暑假计划，并且学生在讨论的过程中，能正确且恰当地运用"同意""不同意"这一类表示建议的功能性表达以及有条理地阐述自己的观点。具体到核心素养四方面，C 老师这节口语课也都有涉及。从语言能力这一方面来说,这节口语课引导学生就简单的话题表达自己的观点和态度,把握谈话线索的伦次以及与同伴交流与呼应,使对话顺利进行下去。除此之外,对表示同意与否一类的表达方式也会在这一节课得到充分的教授和练习。就学习能力而言,C 老师的这堂口语课与传统授课模式不同,她主张让学生主动探索,积极发现一些规律和窍门,自己归纳出特点,然后与同伴进行讨论,从而促使学生不仅提高了语言能力,还能逐步掌握适合自己的学习方法。这节课也培养了学生的思维品质。不难看出 C 老师这节课给学生提了很多问题并且逐步深入,通过问为什么来让学生深入思考,从而培养了学生的思考能力以及创新能力。就文化意识这一方面而言,这节课中的录音材料以及录像都会涉及不同的文化,从而让学生们在更好地理解国外文化的同时,也培养了他们的文化接受能力与识别能力。

一、语言能力

语言能力指在社会情境中,以听、说、读、看、写等方式理解和表达意义的能力,以及在学习和使用语言的过程中形成的语言意识和语感。英语语言能力是构成英语学科核心素养的基础要素。初中学生对口语的学习和掌握,主要是通过教师的发音和录音等音频材料。学生跟着音频材料进行反复模仿和演练,一方面可以练习语音语调,另一方面可以培养语感以及听的能力。学生听得懂以及会模仿,自然能了解标准的英语发音、自然的语调以及连读、吞音等语音技巧。因此在很多情况下,听得不够多以及听得不够仔细会导致学生口语发音不准等一系列问题。因此,听音是口语教学的一大环节。由此可知,教师在语音教学中,应多创造听的机会,灵活运用音频材料。除此之外,音频材料的运用也呼应了核心素养理念中对语言能力的相关要求。C 教师的这堂口语课就充分体现了音频材料对口语教学的重要作用。

教学案例一

(在老师讲完主要表示同意和不同意的句式并全部写在黑板上之后)

T:OK. Next, you are going to listen to the recording of one girl talking with her friend about the same problem. After listening to the tape, will you please answer three questions here? Now, what about student A? Will you please read the first question?

S1:Do the speakers discuss the advantages and disadvantages of each option for James?

T：OK，good. Sit down，please. And what about the second one? Student 2，please.

S2：Do they make a choice for James finally?

T：Thank you. Sit down，please. And student 3 would you please read the last one?

S3：Do the speakers interact with each other?

T：OK. You know "interact". If one speaker interact with the other，he responses to other's questions actively. And what's more，he tries his best to keep their conversation going. Are you clear? OK. Now，listen to the tape and answer these three questions.

（老师播放录音，学生认真听录音并且认真记录笔记）

T：OK. Now，would you please answer these three questions?

Number one：Do they talk about the advantages and disadvantages?

Ss：Yes.

T：Do they make a choice?

Ss：Yes.

T：What is their choice?

学生和老师一起回答：By bicycle.

T：The last one：do they interact?

（学生点头）

T：Yes. How much do they interact with each other? With this question，you are going to listen to the tape again and try to take notes. At this time try to pay special attention to those interactive expressions and write them down and fill in the blanks. Are you clear? OK. Listen.

（老师第二次播放录音）

T：OK. Now. Will you please work in pairs to read this dialog aloud and check your answers with your partner. Are you clear? Read the dialog aloud.

（学生开始认真朗读所听录音的对话内容并且完成老师所给任务。老师在教室四处走动看学生的朗读情况。对于声音小的学生，老师主动解决问题并且重复强调 Read the dialog aloud）

T：OK. Which pair would like to read your dialog to us? Any

volunteers?

（同学 4 和同学 5 举手）

T：OK. S4 and S5，please.

S4：Do you want to start or shall I?

S5：OK.

（接着两位同学开始流利地读对话）

　　通过这个片段可以看出,音频材料的使用对学生的听和说的能力都有很高的要求。当学生听得懂录音里的人在说什么时就代表他们理解了所听内容里出现的吞音和连读现象以及语音语调的变化等,不仅如此,学生听完这个录音材料根据老师提的问题筛选和提炼问题答案,也锻炼了他们用英语输出的能力。输入和输出紧密结合,也使学生学习效率和英语能力得以提高。口语的学习主要在于实践。在课堂上通过问答的形式,让学生积极思考,举手用英语回答问题,则是对口语的最好的锻炼。教师对学生的包容以及鼓励,更是使学生不怕犯错、敢于张口的最好方法。因此,在学生已经掌握了最基本的语音知识后,通过音频材料让学生接触到最地道的英语并且多听、多练、多输出,是提高口语能力的妙招。除此之外,在听完第二遍录音之后,老师还要求学生分角色朗读课文并且完成教师所给任务。这一教学环节让学生可以在听完之后模仿对话者的语音语调和重音以及连读,通过这样做让学生的发音更加准确以及流利。

　　语言能力指对语言知识和技能等的运用能力,在英语这门学科中可以细化为听说读写四大方面,即训练学生听得懂、说得出、读得流利和写得地道。而在口语教学中,最主要锻炼的技能是说的能力。此教学片段通过音频教学锻炼了学生的口语,让学生多接触最纯正的英语环境以及尽可能多用英语交流提高了语言能力。C 老师不是单纯地让学生听录音以及机械地进行教学。她通过问问题的方式,督促学生更加认真地听录音内容以及鼓励学生独立思考,更加积极主动地获取答案并且踊跃发言,因而大大提高了学生们敢说以及会说的口语能力。

二、思维能力

　　王蔷教授提出:"学生以主题意义探究为目的,以语篇为载体,在理解和表达的语言实践活动中,融合知识学习和技能发展,通过感知、预测、获取、分析、比较、评价、创新等思维活动,构建结构化知识,在分析问题和解决问题的过程中发展思维品质。"思维品质指思维在逻辑性、批判性、创新性等方面所表现的能力和水平。在倡导核心素养的前提下,情境的创设在现代化教学中被越来越广泛地运用,教师们更需要熟练地运用各种教学方法来多方面培养学生核心素养能力。因此,要想做一个二十一世纪合格的教师,一定要能深入学生,了解学生的需求,并且随着时代的变化设计出符合时代潮流的更加新颖的课堂。在这个科技急速进步的时代,多媒体的运用迅速普及到各个城市的各位教师。在多媒体的辅助下,教学过程更加多变。

通过语境的创设,学生可以更好地感知和获取知识,并且通过比较、分析以及评价,得出自己的结论,在分析问题和解决问题的过程中,逐步提升思维能力。

教学案例二

(老师在大屏幕上播放视频,视频的主人公是学生们的外教)

T:Who is this?

学生们一起喊出名字:James!

T:James has run into a little trouble recently and he wants to ask you for help. Let's see what he wants to tell you.

(老师开始播放视频,学生们目不转睛地看着。视频主人公 James 主要讲述了他在南京租了一间新的公寓,他想知道从学校到公寓的最佳交通工具)

T:Do you get what James' problem is?

Ss:Yes!

T:What is his trouble? Please, student 1.

S1:He does not know which way to take from school to his apartment.

T:Yes. What are the four choices he gave us?

S1:By car, by bus, on foot and by bike.

T:OK. Sit down, please. Here are the four choices that James mentioned. Would you please talk with your partner about the advantages and disadvantages of each option? OK. Two, two together and talk with your partner about advantages and disadvantages.

(学生开始分小组讨论)

T: Shall we start? Any volunteer? S2, please.

S2：I think it depends. It depends on the distance from his house to the school.

T：Oh, yeah. I forgot that. He is about 8 kilometers from the school.

S2：I think taking bicycle is the best choice. The distance is not too close or too far. So I think walking will take a long time. If you take a bus, you will need a long time to wait for bus. If you go by car, I think it wastes. I think by bicycle is the best choice.

T：OK, good. Sit down, please. Any other different opinions? What about S3?

S3：I agree with him because by bike is very environmental-friendly. I think if he goes to school by car, he will meet a traffic jam on the way to our school.

T：Traffic jams maybe the problem for car, right? Any different idea? OK. Student 4, please.

S4：I think I will go to school by bus. I think if we go to school by bike, we will feel tired and we don't want to have classes. And if he lives eight kilometers from school, he has to get up very early and doesn't have time to eat breakfast. If we go to school by bus, we can have our breakfast in the bus and review our lessons.

T：OK. Sit down, please. You are a very good student. You review the lessons on the bus.

教师依据新课标倡导的原则,根据实际教学条件创造性地使用黑板白板等传统教学媒体,同时积极运用录像多媒体等现代教学技术手段,丰富教学内容和形式,提供有利于学生观察模仿尝试以及体验真实语言的语境,使学生更好地表现真实性和交际性等特征。老师创设的情境真实,录像由学生们曾经教过的外教录制,熟悉的人会给学生亲切感,也会让学生对此表现出极大的兴趣,从而更积极地讨论并且献言献策。这使学生学会根据话题进行发散性思维的考虑以及总结观点,通过对外教的问题进行分析并且得出恰当的结论,培养学生思考问题的逻辑性以及批判性。因此,让学生们在特定语境下,独立思考和分析问题的优缺点有利于提高学生们的思维品质。思维品质的发展也有助于提升学生分析问题和解决问题的能力,使他们能够从跨文化视角观察和认识世界，对事物做出正确的价值判断。

三、学习能力

学习能力指学生积极运用和主动调适英语学习策略、拓宽英语学习渠道、努力提升英语学习效率的意识和能力。随着社会的发展和教育体制的改革，从一味地啃课本向注重素质教育转变，以及对核心素养重视。因此英语教师的观念要不断地更新，调整角度，改变教学模式以及重心，把传统的教学模式转变为教师为主导、学生为主体的教学方式，而添加活动设计这一模块的任务型教学实际上就是这种教育方式的延伸和运用。活动的设计注重语言形式和语言功能相结合，不仅培养学生的语言能力，与此同时还要培养他们把握语言的能力。因此每一个任务的设计都具有导入性，并能激发学生参与的积极性。通过活动，让学生们完成任务训练，通过小组合作的形式进行归纳总结和思考，从而不仅对所学知识进行巩固，还锻炼了语言运用能力。

活动的运用十分切合核心素养中的学习能力方面。小组成员相互沟通、互换想法，使得学生对所学内容有新的认识和理解，懂得举一反三，从而归纳成自己的知识，是对学习能力的提升。而老师在内容的选择上，也会偏向多样化。

教学案例三

T：You know summer vacation is coming. Are you excited?

（学生们一起大喊"Yes!"）

T：Now four friends are planning their summer holiday together. And the choices they have are camping in the countryside, staying in the hotel in a very famous historic city and the summer village by the sea. Now would you please talk with your partner about the advantages and disadvantages of each option? OK. Two, two together and talk with your partner.

（学生开始热烈地讨论）

T：Time is up. Shall we talk about camping in the countryside first? Any advantages and disadvantages? Any volunteer?

（学生1举手回答问题）

S1：I think it is very exciting but it's very dangerous and there are many mosquitoes.

T：Exactly. What about staying in the hotel in the most famous historic city?

S1：I think we can learn more about our country's history and the most famous historic city. But the price of the hotel must be very expensive.

T：Yes. The cost is a big problem. OK，good! What about the last one，the summer village by the sea. Isn't it romantic?

（学生们齐声说"Yes!"老师点名学生2起来回来这个问题）

S2：I think it is a great idea because first I can go there by boat so I can have an experience of life on Titanic. And also I can enjoy the sunshine and cold sea water. So I think it is enjoyable. But the disadvantage is that I don't like hot weather. The weather maybe very hot.

通过这个案例可以看出,老师设计的这个活动是通过设定主题并且提问题的形式引领学生回答问题。活动的主题是选择暑假出行活动的地点,这个主题贴近学生实际生活而且是学生都非常期待的。所以活动的展开很顺畅,学生的反应很好,不会产生回答不上来的情况。可以看出学生的回答都切合主题,并且从多角度回答,回答的内容也很新颖,学生们懂得如何正确思考以及如何给出一个新颖的答案。老师引导学生一步步地获取答案,给予学生不同的角度以及方法,让学生学会举一反三,对学生学习能力有极大的提升。

教学案例四

案例四选自《初中英语案例解读——说的能力》,是基于案例口语课 Exploring the picture。

T：OK. Let's enjoy more pictures. How about these three pictures. Today our job is to choose a picture for the newspaper. Which picture do you like best? Now，I need you to choose a picture you like. Tell us your reasons and have a discussion and tell us the choice of your group.

（学生们和同伴展开热烈的讨论）

T：Time is up. Any volunteers? OK. Elsa's group，first. Stand up，please. Speak louder.

（四人小组开始他们的回答）

S1：We think the first picture is the best one. In the first picture, there is a father and mother. The father looked very angry and the mother was very sad.

S2：And the son in the picture was very sad，too. And I think he probably hates the topic they argued.

S3：We can see the mother was wearing a purple T-shirt and the blue jeans and golden hair. And the father was wearing light blue T-shirt and dark blue trousers. They are very unhappy.

S4：The pictures show that the parents are arguing with the child. They are not happy.

S5：So if we choose this picture for the newspaper，it can show that if the family is not peaceful，it will do no good for the child. So every family should be peaceful and the child should find love in it. So it shows the importance of the International Day of Family.

T：Good reasons. Thank you. Sit down，please.

老师认为在英语教学活动中，四人小组活动是一个非常经典的教学活动。在活动中，学生们各抒己见，灵活开放，体现小组差异，鼓励学生求同存异，吸取同伴们好的意见，最终得出一个统一的结果。这也为学生提供了更加广阔的思维空间和发展空间。语言学习的主要目的是交流，要人和人之间去说话和沟通。老师设计活动具有真实性，通过这样让学生进行讨论和练习。学生进行真实的语言场景的操练，有利于学生掌握课堂所学语言知识和技能，并且能够迁移到实际生活中去，因此这种活动形式与核心素养相呼应。通过设计小组活动，锻炼学生自主学习能力，让学生自己在探索中寻找答案，并且在和同伴的交流互动中互相汲取知识，提高了学生们的学习能力。

四、文化意识

文化意识指对中外文化的理解和对优秀文化的认同，是学生在全球化背景下表现出的跨文化认知、态度和行为取向。文化意识的培育有利于学生增强国家认同和家园情怀，坚定文化自信，树立人生命运共同体意识，学会做人做事，成长为有文化素养和社会责任感的人。通过文化理解，文化认同以及文化行为形成的文化意识最终是为了提升学生的人文修养。学生通过理解多元文化以及形成文化意识，提高自身情操，树立正确的人生观和价值观。在英语口语具体应用中,特殊的语言环境也需要一定的文化素养,这也体现出了文化意识这一要素在口语教学中的重要性。

教学案例五

案例选取自《义务教育课程标准(2011版)案例解读——初中英语说的能力教学》。这堂口语课"Talking to the doctor"由南京某中学 X 老师设计和实施。这个活动主题是 WHO 派遣许多医生来南京,如何和医生们交流成为一大难题。因此老师通过这个活动让学生分角色扮演并且在教室内展示,是在语音教学以及口语课中一种非常经典的活动方式。

T: The World Health Organization cares a lot about people's health. Actually, they name this day—the World Health Day. What is the date? Together!

Ss:7th April 2012.

T:Very good! They organized a tour of all the famous doctors to visit different countries recent years. And next week they will come to Nanjing to help us. Now you are supposed to work in group of four. One or two are doctors from that organization. And others are people with different jobs. You come to ask for advice. So now choose your jobs. What can you be? And the doctors will help and analyse to give suggestions to the patient.

(学生们开始热烈地讨论)

T: OK. Time is up. Any volunteer? OK, M and your group, please.

(学生 M 所在的小组上台表演自己小组所编排的对话。四个人角色分明,语言流畅,可以看出确实有认真准备)

此案例中,老师设立了一个国际化的情境,通过解释国际卫生组织的具体含义,让学生们对这个组织有初步理解,进而通过接下来的活动来让同学们在情境中思考问题并且回答问题。这也体现了培养文化意识的相关要求。老师通过国际化的场景,让学生对外国文化产生认知,对优秀文化表示认同,但也不一味地接受外来文化,学会取其精华,去其糟粕,从而使学生文化意识能力得到提升。因此在教学中,应当合理利用教材渗透文化内容,以及创建多元化的学习方式,促进教学内容的拓展,从而达到培育学生的文化意识的目的。

教学案例六

案例六选自《初中英语案例解读——说的能力》，是基于案例口语课 Exploring the picture。

T：My uncle told me：May 15th is very important for you and your family. I puzzled. What does it mean? So I googled it. And now I got it. Can you have a guess? What day is it? It is an international day.

S1：May 15th is the Mother's Day.

T：Mother's Day? No，sorry. What else? It doesn't matter. Have a guess.

S2：I don't know.

T：Actually，it is the International Day for Families. Families are very important in the society. And every one of us lives in a family. Today， our newspaper Teens need some photos to celebrate the international day. Would you like to choose some photos for them?

这个案例在导入部分选择话题——国际家庭日的到来，学生根据报纸选择照片，话题新颖，并能让学生在跨文化情境下，培养学生的跨文化知识理解能力，促进他们对本土优秀文化和国际上其他民族文化、优秀文化的认同。在此基础上，帮助学生形成他们的跨文化意识。英语教育中培养的文化行为主要就是跨文化沟通能力，学生们运用英语这门语言交流，他们的语言不仅要求正确，还要求得体。而语言的得体包括对不同文化的理解。因此，通过创设国际化的情景，有利于学生在获取知识的过程中，加深对外来文化的理解，从而对外来文化产生自己的判断，培养了他们的文化意识。

案例思考题

1. 口语的流畅性虽说很重要，但有些学生盲目地追求流畅性而变得语无伦次。句式单一，前后主语不一致等问题成为大多数学生的通病。因此口语教学中，语法的教学是否重要？如何处理语言的准确性与流畅性之间的关系？

2. 学生们的口音各异，主要原因是方言和英语教师口音的影响。如何帮助学生改掉自己的口音？是一遍遍的音标教学还是让学生多加练习？

3. 所选案例老师的教学方法以及教学设计带来哪些启示？

案例5 阅读教学

背景信息

在当前教育政策的指导下,英语教师应注重培养初中学生的核心素养,而培养英语学科的核心素养,离不开阅读素养的培养。阅读不仅能提高学生对语言的理解,还能扩大词汇量。阅读能力指能对文字所传递的信息获得正确的理解和把握,而阅读素养包括对文字材料的理解、使用和反思,从而能够实现个人目标,发展个人知识和潜能,更有效地参与社会活动。初中学习者正是思维形成的最好阶段,因此,教师在初中英语阅读教学中要拓宽初中学习者的阅读视野,使学生积极主动地阅读,还要培养初中生有效学习英语的方法和发散性思维。英语阅读教学在单元教学中所占的比重最大,体现的知识点多,因此在英语学科教学过程中具有重要地位。我国传统英语阅读教学中,教师采用"填鸭式"教学,把重点放在了语法知识的层面,花大量时间讲解字词句,使阅读失去了它本来的意义,学生每次进行阅读之前都要花大量时间查字典。在阅读课导入环节,教师对背景知识补充不够,不能够激发起学生的阅读兴趣,学生更不会揣摩作者的写作意图、把握文章主旨和概括文章大意。读后活动只是一些与阅读材料相对应的题目,不能达到拓展的效果,不能检验学生对旧知识的巩固和新知识的掌握情况。学生在课外也很少主动利用网络或课外书籍进行阅读,补充知识。

在当前英语学科核心素养理念的指导下,本案例以几堂阅读课为例,对初中英语阅读教学展开了分析,探讨初中英语阅读教学的理念和发展模式,进而培养中学生的英语学科核心素养。

案例正文与分析

一、如何在初中英语阅读教学中培养学生英语学科核心素养

教师应在自己的教学实践和反思中总结出切实可行的方法,从而建构和

提升学生的英语核心素养，助推不同学生的发展需求。为了更好地培养学生核心素养，教师应该本着"以人为本"的理念，抓住英语学科的特点，结合学生具体的年龄和认知水平，展开课堂实践。关于阅读课教学，老师在教学过程中，可以提前预备一部分和课本知识有关的课外读物，或者播放一段视频，充分调动学生积极性后组织学生分组进行交流和阅读。一方面，学生和学生之间可以增加交流和学习的机会，另一方面，也能增进学生和学生之间的感情，这与素质教育的要求相符。此外，初中英语老师要想从根本上提升学生的核心素养，加强学生之间的交流和沟通是一个重要的途径，比如说，教师可以提出有趣的话题，创设情境，让学生用英语来介绍，表达自己的想法，学生的自信心也能得到提升；学生的心理素质也会得以增强；老师也可以联系具体教学内容设计活动，让学生将不同人物角色表现出来，学习中要重视学生的主体地位，教学活动的开展都要以学生需求作为基础。初中英语学科教学在培养学生核心素养能力方面应注重培养学生的道德品质，老师可以通过专题讨论的类型，挖掘学生的优秀品质，塑造学生高尚品德。教书育人是培养学生的道德素质和意志品德，社会对人才的最基本的要求是要确保人具有较高的道德水平。为了培养不同层次学生的思维能力，教师可以在处理文本时采用阶梯式提问方式，即设计不同层次的问题，对学生进行一些追问，让学生从对文本基本内容的识记到文本中心思想的领会，将所学知识应用于实际问题，分析和评价文本中的观点，最后结合自己的观点，形成创造性的新思维。

二、教学背景说明

英语教学中如何实现核心素养和教学设计的结合，是初中英语教师应该思考和追求的。本案例中具体探讨基于核心素养的英语阅读课堂教学设计，教师通过设计各种形式的活动，体现以学生为中心，以人为本的教学理念，目标定位准确，符合英语核心素养的目标。

在阅读教学中，教师应在导入、读前、读中、读后以及作业布置五个环节设计有利于培养和发展学生思维品质的活动。教师在培养学生思维品质时应注意激发学生思维的灵活性，提高学生思维的逻辑性，渗透文化意识。课堂教学评价任务的设计要立足于学生的"最近发展区"，让学生"跳一跳，够得到"，体验学习成功的喜悦。教师应该结合实际教学需要，创造性地使用教材，不仅可以帮助教师反思外语教学的相关理论，形成自己对外语教学的理念，还可以运用所学的理论来促进外语教学，提升对成功的外语教学的认识。

三、核心素养理念下初中英语阅读课教学设计与实施

（一）问题导学———培养学生语言能力

问题导学是指教师在对学生进行英语核心素养的培养过程中,可以采用提出问题、思考问题、回答问题、评价问题的方式进行。教师要通过创设接近实际生活的各种语境,采用循序渐进的语言实践活动,来培养学生的语言能力。

本设计案例选自牛津英语教研网 2017 年江苏省初中英语教学观摩课 A 老师的公开课,内容选自牛津初中英语教材初一年级第一册 Unit 3 Welcome to our school。本单元的话题是 School Open Day,通过听、说、读、写等一系列活动,让学生了解一些学校设施及如何介绍学校。教法以阅读为主,Reading 部分是这个单元提供的语言材料,以帮助学生学习知识、训练技能、提高理解能力。基本技能包括略读、找读、理解大意、抓主旨、猜测词义、了解重点细节,理解文章结构等。在 While-reading 环节,设置了 Fast reading 和 Careful reading,教师转变教学观念,让学生进行自主阅读,要求学生在阅读中实现对文章信息的不同处理方式,引导他们采用灵活的阅读策略,发挥其主动性和自主性。教师通过创设问题情境,让学生回答 Millie 的学校怎么样,最后根据学生回答再做出评价,这对于提高学生阅读水平,帮助学生更深层次地理解相关语篇有很重要的意义。

案例一

T：What does Millie's mother think of Millie's school?

S1：Millie's mother thinks it is beautiful.

T：What do you think of Millie's school?

S2：I think Millie's school is modern and beautiful.

T：And you?

S3：It's big.

T：OK. Let's follow Millie and her mother to visit her school. Where do they meet?

Ss：At the school gate.

T：Then the first place they come to the ...?

S4：They come to the playground.

T：What does the playground look like?

S5：It's big.

T：What do you do in the playground?

S6：We have PE class in the playground.

S7：We can play football in the playground.

T：Look at the PPT and finish the blank.

S8：This is our playground. It looks big. We often run and play here.

T：What is your school like and what can you do?

S9：Our school is like our home. We can grow happily in it.

S10：Our school is like the sky. We can fly.

……

（二）思维引领————培养学生思维品质

在培养初中学生英语阅读素养的过程中，教师需要做好学生思维引领工作。在初中英语教学中，教师在对学生提问的时候，如果学生回答不上来，教师不应直接说出问题的答案，而是应该一步一步地引导学生进行发散思维，想出问题的答案。当学生无法回答的时候，教师要适当给予学生一定的启示，学生在教师的启示下回答出问题。

本案例以译林版牛津初中英语 8A Unit 5 Wild animals 为例，本文是关于一个名叫"希望"的熊猫宝宝成长的报告。以时间为线索，分别记录了熊猫宝宝出生、4 个月、6 个月、12 个月、20 个月的变化。通过阅读中的学习，学生已经清楚地了解了熊猫宝宝的成长变化。读后活动，教师可以首先让学生利用思维导图对文章进行复述，还可以进行头脑风暴猜测熊猫宝宝接下来的变化。然后给学生布置课后拓展练习，让学生学会观察小动物，从而引导学生思维品质的发展和学生观察能力的提高。它不仅能够帮助学习者把握语篇结构，还能够直观地看到知识间的关系。让初中生从传统的学习模式中解放出来，学会合理利用大脑，善于用发散性思维思考问题。通过思维导图，可以直观地反映文章中各部分的联系，有助于学生形成整体性的思维方式，对其思维品质有所提升。在阅读学习后，教师可以通过思维导图进行反思和总结，进一步了解学生情况。通过给学生布置读后任务来检验学生学习成果，学生进行读后讨论和复述，可以重现阅读中的思维导图，回顾课堂上所学内容。还可以通过拓展相关话题，激发学生发散性思维，学习更多深层次内容。

案例二

T：OK，just now we read the story of Xi Wang. And look at these key words. They are all from the story. Now，boys and girls. Let's try to make a thinking map with them. Take out your thinking map structure and work in your group. Let's complete the thinking map.

T：All right，stop here. Show me your thinking map.

S1：Xi Wang looked like a white mouse when she was ten days old.

S2：She was about eight kilograms and started to go outsides when she was 4 months.

S3：When she was 20 months old，she learnt to look after herself.

T：Very good！Let's look at the blackboard. We can see the thinking map is based on the growing process of pandas. Do you think it is helpful？

S4：Yes，I think it can help us understand the story better.

S5：It can help us retell the story easily.

（三）情感体验———培养学生文化意识

教师应有意识地选择那些既适合学生学习的内容，又有利于提升他们的核心素养，能结合自身生活经验对这些素材进行多元解读的素材，同时启发学生把理解和体验外化用个性化的语言或其他方式展示自己的内心感受，让自己的情感在教师的引领下得到升华，进而形成文化意识。在教学过程中，教师可以根据学生的实际情况，逐步扩展文化知识的内容和范围。文化意识着重描述中国读者对外国文化的理解层次，包括文化感知、文化理解、文化比较和文化鉴别四个要素。

在教学过程中，教师不仅要给学生介绍阅读材料中的文化背景知识，还应对那些学生较为困惑、不易理解的语言材料之外的文化因素有所涉猎，让学生更好地了解该国的文化与本国文化的差异。只有这样，学生才能从大量的语言材料中看到语言与文化的密切关系，从而加深对英语民族文化与本民族文化的了解，有效培养自身的跨文化意识，从而提高语言的交际能力。本案例以译林版牛津初中英语 7A Unit 5 Let's celebrate！为例，reading 部分是一封介绍万圣节的书信。读前教师通过图片展示导入新课，先让学生根据图片介绍中国传统节日，话题贴近生活，能够激发他们学习英语的兴趣。然后教师提出问题"So do you know any festivals in western countries?"引入新课。按教学计划，本堂课授课计划在万圣节左右，教师通过南瓜灯、面具等实物展示，调动学生学习的积极性。随着学生思维的不断发展和知识的不断增加，对文化的理解也会加深。

案例三

T：Good morning，boys and girls! Before our today's class，I prepared some pictures for you. Would you like to enjoy it?

Ss：Yes.

T：OK，let's see them. After seeing these pictures，please say something about the pictures.

S1：They're festivals.

T：Right. So they are Chinese festivals or western festivals?

S2：Chinese festivals.

T：Yes，they are traditional Chinese festivals. Of all these festivals，which do you like best?

S3：I like Spring Festival best.

T：Oh，me too. Because it's the most important festival in China，right?

S3：Yes.

T：So do you know any festivals in western countries?

S4：I know they celebrate Christmas on December 25.

T：Good. Today we will learn about another western festival. What are these?

Ss：Pumgkin lantern and masks.

T：Can you guess the festival? Now，open your book and read the letter.

（四）情境运用———培养学生学习能力

教师有效设置真实情境，在情境中运用发挥学生所学，内化语言知识能力，并在实践中发现错误，纠正错误，从而发展学生学习能力。

本案例选自 N 市某中学一节公开课，授课内容为牛津初中英语 9A Unit

3 Teenage problems 阅读课。在阅读过程中,教师让学生两次回归课文进行 fast reading 和 careful reading,把握关键信息。最后让学生通过表演的形式复述课文,再次回归课文。学生在表演、交流的过程中,操练语言,创造性地使用语言进行交际。这样多样化的形式,内容新颖有趣,结合每一节课的内容,学生就会轻松愉快地进入到想讲、愿讲、能讲的境界中。在表演过程中,学生的参与精神和合作精神能得到充分发挥。

案例四

T:Now，read Millie's letter quickly and silently,and then answer the questions.

Q1：What does she doubt?

Q2：What does she dream of?

T:OK，time's up. Who wants to answer the two questions? What does Millie doubt?

S1：She often doubts whether it is worth spending so much time on homework.

T：Very good answer，sit down please! And the second question?

S2：She dreams of a long holiday.

T：Oh，why?

S2：Because she could have more time for her hobbies.

T：Good job! Thank you! OK，now read Simon's letter and answer these questions.

……

T：Now，read the two letters again loudly and get more information from them. Later I will ask you to retell the story.

案例思考题

1. 培养学生阅读素养在这几个案例中是如何体现的?

2. 阅读这几个案例,简述教师采用的教学方法。

3. 在阅读课教学中,学生的主体地位体现在哪些方面?

案例 6　写作教学

背景信息

在听、说、读、看、写等技能中，写作对于提高学生对语言的运用能力、准确性都有着一定的推动性。英语写作是英语表达思维活动的一种方式，反映着英语的语言结构模式和文化思维模式，是学习者综合能力的体现，也是一种交际手段。因此，发展学生的英语写作能力是培养学生的英语学科核心素养、落实立德树人根本任务的必经途径。自《义务教育英语课程标准（2011 年版）》实施以来，尽管英语写作能力的培养越来越受到老师们的重视，然而当前我国中学英语写作教学现状不容乐观，学生面对写作任务时往往不知从何下手，不少学生的作文出现单词拼写错误、语法混乱、习惯用汉语思维方式写作、内容空洞等问题，部分学生甚至对写作充满畏惧心理，写作教学仍是困扰英语教师的一大难题。

本案例以牛津英语 7B Unit 5 为主要教学内容，在课堂实施过程中教师采用过程写作法帮助学生理解推荐信及其功能。由于国家课程标准是教材编写、教学、评估和考试命题的依据，本案例参考了《义务教育课程标准（2011 年版）》五级对学生写的能力要求，即在义务教育九年级结束时应达到的要求：能根据要求，收集、准备写作素材；能独立起草短文、短信等，并在教师指导下进行修改；能使用常见的连接词表示顺序和逻辑顺序；能简单描述人物或事件；能根据图示或表格写出简单的段落或操作说明。

20 世纪 70 年代末，西方语言学家针对传统的结果写作教学法（product approach）的弊端提出过程写作法（process approach），他们将写作视为一种极为复杂的心理认知过程和语言交际过程。目前，大部分学者认为写作过程包括写前准备（planning/pre-writing）、写初稿（drafting）、反馈（responding/peer-conferencing）、修改（revising）、编辑（editing）五个阶段，它们相互交叉、循环反复，整个写作教学可以通过这五个主要阶段展开。过程写作法有利于学生体验整个写作过程，充分开拓学生的思维，在宽松和自由的写作环境中多样化地开展写作，在循环形态的写作中提炼思路、完善语言，是新课标理念和核心素养理念的一个很好的体现。

本案例选自 Z 老师执教的《义务教育英语课程标准(2011 年版)》示范课例——初中英语写的能力 Main Task (7B Unit 5)。在本案例中,Z 老师没有选择自己班上的学生上课,Z 老师在此之前并未见过学生,对学生缺乏一定了解。但这并未影响 Z 老师的教学,教师和学生在短短的一节课中相互学习与交往,奉献了一堂精彩的英语写作课。

案例正文与分析

一、提供真实、语境化、综合性的语言输入,增强学生的语言能力

语言能力指在社会情境中,以听、说、读、看、写等方式理解和表达意义的能力,以及在学习和使用语言的过程中形成的语言意识和语感。英语语言能力构成英语学科核心素养的基础要素。增强学生的语言能力,即通过英语教学,使学生能够在具体的语境中,整合地运用已有的语言知识,理解口头、书面语篇所表达的意义,识别其恰当表意所采用的手段,有效地使用口语和书面语篇表达意义和进行人际交流。在本堂英语写作课中,Z 老师通过向学生提供真实、语境化、综合性的语言输入,来增强学生的语言能力。具体表现在以下三个方面:

第一,在英语课堂中采用真实的英语语言素材。丰富、真实的英语语言素材不仅能增进学生对语言本质的认识,也能帮助学生更好地感受语言在实际生活中的作用,增强学生的语言理解能力。在理解语言的基础上,学生才能够用英语进行思维和真实交际,进一步提高语言意识和语感。在本案例中,为帮助学生了解如何写一封推荐信,Z 老师在写前环节向学生提供了一篇非常正式的英文信件作为范文。该范文推荐 Daniel 为青少年奖的候选人,因为 Daniel 非常细心、乐于助人,并列举了 Daniel 的作为。对该范文的阅读有助于学生了解英文推荐信的结构,并调动自己已有的相关语言知识,完成写作任务。

片段一

T：Please take out the paper I gave you. Here, on the paper, you have to find out the different parts of the letter. Here are some parts which have been listed. Could you please read the article and look at the screen. First, you should make sure that you know the different parts of the letter, you can read it by yourself, or you can read on the screen.

第二，注重课堂教学中语言输入的语境化。传统的语言教学表明，孤立地教授语言知识会妨碍学生习得语言，在实际语言应用中产生误解和偏差。因此，要想培养学生在实际生活中对语篇的理解能力和用英语表达意义的能力，英语课堂要尽量给学生提供有真实交流意义、贴近生活的教学内容。在本堂英语写作课中，Z 老师注重语言输入的语境化，如在教授 thoughtful 这一生词时，Z 老师没有直接告诉学生该单词的中文意思，而是通过自我介绍的方式让学生明白 thoughtful 真正的含义。Z 老师的做法不仅能增强学生的语言能力，同时也有利于拉近师生之间的距离，为接下来教学活动的开展做准备。

片段二

T：Funny and thoughtful. Here we have a new word "thoughtful", "thoughtful" means that you can remember what others need, think and feel. So you see I am very funny and thoughtful, I like making lessons full of fun. I also think and care about my students.

第三，综合性地培养学生的听、说、读、看、写等语言技能。听、说、读、看、写五项技能密切相关、相互影响，如果将各部分割裂开来会妨碍学生的语言习得，不利于学生语言能力的培养。另外，写作不等于纯粹地写，写前的准备、写后的编辑和校读具有同样的重要性，而这些活动的开展离不开听说和阅读。因此，一堂生动有效的写作课实际上是对听、说、读、看、写等语言技能的综合运用。在本堂写作课中，Z 老师设计了丰富多样的活动，为学生提供了大量培养语言技能的机会。如在 pre-writing 环节，Z 老师安排学生对写作话题进行讨论，这有利于帮助学生锻炼思维、拓展思路、搜集写作素材等。另外，在post-writing 环节，学生可以通过阅读发现写作中存在的问题，并进行改进。

片段三

T：Next, it's time for you to introduce your classmates to me. First, please ask and answer questions, here are three questions for you to ask and answer. And then, could you please introduce your deskmates or classmates to me? Are you clear? OK, you've got one minute to ask and answer questions.

二、开发和整合英语课程资源，提升学生的文化意识

文化意识指对中外文化的理解和对优秀文化的认同，是学生在全球化背景下表现出的跨文化认知、态度和行为取向。文化意识体现英语学科核心素养的价值取向。提升学生的文化意识，即帮助学生获得文化知识，理解文化内涵，比较文化异同，汲取文化精华，形成正确的价值观，坚定文化自信，形成自尊、自信、自强的良好品格，具备一定的跨文化沟通和传播中华文化的能力。

语言教学与社会生活息息相关，英语课堂不仅仅是教师输入语言知识，更重要的是增强学生的语言能力和综合实践能力。因此，在具体的教学中，教师尤其要注意英语课程与学生生活的联系，如在英语课堂中加入当地文化习俗、道德榜样等文化元素。因为这样不仅能丰富英语课程内容，也能形成良好的文化氛围，提升学生的文化意识。在本堂英语课中，Z 老师充分发挥了道德榜样的作用，帮助学生形成正确的价值观念。Z 老师利用儿童节即将到来这一真实事件，设置情境让学生进行思考和讨论：如果有机会推荐班上的同学，你会推荐谁？当学生说出自己想推荐的人选之后，Z 老师充分利用学生的兴趣和热情，询问为什么。这样一来，学生就能清楚地明白一封推荐信的基本内容，即推荐谁，为什么。从课堂效果来看，在 Z 老师的引导和鼓励下，很多同学愿意主动说出自己想推荐的人选并给出原因。Z 老师的做法有效地活跃了课堂气氛，激发了学生对该话题的兴趣，提高了学生参与本次写作任务的积极性。同时，英文范文的阅读有利于帮助学生比较文化异同，汲取文化精华。

另外，英语课程具有工具性和人文性双重性质，想要充分发挥英语课程的价值，就要将它与其他学科（如语文、历史、思想道德等学科）结合起来。这不仅有利于强化各类知识间的横向联系，拓宽学生的知识面，更重要的是能让学生在比较文化异同中吸收文化精华，形成正确的价值观念和道德情感，进一步发展学生跨文化沟通和传播中华优秀文化的能力。本堂课实际上是英语课程与思想道德课程的结合，通过讨论、分享身边同学的优秀品格和先进事迹，学生能够形成正确的价值观念，在今后的学习生活中充分发挥道德榜样的作用，坚定文化自信，形成自尊、自信、自强的良好品格，掌握一定的跨文化沟通和传播中华文化的能力。

片段四

T：Now I know something about you. You see, children's day is coming soon, here is an opportunity for you to recommend someone for the youth award. If you think some students who has very fine abilities and personalities, you can recommend him or her. If you have the chance, who are you going to recommend? Who do you think is a very good students in your class.

三、采用交际性、直观性及启发式教学，培养学生的思维品质

思维品质指思维在逻辑性、批判性、创新性等方面所表现出的能力和水平。思维品质体现英语学科核心素养的心智特征。培养学生的思维品质，即帮助学生辨析语言和文化中的具体现象，梳理、概括信息，建构新概念，分析、推断信息的逻辑关系，使学生能够正确评判各种思想观点，创造性地表达自己的观点，具备初步运用英语进行独立思考、创新思维的能力。在本堂英语写作课中，Z 老师通过采用交际性、直观性及启发式教学，培养学生的思维品质。

受传统教学法影响，学生在英语课堂上很少有"说"的机会，这也是造成目前我国英语课堂教学中大部分学生"不敢说""怕说错"现象的原因之一。在本堂英语写作课中，Z 老师通过营造和谐、民主、愉悦的课堂氛围，给予学生充分的时间、空间开展交流和互动，鼓励学生用英语表达他们自己的观点，有利于培养学生运用英语进行独立思考、创新思维的能力。如在写作导入阶段，Z 老师设计了 Getting to know each other 这一师生问答环节，通过该活动，Z 老师拉近了自己与学生之间的距离，方便接下来课堂活动的开展。对于新教师或借班上课的老师来说，该活动能迅速拉近教师与学生之间的距离，让学生围绕主题展开谈论，并对本次课的主题产生兴趣。另外，Z 老师在该环节中通过给出三个基本的个人信息，开门见山地介绍了本节课的内容，让学生熟悉本次课的主题，并通过学生间的相互讨论，让学生能够用第三人称介绍身边的同学及其个性特征，为之后完成一封英语推荐信作铺垫。

片段五

T：Hello, everyone. I am very glad to give you a class today. You looked very smart and lovely, I hope that I can know you more today. Well, first let me introduce myself to you. I gave you some personal information, please tell me what questions for each one. No. 1, when you see the word Jennifer, how can you ask me? The boy, please.

S1：What's your name?

T：Yes. My name is Jennifer, nice to see you.

S1：Nice to see you, too.

T：Thank you. Number2, I am good at organizing activities. The girl, please.

S2：What are you good at?

T：Yeah, very good. Now would you please, what are you good at?

S2：Well, I am good at dancing, I can play some musical instruments and I like drawing very much.

T：Yes, sounds great. Thank you. The third question, funny and thoughtful. I like making lessons full of fun. I also think and care about my students. So what kind of question can you ask me?

S3：Maybe I can ask you "What's your hobbies?" or "What do you like?"

T：yeah, what do I like for, what kind of person are you or how are you. That's right. The last question, last weekend I worked in the community centre and helped the kids with English homework. That's what I did last weekend. What's the question, how about you.

S4：What did you do last weekend?

T：Yes, what did I do last weekend. Thank you. Sit down, please. You see, I like helping others. Next, it's time for you to introduce your classmates to me.

在语言教学中,教师应向学生提供丰富、有真实意义的语言材料,并通过设置合理的课堂活动来帮助学生理解语言材料、发现规律,最终使得学生能够从语言材料中推断出潜在的语法规则及其功能。因为通过这种"自我探究"的方式来学习语言,不仅有利于增进学生对语言知识的理解,更重要的是能锻炼学生的思维,提高学生实际运用语言的能力。本堂写作课的任务为写一篇正式的英文推荐信,对学生来说,掌握一种新文体的写作方法具有一定的难度。Z老师认为,阅读范文是学生学习遣词造句、谋篇布局的最好途径。因此,Z老师没有直接告诉学生英文推荐信应该包括哪些内容,而是通过范文阅读,让学生了解英文推荐信的结构和内容。

首先,Z老师和学生共同阅读了课本上 Mr. Wu 为 Daniel 写的推荐信,并通过提问引发学生的思考：Mr. Wu 认为 Daniel 具有优秀的品质和才干，这些品质具体是什么呢？学生通过阅读该范文，找出 Mr. Wu 推荐 Daniel 的三个原因后，Z 老师带领学生梳理范文的框架和内容，如在学生回答 Daniel 非常聪明后，Z 老师对学生的回答进行肯定，紧接着进行追问：哪些行为可以表明 Daniel 非常聪明？最后，Z 老师通过一张关于 Daniel 推荐信的表格，帮助学生清楚地把握范文的结构和内容。表格分为三大类，即 Daniel 的个性、能力及所做的好人好事，表格的内容需要学生自己独立完成。通过完成阅读任务，学生扩充了词汇量，也扩大了知识面，掌握了写推荐信这一话题作文的框架以及写该话题作文所需的技巧，增强了语感，为接下来的写作打下了坚实的基础。

片段六

T：OK，let's check it together. The girl，please. Could you tell me the different part of the letter?

S1：The first part is the date.

T：Yes.

S1：The second part is the title of the receiver.

T：Oh，I'm sorry，but what's this?

S2：Address.

T：Yes，you have just missed the address. This is the address of the sender or receiver?

S2：Receiver.

T：Sender or receiver? Are you sure? First we write down the address of the…

S2：Sender.

S2：And next part is the title of the receiver.

(*after the student finishing the different parts of the recommendation letter like greeting，subject，message，closing，signature of the sender and so on.*)

T：Thank you very much. Sit down，please. Well，you can see the different parts of a recommendation letter，and today we will learn how to write a recommendation letter. First，let's focus on the message. Here is an article Daniel should get a youth award. His teacher Mr. Wu wrote a recommendation letter. And I want to ask the question why did Mr. Wu write the letter? Could you find the different reasons? Please read the article and find the three reasons.

英语课堂要给学生提供接近生活实际、贴近时代的内容,为学生提供运用英语知识辨析社会现象、解决生活中实际问题的机会,进一步提高学生分析问题和解决问题的能力。如在课堂中,教师可以通过组织学生对社会热点问题进行分析和讨论,发展学生正确评判各种思想观点的意识和能力,进一步培养学生思维品质。

片段七

T：Now I know something about you. You see，children's day is coming soon，here is an opportunity for you to recommend someone for the youth award. If you think some students who has very fine abilities and personalities，you can recommend him or her. If you have the chance，who are you going to recommend? Who do you think is a very good students in your class. The boy，please.

S1：I think Linda is the best students in our class.

T：Yeah, you think Linda is the best student in your class. Why? Why do you think she is so good?

S2：She is good at English and she can speak fluently.

T：Yes. Fluently. Thank you so much. Next one，the girl. Who are you going to recommend?

S3：Linda.

T：Also Linda，why? Could you give me another reason?

S3：Because she is very good at sports. And she is very helpful.

T：OK. Thank you very much. How about other students? Who are you going to recommend besides Linda? Good boy，please.

S4：I am going to recommend Andy.

T：Andy. That's right.

S4：Because he is my friend and he is good at playing football.

T：Yes，and could you please tell us what Andy did for us, what Andy did for all of the students? Did he do anything meaningful?

S4：When we are playing football，he is our leader.

T：He is the leader of the football team，right？Yes，so maybe Andy is organized.

四、设计以学习者为中心的教学活动，增强学生的学习能力

在本堂英语写作课中，Z老师充分尊重学生的主体地位，通过设计大量以学习者为中心的活动，增强了学生的学习能力，具体表现在以下几个方面：

第一，为学生提供最大化的学习机会。一方面，作为教学活动的设计者和组织者，教师应根据学生的知识水平及学习现状来设计合理的教学活动，为学生创造大量的学习机会。另外，由于学习者是教学活动的中心，教师应鼓励学习者自身通过在课堂上提出问题、共同探讨解决方案等方式为自己和他人创造学习机会，在本堂英语课中，Z老师坚持以学习者为中心的原则，为学生创造了大量的学习机会。如在课堂一开始的自我介绍环节，Z老师通过向学生呈现个人的基本信息，让学生就这些信息向老师进行提问。该做法将学生看作课堂活动的主体，既有利于培养学生用英语询问他人基本信息的能力，也有利于拉近师生间的距离。另外，本堂课的主题为写一封推荐信，但Z老师没有直接告诉学生一封英文推荐信应该包含什么内容，而是通过设计活动，让学生逐渐熟悉并掌握推荐信的写法。如通过小组讨论，学生可以了解、熟悉身边同学的爱好及个人品质等，通过范文阅读，学生能够清楚一封英文推荐信该包含什么样的内容。

第二，学习能力培养的关键在于增强学习者的自主意识。培养学习者的自主意识，即让学生学会对自己的学习负责，教师要为学生提供自主学习的权利和机会。但这并不是完全脱离教师的学习，而是在教师的指导下进行自主学习。例如，教师可以教给学生一定的学习方法和策略，帮助学生培养自我监控、自我评价、利用学习资源等自主学习能力。Z老师注意教给学生一定的学习方法，如在阅读范文环节，Z老师给出清晰的课堂指令，帮助学生理解范文结构及内容。在带领学生梳理范文后，Z老师让学生进行小组讨论，选出想要推荐的同学并就其能力、个性及所作所为进行讨论。这种做法能够帮助学生将范文中的知识迁移到自己的写作中去，既降低了写作的难度，也有利于培养学生的自主学习能力。

片段八

T：Could you please read the article and look at the screen. Of course you can take notes if necessary. Clear? First，you should make sure that you know the different parts of the letter. You can read it by yourself. Just take notes if you don't know.

片段九

T：So are you clear about a recommendation letter? it's time for you to discuss. Four students in a group. Could you please first choose one of the students from your class? And then could you please talk about his or her abilities，personality and what he or she did for us. You've got one minute to discuss，four students in a group.

五、写作任务的设计与实施

（一）明确主题、筛选素材

尽管阅读材料是可以让学生模仿和借鉴的，但阅读材料并不是学生写作的所有参考，学生还应该有自己的想法。由于学生心目中要推荐的同学也不一定与 Daniel 的情况完全相同，所以通过阅读获取的信息材料不一定完全与本节课的主题完全相关。因此，Z 老师组织学生结合身边要推荐的同学的具体情况，展开师生对话，深入地就被推荐同学的个性、能力以及所做的好人好事进行了讨论，筛选出与写作相关的素材。通过前面课堂的铺垫和词汇的激活，学生在写作过程中能做到有话可说，学生对于同学的描述也能贴合学生的实际情况。

片段十

T：Well，let's see how to write down the main body. First，we have to write down the purpose of the letter. Here is the purpose of the letter. "I would like to recommend somebody for…" After the introduction，we can talk about the ability of someone. In the article，Mr. Wu mentioned that he can… But just now，you said Linda is a very good student. So let me know more about Linda. What abilities does

Linda have? The boy, could you please?

S1：Well, she can think quickly, too. She draws things beautifully.

T：Yes, thank you so much. And how about the next boy, what abilities does she have? The girl, please.

S2：He is very helpful and he likes telling jokes.

T：Yes, telling some jokes. What other abilities does she have?

S2：He can play basketball very well.

T：Yes, thank you. How about the last girl, what abilities does she have? OK. Let me say, the boy, could you please?

S3：Yes, I think she is very popular, she is very cool and...

（二）依托支架、构思作文

教师帮助下的小组讨论能够促使学生进一步地沟通和交流，为学生提供有效的写作素材，降低写作难度。学生从阅读材料中能够获取相关的写作素材，在师生讨论之后，学生也进一步收集了素材，补充了写作的内容，并能够在此基础上构思文章。在学生真正开始写作任务之前，Z老师为学生设计了一张非常详细的表格，表格中有一些关键词，提示学生从哪些方面进行思考。另外，Z老师还让学生根据表格内容，展开小组讨论，并且把讨论的内容作为写作的一个铺垫。由于个人的知识、素养不同，观察问题和思考问题的角度也不尽相同，学生对同一个同学的描述也不会完全相同。因此，在进行小组讨论时，学生能够就被推荐同学的个性特点进行阐述，小组讨论交流的信息也能够帮助所有的同学拓展自己的思维，使学生对将要写的人和事产生丰富的联想。这样一来，在真正的写作过程中，学生的写作就不会出现主题模糊、内容干瘪的现象。

片段十一

T：So, are you clear about a commendation letter? Yes. Now it's time for you to discuss. Four students in a group. Could you please first choose one of the students from your class and then, could you please talk about his or her abilities, personalities, what he or she did for others. Do you understand? You've got one or two minutes to discuss. Four students in a group. OK? Be quick, thank you.

Well, you can share different opinions and then you can write down your own commendation letter by yourself. But four of you, you can write the same person. It doesn't matter. Understand? You will just write down the person who you've discussed just now.

(三)关注差异,合理评价

Z 老师认为,教师要客观地评价学生,既要看到学生作文中的精彩之处,也要看到学生的不足。在评价过程中,同伴和老师的鼓励能激起学生写作的热情,而写作后的修改,则能够让学生在今后的学习中避免类似的语言表达错误。对于初中学生来说,就算写前准备阶段开展得比较顺利,学生仍会在写作过程中出现语言知识错误。因此,在写作教学中,教师还应关注学生写作的准确性,写作的内容和设计。在此过程中,教师的干预是为了帮助学生修改、完善自己的文章。教师可以不直接指出具体问题和错误,而是提出修改意见。因为只有订正方法有效,学生才能明白自己的错误,知道自己错在哪里,怎么订正。

最后,英语写作教学评价要以学生为主,教师为辅。通常,订正的方法有自我纠正法,即学生重新审视自己的作文,从内容、形式、语言等方面进行修改。在自我纠正的同时,教师也可以采取集体订正法,即教师选择若干篇剧透典型性问题的文章,在征得学生的同意后向全班同学展示,和学生一起当场修改,总结典型性问题。除此之外,教师也可以采取相互批阅的方法,即学生之间交换作文,为同伴修改作文,互相取长补短。

片段十二

T：Well, because time is up, let me show you some of your articles. OK. The boy, would you please? Could you please come here and read out your article?

(The presentation of student 2)

T：OK. Shall we give him a welcome applause? I want to ask you a question, how many students agree with him to recommend Catherine? Hands up, let me count. Wow, so many students. Good. That means Tony have talked all of the abilities, personalities and what Catherine did, right? So his article is very good, right? Here are many good

points in his article，and the paragraphs are also organized very well.
OK. How about the other students?

（The presentation of student 3）

T：Excellent article...

案例思考题

1. 中学英语写作课应遵循哪些教学原则？如果你来执教初中英语推荐信的写作课,你认为在导入阶段应该遵循什么样的教学原则？

2. 阅读本案例,你是如何看待 Z 老师在教学中所设计的写前活动？

3. 阅读本案例,简述 Z 老师是如何引导学生开展写作活动的。

4. 本案例给你带来什么启示？

第七章

核心素养理念下英语教学设计

案例7　导入教学

导入在课堂教学中起着引起下文的作用,其关键在于激发学生对导入语言产生足够的兴趣,在教师的帮助下,将注意力由分散转为集中,由课外转为课堂学习上来。这就要求教师要充分了解、把握学生心理特点、认知需求、教学内容、教学目的及班风等因素,充分挖掘教学内容的重要意义和趣味性,拓宽教学思路,以严谨的教学态度和热情的教学方法来感染学生、带动学生,激发学生的兴趣与求知欲。导入成功的关键在于导入前的设计要好,导入的材料要有趣味性,尽可能新鲜、生动;导入过程要有导向性,自然进入讲授内容;导入内容要有刺激性,能激发学生进行积极地思考;导入语言要机智、准确,并与学生的接受能力相适应。

当前英语课堂导入现状有以下特点:

(1) 导入活动枯燥,缺乏生动性

不同教师对同一堂课有不同的思考理解以及导入方法。即使同一位教师,在面对不同层次的教学对象时也会做出相应的改变。所以导入活动应因人、因时、因地而异,根据不同的背景条件,采用不同的形式导入课堂教学内容。很多教师为了巩固前一节课学习的知识点,培养学生及时复习的习惯,每堂课的开头总会请学生来读单词,请学生到黑板上来默写英语单词或者语法点。长此以往的结果就是每次一进班,学生都会发出无奈的叹息声。在默写时许多学生紧张而机械地完成默写任务,然后再机械地投身到接下来的课程学习中去。虽然这种定期检查学生对于知识点的掌握情况的方法能够在一定程度上起到在课后督促学生及时复习、自我检查的效果，但是这样一成不变的课堂开头模式十分死板教条，不仅让学生产生压力感，更加使得学生在潜意识中自然而然地形成了一定的抵触情绪与畏惧心理。

（2）导入活动追求形式，脱离学生生活

课堂导入形式多样，无一定法，但是无论采取何种形式或方法，教师都应围绕学生所熟悉的学校、家庭、社会生活等话题来设计话题点和活动，这样不仅让学生感到话题亲切，贴近日常生活，而且能结合自己的亲身经历，激发学生课堂上的积极性和主动性，使得学生有话可说，能够结合自身经历调动起积极性，活跃思维，进行思考，切忌不顾及导入内容的质量，生搬硬套，而使导入流于形式，为导入而导入的做法。在牛津英语七年级下册第三单元中有一课"Water Festival"，有些老师刚开始上课就提问全班同学"How to celebrate Water Festival"，这样的导入提问是十分不妥当的。因为这并不是中国的传统类节日，也许对于一些学生来说，在日常生活中，听说过关于"Water Festival"的一些新闻或者节日文化的介绍，但是更多的学生可能没有听说过这个节日，更不用说了解当地人民是如何欢度这个节日。

（3）导入活动设置过难，缺乏渐进性

在实际教学中，有的教师将课堂导入程序化，只为了导入新课而设计导入活动，从而没有切实考虑学生的实际认知情况与知识的掌握能力，也没有深入研究教学目标的达成。最终在设计的导入活动过程中所引出的目标词或者表达方式超出学生能力范围，使得在导入活动展开的过程中，造成了学生理解上的障碍，进而也导致课堂上师生沟通出现了较大的问题，无法有效地调动学生的思维能力，为学生自主探究学习设置了障碍。在一堂以"traffic jam"为话题的写作课上，在导入环节教师给学生展示了一张交通拥堵的照片，直接提问"What is this?"提示学生用 It is... 句型来回答，可是学生只能用中文表达"堵车了"，说不出老师所设置的目标词 traffic jam，课堂瞬间陷入了僵局。虽然教师马上向学生介绍了 traffic jam，但是学生一上课就被老师设置的问题给了当头一棒，瞬间丧失了最初的积极性与主动性，接下来的课堂中，学生以被动的情绪形态接受老师所介绍的词汇和话题以及语法。这一节课的状态一直是老师占据主动，学生一直在被动地跟着老师思维走，导致最终没有达到预设的教学效果。

（4）导入环节信息量过大，缺乏针对性

在教学中教师经常借助图片、影音等材料设计作为课堂导入环节，这些材料或者设计的活动必须紧密围绕教学目标和教学重点展开,且精短有效,直击主题,从而将学生的注意力转移到教学内容上来。否则会出现课堂导入环节冗长繁杂,缺乏针对性,致使学生注意力分散或转移,无法有效集中到接下来的课程教学中去,从而最终导致课堂教学主题或者重点无法第一时间呈现,学生听课效率低下,教学任务无法完成。在讲授"Chinese Taikonaut Back on Earth"时,老师利用了十分钟的时间分别向学生介绍了神舟五号、神舟六号、神舟七号、神舟八号的发射时间及搭载的航天员,最后再回到中国进入太空的第一人杨利伟。在此环节中学生已经记不清楚神五、神六等发射的时间及搭载的航天员,主动发言的学生越来越少,学生的兴致越来越低,最终在进入正式阅读教学时学生已经显露疲惫之态。最终学生面对文章不知如何处理相关信息,阅读和写作能力都没有提高。

案例正文与分析

不同类型的英语课要求老师采取不同的导入方式来引导学生切入主题。

案例一:语言能力的培养

T:Wow, Film Festival is coming! That is a big event in Shanghai. It is Shanghai International Films Festival. My name is Tracy, I come from Shanghai. Yes! I like films, do you like films?

Ss:Yes.

T:What film do you like? You please.

S1:I like Kung Fu Panda.

T:Oh, thank you. And you have a try?

S2:Beauty and the Beast.

T:Great. Today, we will talk about films I like (拿出事先准备好的英文字条 Films I Like 贴在黑板上).Together(要求学生一起跟读).

Ss:Films I Like.

T:Great. Let us enjoy some film clips, and tell me what films you can see, ok? 接下来,老师通过多媒体给同学展示经典电影片段。

T:(一边看电影片段一边说)Wow, Star Wars.

This is Pearl Harbor.

What's this? Big Hero 6.（师生齐说）Right.

This is － Zootopia.

Oh，do you like it? Yes，it's Despicable Me.

Oh，this is Toy Story and Kung Fu Panda.

Girls do you like it? It's Frozen.

T：Wow，so many films in the video.（老师将片名展示在屏幕上）

Look! Kung Fu Panda，Zootopia and Big Hero 6.They are …?（将电影类型投影在屏幕上）

Ss：Action Films.

T：Right. Frozen，Despicable Me and Toy Story. They are…?（将电影类型投影在屏幕上）

......

本案例是以 Films 为主题的口语课。老师先通过介绍上海国际电影节切入主题，比较有新意，能够让学生耳目一新，来以此吸引学生的注意力，能够引起学生的学习兴趣和求知的欲望。接下来，在黑板上贴上"Films I Like"的主题字条，帮助基础不扎实的学生进行理解，也为下一部分的口语交际做铺垫，在通过引导学生观看经典的电影片段过程中，展示学生爱看的经典电影片段，并辅之以相应的英文名，不仅可以拓展学生的英语表达能力，给学生想象的空间和发展学生的思维能力，更能使学生更为直观地进行记忆。接着，在老师的引导下，展示多媒体。视听的导入是学生最感兴趣，也是最能吸引学生注意力的教学方式之一。将影片进行图片分类，对于学生来说，不仅降低了对于影片分类的难度，也使得学生在与老师的课堂对话交流过程中对于自己喜爱的影片有了进一步的感知与理解，最终达到在师生对话中，将英语文化知识以及语法知识要点渗透进课堂进程之中。

案例二：文化意识的形成

本节课主要讲述的是在"二战"期间一个名叫 Anne Frank 的小女孩受战乱迫害而短暂的一生的故事。在导入正题前，老师通过以下方式进行课堂导入。

T：Boys and girls，do you know what's the date today?

Ss：September 3rd.

T：Do you remember the big event on September 3rd?

Ss：Yes!

T：You know we call September 3rd "V-Day". What does the "V" stand for?

S1：Victory.

T：How clever you are! Thanks a lot! V stands for victory, then what does victory mean?

S2：Success.

T：Great. Now, let's watch a short video to review that proud moment.（播放阅兵视频）

（老师一边观看视频，一边解说）

This is President Xi. He is greeting soldiers.

These are national flags, army flags. Wasn't it amazing?

This ceremony is to celebrate 70 anniversary of the victory of China in World War II.

What comes into your mind first when talking about war?

Ss：Hopeless, homeless, maybe die...

T：When did World War II break out and end?

……

文化意识指的是对文化多元性的意识,对差异的宽容态度,对异文化成员的理解和共情、共感能力,以及对自身文化价值观念及行为方式的感悟和反省。在导入"二战"中关于一个外国小女孩的故事时,教师并没有采取直接引入话题的方式,而是从学生的身边事件入手,从我国的大事件入手,贴近学生日常的导入方式不仅能够使学生觉得亲切自然,激发学生对于课堂的热情,而且可以使学生在回答问题时有话可说,积极主动。在引入"二战"这个具体背景信息时,老师提问学生今天是几号? 是什么日子? 是否知道 V-Day 中"V"的含义? victory 是什么意思? 通过连续几个问题的提出与回答,由浅入深,引入到本节课的主题阅读中去,更加自然,上下的承接也较为紧密。在提问结束后,通过播放视频的形式,带领学生感受国家举办仪式的庄严与盛大,通过解说,让学生思维活跃,情绪高涨,增强学生的民族认同感与自豪感,无形中增强了学生的文化意识,也进一步引入"二战"这个话题做好铺垫。在视频播放结束后,老师提问学生,当提到战争时,你想到了什么? 通过头脑风暴,不仅可以鼓励学生打开思路,而且可以迅速拉回学生的注意力,积极参与到接下来的课堂活动中。

案例三:思维品质的激发

这是一节有关假期准备和计划的写作课的导入教学。教材的主要内容是让学生想象自己住在青海,要去东南亚旅游。要求他们选择三个不同的地方并查出不同交通方式及所需费用。然后与同学讨论六个问题,以了解旅游的必要手段和必备费用。教学的重点是让学生尝试运用现在进行时交流已经计划好的不久将来的行为。由于"住在青海"和"去东南亚旅游"对学生来说都太遥远,而且,学生对票价不感兴趣,正好国庆长假将至,所以该教师把导入教学内容改编为"为你的国庆长假做计划"。

T:Boys and girls, National Day is on the way. What will you do on National Day?

Ss:I don't know, maybe...stay at home.

T: If you plan to spend your holiday somewhere else, where are you going?

Ss:(没反应)

T: Where are you going to? (问学生)

S: Maybe... I don't know.

T: Now, please discuss in group of four to make a plan for your National Day trip by answering the six questions. (打开幻灯片:Where are you going? Where are you staying? How are you going to.... ? How long are you staying in... ? When are you arriving in/at... ? When are you coming back?)

Ss:很不情愿地开始讨论。

从以上这个案例中我们感受到学生的兴趣仍然游离在教师所创设的情境之外,是明显的"导"而不"入"的现象。学生对教师预设的问题"What will you do on National Day?"的回答是"Stay at home."此时,教师应该意识到提出的问题与学生实际脱轨,教师接着抛出第二个预设问题"If you plan to spend your holiday somewhere else, where are you going?"明显地,学生没有出去游玩的兴致,而教师却要根据自己预设好的问题继续教学程序。直接导致教师一厢情愿的教学局面,致使"导"而不"入"。

教师应当深入学生的学习、工作和生活,切实把握学生的兴趣点,找准话题,使学生有话可说,有话能说。应该说旅游对现在的学生来说不再是可望而不可即的活动。与其说他们奢望旅游,不如说他们更期待睡到自然醒或者通过网络方式休闲一把。鉴于这一考虑,接下来对于假期安排以及旅游的话题做了以下调整:

T：Boys and girls, can you guess how I spend this holiday?

S1：Go for a trip.

T：No.（微笑摇摇头）

S2：Go shopping.

......

T：You are all wrong.

（出乎意料的结果使得学生对于我的假期安排好奇到了极点）

T：I will stay at home and spend time watching movies.（此时抓住时机告诉学生）

T：In fact, it is not good for us to stay at home, playing computer games all day long. It will make you a computer potato. Why not go out into the wild and plan for your trip now? Discuss in groups of four to make a plan for your National Day travel.

这样,既激发了学生的学习兴趣,又激活了学生的背景知识,为下一步的学习做好了心理上和语言素材上的准备,同时还收到了较好的德育效果,并且渗透了文化,培养了学生提出问题的能力。

在核心素养理念的指引下,教师可以分别以教师或者学生为主体来设置导入环节,教师还可以结合教学实际,采用直观导入、情境导入、温故知新导入、悬念导入等方法来引导学生参与到教学活动中。应侧重于培养学生对于新信息、新知识整合、内化的能力,以及面对新情境迁移、创新与解决问题的能力。

案例四：学习能力的激发

这是一节主题关于中国古代伟人的听说课,在课堂开始前,老师先在多媒体上为学生呈现本节课的标题:Philosophers of Ancient China。

T：Before class, I want to give you a word "Philosophy", so when it comes to "philosophy", what words come into your mind?

Ss：Boring, difficult, hard to understand.

T：Yes, but what do you know about philosophy?

Ss：The love of wisdom.

T：Just as I mentioned, what is philosopher?

Ss：People who love wisdom.

T：Do you know any western ancient philosophers?

S1：Socrates.

S2：Plato.

S3：Aristotle.

T：How about the philosophers of Ancient China?

T：Yes, you give me so many names, but do you know them?（在多媒体上展示中国古代伟人的照片）Have a try!

T：Who are they?

Ss：Confucius, Mozi, Zhuangzi, Laozi and Mencius.

T：We are talking about so many philosophers, and yesterday I got news, our school is going to decorate our hall wall. They told us to "Make exhibition boards for Ancient Philosophers to decorate the hall wall"（将任务展示在多媒体上）, but we can not make it in our class, right? So we just make the exhibition cards for some philosophers, before we make the cards, we can think about "What information should be included on the board?"（头脑风暴，将问题展示，供学生思考讨论）

经过一段时间的思考与交流……

Ss：Name, lifetime, identity, life experience, teachings…

老师根据学生回答将以上几项列成表格形式

T：Turn to page 46, read this article quickly and fill in the blank.

……

学习能力要求学生能够积极运用和主动调适英语学习策略、拓宽英语学习渠道、努力提升英语学习效率的意识和能力。基于这一理念，在课堂开始前，基于前一天布置的预习任务学生已经完成的情况下，教师通过询问学生对于"philosophy"的理解，通过讨论的形式，学生表达自己的见解，不仅能调动学生学习积极性，而且能帮助学生加深对于这一词语的理解和掌握情况，由

"philosophy"到对"philosopher"的理解,是一个由表及里,逐渐切入课堂主题的过程。在培养学生学习能力的过程中,自主学习不失为一种有效的手段,通过课前预习与课后复习的结合,能够在一定程度上有效地提高学生自主学习的能力。而课堂作为一个检测学生课前预习情况的平台,教师更应当认真把握。通过设计与当天教学主题相关的问题如 When it comes to philosophy, what words come into your mind? 不仅可以检测学生课前是否进行认真预习,教师也可以通过学生课堂的回答,了解学生课前预习的具体状况,有哪些值得表扬的地方,哪些需要老师课堂着重点拨讲解,加深学生的理解,以此让每个学生都体验到自主学习的乐趣,从而培养了学生自主学习的能力,养成良好的学习习惯。

案例思考题

1. 对于案例二中的阅读课,你还可以设计哪些方式进行导入?

2. 对于英语课堂最初的导入部分,你认为在设计的过程中应遵循哪些原则?

3. 如何设计课堂导入才能切实促进学生的核心素养的发展与提高?

案例 8　任务设计

背景信息

2014 年 3 月 30 日，我国在正式印发的《教育部关于全面深化课程改革落实立德树人根本任务的意见》这份文件中也提出了要加快"核心素养体系"建设。不同于一般意义的"素养"概念，"核心素养"指学生应具备的适应终身发展和社会发展需要的必备品格和关键能力，突出强调个人修养、社会关爱、家国情怀，更加注重自主发展、合作参与、创新实践。从价值取向上看，它"反映了学生终身学习所必需的素养与国家、社会公认的价值观"。从指标选取上看，它既注重学科基础，也关注个体适应未来社会生活和个人终身发展所必备的素养；不仅反映社会发展的最新动态，同时注重本国历史文化特点和教育现状。当前随着我国经济的发展和教育进程的推进，核心素养已经成为全面落实素质教育的关键要素和基础教育课程改革的关键因素，已经成为我国基础教育界的新热点。

《义务教育英语课程标准（2011）》中提到"英语课程承担着培养学生基本英语素养和发展学生思维能力的任务"，"语言既是交流的工具，也是思维的工具"。具体到英语学科核心素养，主要包括语言能力、思维品质、文化品格和学习能力四个方面。而在英语学习中，教师要培养学生的核心素养，就要在平时的课堂任务设计里设计出相应的任务来培养学生的核心素质。20 世纪 80 年代中期任务型教学兴起（Prabhu，1987），许多研究者就提出了教学任务的设计标准、原则以及任务设计中需要考虑的问题。任务设计的原则是任务必须有清晰的目标和可行性；应具有意义和接近真实生活；应包括获取、处理和转换信息的过程；学生应该使用英语做事情完成任务；当任务完成时应有具体的结果。本文列举并分析了在核心素养四个维度下的英语任务设计。

案例正文与分析

一、语言能力

案例 1 该教学案例来自江苏省某中学,教学内容是牛津译林版七年级英语上册 Unit 4 My day,课型是写作教学。

T：Hello，boys and girls. Today we are going to learn about Task of Unit 4 *My day*. In this period，you need to learn to write about your day at school and your likes and dislikes.

T：When we talk about our likes and dislikes，we can also use these three pictures. We use the laughing face for "love". We use the smiling face for "like". And we use the crying face for "dislike". (Teacher presents "love"，"like"and "dislike".)

T："Love" means "like something very much" or "the thing you like very much". So，what does "dislike" mean?

S："dislike" means "don't like".

T：Yes，you're so clever. "dis-" means "not". So "dislike" means "don't like something" or "the thing you don't like".

T：Now，let's talk about our days at school and our likes and dislikes. We do a lot of things at school every day. For example，before the first class begins in the morning，we do morning reading and then morning exercise. Do you like them?

S：I like morning reading.

T：Oh，that's good. Can you tell me why?

S：Because it can help me remember things well.

T：Yes，I agree. Reading aloud can help us a lot. What about morning exercise?

S：I don't like them.

T：Oh，really? You dislike morning exercise. But Why? I think they are good for us. They can help us get ready for the day (Teacher presents "get ready for") Oh，it's a new expression. Let's read it together.

在导入阶段,该教师用图片展示的方法解释了"大笑"代表"热爱","微笑"代表"喜爱","哭脸"代表"不喜欢",用直接的视觉刺激吸引学生的注意力,解释完这三个词后,该教师用了"头脑风暴"法——向学生提问"校园生活里你有什么喜欢或者不喜欢的事情?"这个问题贴近学生的生活,给学生提供了一个真实的情境,而不是超出学生认知范围的事物,这就让学生有话可说,也会吸引学生的兴趣,同时也锻炼了学生"听"和"说"的能力。

T: OK, we've talked a lot about our likes and dislikes. Now, let's look at Millie's happiness chart. Please ask and answer in pairs about Millie's likes and dislikes.

T: Now, I'd like you to state Millie's likes and dislikes in the sentence pattern like "Millie loves/likes/dislikes... because she thinks/ is/has..."

S: Millie likes milk, bread and fish, because she thinks they are healthy.

T: Millie is writing about her likes and dislikes in her diary. Please help her complete it and then check the answer and read them aloud.

这是写作教学里"文本阅读"的阶段,该教师让学生们用小组讨论的方式来归纳出 Millie 喜欢和不喜欢的事物,完成 Millie 的日记后再读一遍,这个步骤再一次锻炼了学生"说"的能力,同时学生们"读"的能力也得到了锻炼。

T: You all did a very good job. Now it's time for us to write about our own likes and dislikes. Before we start writing, let's make some discussion first. Please discuss your likes and dislikes in groups of four. Don't forget to state your reasons.

S: I like reading books, because it can make me know more about the world.

S: I like doing some exercises, because it can strengthen my body.

T: Good. Now let's talk about how to write the article well. Look at Millie's diary and try again. Can you find the useful expressions? Wonderful! This part on Page 52 can help you write correct sentences. You can use them while writing about your own likes and dislikes.

这个步骤为接下来学生们的写作提供了基础,通过小组讨论的方式,让学生们自由讨论自己的喜恶,这有助于学生们激发出自己的 sparkling opinions,同时也锻炼了学生"说"的能力。

> T：Boys and girls，now it's time for you to write about your own likes and dislikes.
>
> T：If you have finished your article，read it to your group members. Check mistakes for each other.
>
> T：Now，practice reading your article. I'll ask some of you to read aloud your articles to the whole class.

最后一个步骤"写作",锻炼了学生们"写"的能力,通过"头脑风暴"等一系列方式,激发学生们的想法,并要求学生们将散乱的想法整理成有逻辑的文章,写出自己的感受,再通过同伴纠错和自我纠错,锻炼学生们的语言综合运用能力。这堂课,充分体现了核心素养中"语言能力"的训练。

二、文化品格

案例2 该教学案例节选自江苏省某中学,教学内容是牛津译林版九年级下册 Unit 1 Asia,课型是听力教学。

> Teacher shows the students the map of Asia.
>
> T：What counties are in Asia，do you know?
>
> S：China，Korea，Japan.
>
> T：Yes，very good. Anyone else?
>
> S：Thailand.
>
> S：Yes，very good.
>
> T：Which country do you want to travel to ?
>
> S：I want to travel to Japan.
>
> T：OK! Let's have a trip to Japan!

在这一环节,该教师用通过"地图"提问学生的方法,让学生结合单元主题畅所欲言,并自然地过渡到 Japan 这个亚洲国家,通过欣赏视频,激发学生了解日本的热情。

T：Where will they visit in Japan?

S：Tokyo and Fuji Mountain.

Show the pictures and introduce Tokyo—the capital of Japan; Mount Fuji—Japan's highest mountain, we can go skating there; Tokyo—an ancient city.

The teacher shows the pictures and introduces the culture of Japan.

T：Look at the powerpoint. It's the geographic location of Japan. It's close to China, and it's Japanese clothes. It's very beautiful, right? And the next one, Japanese cartoon, you all very like them. Next, they are Japanese food. What are these?

S：They are Sushi and Sashimi.

T：Yes, very good.

在这一环节,该教师自然导入与课堂内容有关的背景信息,通过已知信息猜测参观地点,为听力做准备,结合美丽的图片,就所参观的四座城市进行初步的了解。用结合图片的方法,可以全方位地介绍日本文化,加深学生的印象。

案例 3 该教学案例节选自江苏省某中学,教学内容是牛津译林版七年级英语 Unit 7 Films,课型是阅读教学。

T：Do you like watching films? What's your favourite film? Who is your favourite actor/actress?

T：My favourite film is *Roman Holiday*. Look at the poster. It's a romantic film about a young princess and a reporter. Look at this beautiful lady. Do you know who played the role of the princess?

S：Audrey Hepburn.

T：Yes, very good. The woman is Audrey Hepburn and she is one of my favourite actresses.

T：What do you think of her when you first see her?

S1：She's very beautiful.

S2：I think she is very sweet and lovely.

T：Yes, she's a great beauty.

T：Do you know anything about Audrey Hepburn? Does she only

have beauty on her face?

T：This class we're going to learn an article about her. Let's look at the title—*Hollywood's all-time best—Audrey Hepburn*. What does it want to tell us?

T：What do you want to know about her?

S1：Where was she born?

S2：When was she born?

S3：When did she die?

S4：What films did she act in?

S5：What achievements did she make?

S6：How did she succeed?

S7：Who helped her succeed?

S8：Why did so many people love her?

在这一环节,该教师通过让学生提问的方式介绍了奥黛丽·赫本这名伟大的女演员,并介绍了简单的背景信息。

T：Let's look at the first paragraph of the text.

T：Audrey Hepburn is one of Hollywood's all-time greatest actresses. When she died in 1993, the world felt very sad about the loss of a great beauty, a great actress and a great humanitarian.

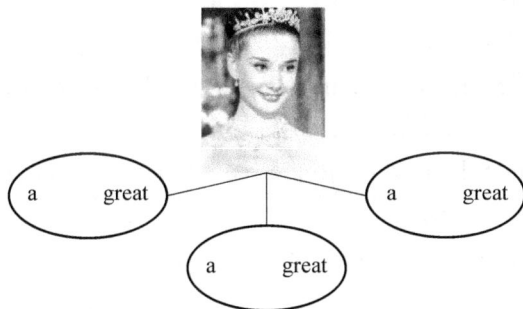

T：From this, you may know why people loved Hepburn so much. Hepburn was a great beauty. You can feel her beauty and charm from these pictures, right? Then why do people think she is a great actress and one of Hollywood's all-time greatest actresses? Why is she called "a great humanitarian"? You may get what you want to know by reading.

在这一环节,该教师又进一步地介绍了赫本的相关背景信息以及相关好莱坞电影文化,自然地引入接下来的阅读环节。

T：After learning this passage，we know that beauty is based not only on one's face but also in the heart.

在课堂的最后,该教师总结了,美人的美不仅在外表,更是在内心,给学生树立了一个正确的价值观文化。

三、思维品质

案例 4 该教学案例节选自江苏省某中学,教学内容是牛津译林版八年级英语下册 Unit 5 International charities,课型是阅读教学。

T：Hello，boys and girls，at the beginning of the class，let's enjoy the song "We are the world".

在导入阶段,该教师通过播放"We are the world"歌曲的音频作为导入,让同学们感受一下国际慈善演出现场的气氛,使学生在欣赏轻松愉快的歌曲时,引入本单元的内容,从而激发他们的学习兴趣和求知欲望,也给学生提供了思维发展的情境。

T：We can help them in many ways. Many charities can also help them. Can you name some charities in China?
S：Project Hope，Project Green Hope，Spring Bud Project and Save China's Tigers.
T：Who knows any International charities?

该教师通过复习中国慈善组织引出国际慈善组织并进行适当的引导和解释,从而提高学生的学习热情并激发学生的思维。

案例 5 该教学案例节选自江苏省某中学,教学内容是牛津译林版九年级英语上册 Unit 8 Detective stories,课型是阅读教学。作为课前的热身运动,让全班同学根据老师口述的信息,抢答以下这些人的职业。

> T：What's his job?
>
> T：A person who sells things in a shop.
>
> S1：He is a salesman.
>
> T：Yes，very good.
>
> T：A person who owns a shop.
>
> S2：He is a shopkeeper.
>
> T：Yes，good.
>
> T：A person who checks the scene and solves crimes.
>
> S3：He is a detective.
>
> T：Yes，excellent.

该教师在这一环节通过口述职业的方式让同学们抢答,抢答游戏的设计既可以创设积极活跃的课堂气氛,调动学生积极思考,又为学生提供了一个真实的情境,引导学生从普通职业关注到侦探这个特殊职业,为下一个任务做铺垫。

> T：Look at the pictures and think what does a detective do?
>
> S1：A detective checks the scene.
>
> T：Yes，very good. Anyone else?
>
> S2：A detective looks for fingerprints and other clues.
>
> S3：A detective looks for the witness and solve the crime.
>
> T：You all did a good job.

该教师在这一环节设计了头脑风暴的活动。这一环节旨在激活学生有关侦探的背景知识,积极调动学生的思维,吸引学生的兴趣来阅读下面的文章Murder in Valley Town,并激发学生的探究欲望来阅读文章,破解谜题。

> T：Let's match the new words with their meanings.

该教师在让学生快速略读之后,把新单词与其释义配对的方式来学习新单词。这一任务的设计旨在培养学生的推测能力,激发学生的思维,训练学生能根据上下文在句中、在语境中理解单词并记忆单词。新单词的掌握不是单纯靠教师的讲解，而是由学生通过运用去体会与内化。同时，处理了生词，让学生更好地理解课文，更容易找到后面任务中涉及的问题的答案。

四、学习能力

案例 6　该教学案例节选自江苏省某中学，教学内容是牛津译林版八年级英语下册 Unit 5　International charities，课型是阅读教学。

The teacher shows the pictures on the screen and present some charities around the world.

T：Look at this picture. This is ORBIS, it's an international organization that helps people improve their eyesight and prevent them from being blind. It also works to train doctors and nurses for many countries to cure blind people or people in poor eyesight. It works to help people who are unable to see.

T：Look at this picture. This is Oxfam, it's an international organization works to reduce poverty and injustice in many countries. It can make our world become fair.

T：Look at this picture. This is UNICEF. This organization works to make sure that children have basic nutrition, health and educational needs. It works to provide children with food, house, medicine and education.

T：Look at this picture. This is World Vision. It's an international charity which raises money for development projects in poor areas around the world. It can help poor families and children.

T：Look at this picture. This is WWF. It's full name is World Wide Fund for Nature. This organization works to protect the environment and animals' living areas around the world. It can protect the wildlife, nature and environment.

在这一环节，该教师通过 PPT 来展示图片，并且做了介绍，使学生能直观、清楚地了解国际各个慈善组织的内涵和作用，从而培养学生总结信息和自主学习的能力。

T：As we know, people in poor areas need a lot of things. What do they need?

T：I will divide you into group of four . I will give you an example：People in Indonesia after Tsunami. Discuss what is the most / least important things that they need and why?

在这一环节,该教师设计了小组讨论的活动,可以培养学生在实际生活中运用语言进行会话的能力,锻炼他们的口语表达,并对所学知识进行拓展与延伸,从而培养学生自己解决问题的能力。

T：Now, listen to the tape and try to perform Hobo and Eddie according to the comic strip. Then I will ask three or four pairs to perform this conversion before the class.

在这一环节,该教师设计了角色扮演的活动,同时播放录音,和原音进行比较,培养同学的模仿能力和语感。

T：Now, let's turn to page 76 – 77 again to underline some useful expression. I want to ask some students to help us underline the language points. Who wants to have a try?

在这一环节,该教师让学生自己查找知识点,这可以培养他们的自学能力和对本堂课所学知识的深入理解和记忆。

T：Now, let's have a group discussion, every group introduces the international charity, the reasons for its establishment, the objects of protection, and the activities held to raise funds and you need to encourage everyone to donate money to your charity. Now，Start.

在这一环节,该教师设计了让学生扮演国际慈善机构的成员并展示的活动,让学生以小组为单位,讨论每个国际慈善组织的作用和意义。这一环节充分体现新课程自主探究、合作交流的学习方式,促使学生互相学习,互相帮助,同时也可以发展其团队合作精神。

案例思考题

1. 任务设计中,如何才能有效地突显四大核心素养?
2. 任务设计的原则是什么?
3. 任务与练习的区别是什么?

案例9 作业布置

背景信息

2017年,《普通高中英语课程标准(2017版)》提出英语学科核心素养主要包括语言能力、文化意识、思维品质和学习能力。然而如何将"核心素养"落实在教学中,这是目前所要探讨和解决的主要问题。传统的课后作业设计比较常见的是大量课后习题以及学生对所学知识点的记忆训练,这样的作业方式比较死板和枯燥,学生很难对这些作业提起兴趣,因而作业的质量和效果也就大打折扣。而教师在英语作业设计上优先考虑的是所布置的作业是否符合考试的题型和要求,因而主要通过大量习题来让学生巩固课堂所学知识。教师比较侧重于学生对于语言知识点的学习,忽视了学生英语学习方法的掌握和技能的提高,学生只能在作业中对所学的知识点进行复习,学习能力得不到锻炼和拓展。这也和目前的大环境有关,英语分数决定升学水平,教学成果排名与教师的经济收入挂钩,考试成绩与学校的名声有关。值得注意的是,随着核心素养的提出,教师也逐渐注意到传统作业的缺陷。目前,在日常的教学中,教师也慢慢开始设计一些和教学相关的英语作业,比如设计调查问卷、学习报告、采访提纲等具有实践性和趣味性的英语作业。本文案例是结合课堂教学活动,对英语作业设计进行分析,将教学理论与实践相结合,探讨基于核心素养理念下,高中英语作业设计的特点。

案例正文与分析

一、如何理解基于核心素养理念下的英语作业设计

作业是课堂教学的延续,是学生学习和使用英语的重要组成部分。而传统英语作业设计以应试为导向,枯燥单一,使学生逐渐失去学习英语的兴趣。这样的作业设计理念与《普通高中英语课程标准(2017版)》相违背,因此,教师从英语学科核心素养角度出发,进行科学合理的作业设计十分有必要。

　　语言能力是学科核心素养的基础要素。因此，英语作业设计要注意学生语言能力的提升。教师在进行英语作业设计时，不仅要注意加强学生对所学知识的巩固和实际运用能力的提升，更应该多考虑作业是否能激发学生的学习兴趣和完成作业的积极性。教师的英语作业设计应该是为学生的自主学习提供条件，使学生能在完成作业中自主地进行语言技能的训练，从而使学生的个性得到发展。教师应根据教材内容，结合学生实际水平，因材施教，从而提高学生的语言交际能力。

　　文化意识体现英语学科核心素养的价值取向。因此，英语作业设计要注重学生的跨文化知识、态度、技能以及情感方面的培养。学生除了从课堂上汲取文化知识，也可以从课后作业中了解西方的科学文化知识和人文社会知识。课标中指出，学生除了要了解英美等国家文化知识，还要增加对中国文化的学习，坚定文化自信，开展跨文化交流。由于课堂上时间有限，学生文化意识的培养以学生自主学习为主。所以，教师的作业设计应更注重学生跨文化沟通和传播中华文化的能力。

　　思维品质体现英语学科核心素养的心智特征。因此，教师在进行作业设计时，应积极创设能激发学生兴趣的条件，提高学生分析和解决问题的能力。疑问是创新的来源，教师在设计作业时，应创设带有问题的情境，让学生找出隐含的疑点，冲破教材有限的资源，不断向课外延伸与生活接轨。作业设计还应充分考虑学生自身特点、生活状态等因素，注重学生思维逻辑性、批判性和创新性的培养。英语作业设计可以为学生提供充足的发挥空间，使学生在学习知识时，能够正确判断各种思想，主动表达自己的观点，提高学生多元思维意识和创新思维能力。

　　学习能力构成英语学科核心素养的发展条件。传统作业不仅降低学生完成作业的积极性，同时也使学习效果大大降低。因此，英语作业设计应该充分发挥学生主体性，让他们进行独立思考和实践。学生对自己学习内容和进程进行监控、评价和反思，有利于培养学生自主学习能力和创新精神。教师在设计作业时，应转变教育思想，加强对学生的策略指导，引导学生采取与自己相适应的解题办法，并要求他们尽可能独立完成。学生自主完成作业，能够提升自身的满足感和成就感，更好地进行英语学习。

　　总之，在核心素养的理念下，教师设计作业应以学生为主体，以发展学生能力为目标，充分挖掘学生英语学习的兴趣点，紧密联系生活实践，采用多种生动有趣的作业方式，让学生感受到英语学习的快乐。

二、优化作业设计，提高课堂教学有效性

教师应改变传统的作业观，从作业只是为了提高学生学习成绩的手段，转向作业对学生全面发展的作用。优秀的英语作业设计可以帮助教师反思课堂教学，改进教学方式，提高教师教学设计能力，促进教师专业发展。同时，优秀的英语作业设计可以使学生发挥自己的特长，增强沟通交流能力、合作探究能力、动手实践能力、创新思维能力等，为学生个性发展以及全面发展奠定良好的基础。因此，教师应从多样性、层次性、互动性和创新性多个角度考虑英语作业设计。

（一）多样性

作业类型的多样性不仅能激发学生学习兴趣，也能提高他们完成作业的主动性和自觉性。因此，教师要注意纸质作业的数量，从不同角度精心设计形式多样的作业。比如"找找生活中的英语"，让学生留意自己周围的英语商标、广告牌、标识牌等，并拍下照片，选取他们最满意的五张照片打印出来，附上说明，在课堂上进行展示。这样的作业设计大大提高了学生对作业的热情，也锻炼了学生观察世界和运用语言的能力。

（二）层次性

学生是具有独立意义的个体，因此在性格、兴趣、学习能力等方面存在较大的差异。教师在设计作业时，需要考虑到个体差异性，注意分层作业，为学生提供选择的机会和空间，以满足不同层次学生的需要。一方面，要让优秀学生挑战难题，锻炼能力；另一方面，也能够让学习成绩一般的学生在作业中找到信心，激发学习兴趣。

（三）互动性

作业的互动性不仅仅局限在课堂的师生互动中，也表现在和社会实践相结合的方面。比如根据教学内容和学生真实的学习体验，安排配音、话剧、辩论、拍摄英文小视频等英语作业，这些都是教师经常选择的互动性强的英语作业。教师对于作业互动性的关注，有助于学生学习能力的提升。

（四）创新性

创新是促进学生交际应变能力的核心机制和最活跃因素。教师设计符合

学生思维特征的英语作业可以使学生形成良好的认知结构和优良的思维品质。因此，教师要创造性地设计开放性作业，以使学生通过小组合作来完成比较难的作业。例如让学生设计关于保持健康的调查问卷，这样的作业设计可以让学生自主发挥，培养学生自主探索和创新的能力。

三、作业设计案例及分析

高中英语作业优化设计对于培养学生的核心素养具有关键作用。优秀的英语作业设计有助于提高学生语言能力和学习能力，提升文化意识，拓展思维品质。对英语教师来说，核心素养的提出，意味着树立正确的作业设计观念，建立科学合理的作业模式，同时为其课堂教学设计提供建议和参考，促进教师的专业发展。由此可见，基于核心素养的高中英语作业设计，必然对学生产生重大的影响。

（一）核心素养——语言能力

语言能力主要指在社会情境中借助语言进行理解和表达的能力。语言能力是英语学科核心素养中的基础要素。语言能力既包括过去常说的听、说、读、写等语言技能，也包括对语言知识的理解和运用能力。目前，教师的课堂教学和课后作业重点就是促进学生语言能力的发展。

案例一

课堂教学主要活动设计：

1. Language points
   - Can't wait to do
   - Be supposed to do
   - Tolerate sth. / tolerate doing sth.
   - Deserve doing/ deserve to be done
   - Be hard on
   - Than expected
2. Grammar
   - With＋宾语＋宾补
   - with which/ from which 非限制性定语从句

Assignment

假定你是李华,最近比较烦恼,父母对你学习不满意,对你要求严格。你觉得不是你的错,你认为很努力了,所以无法忍受父母的行为。运用所学单词、短语或句式以信的形式向朋友诉说下烦恼。

Choose some of the following phrases to write a short passage within 120 words：

be supposed to, be hard on, tolerate, fault, can't wait to

than expected, deserve, defend

with... which 从句

该案例来自某教师关于 Home alone 的英语作业设计。这堂课的教学重点是让学生了解并能使用本单元的词汇、短语以及句型。这堂课的英语作业设计注重对学生语言能力的提升。该教师将作业设计与书信题材类作文结合,着力提高学生的学用能力。教师首先在课堂上设计教学活动,讲授语言知识点,清除语言障碍,之后结合近期学生考试的实际情况,设计了英语作业。首先这样的作业设计让学生有感而发,有话可讲。另外该教师也设定了作业要求,学生必须使用课堂上所学的内容,写一封信给家长,这样的作业设计充分体现了学科素养下的语言能力目标。

这种作业的设计,可以提高学生以下几个方面的语言能力：

（1）对英语语言知识的掌握情况,特别是运用英语语言知识建构和表达意义的能力;

（2）理解书信题材的英语口语和书面语篇的能力;

（3）使用英语口语和书面语表达自己的情感;

（4）通过语言建构交际角色和人际关系的能力。

（二）核心素养——文化意识

文化意识不仅指了解中外人文和科学知识,还包括分析语篇中所反映的文化传统和社会文化现象。教师要在作业设计中能够让学生比较和归纳语篇所反映的文化差异,形成自己的文化立场与态度、文化认同感和文化鉴别能力。中小学各个学科都对学生形成积极的情感态度和价值观有重要的影响,英语学科也不例外。因此,教师在作业设计中要引导学生通过探索、体验、比较、对比等多种方式学习中外文化知识,吸收中外文化精华,开展跨文化交流。

案例二

课堂教学主要活动设计：

1. Fill in the blanks about the detailed information for the

interview of Yang Liwei.

Name：	Yang Liwei
Born &. Birthplace：	_____
Nationality：	_____
Education：	1983_____
1983—1987studied in	
	_____
Working experiences：	1987 graduated and became a pilot
	1998_____
	1998—2003 received _____
	September，2003
Achievements：	October，2003 travelled successfully and
	became the first Chinese astronaut in space

2. What qualities does Yang have?

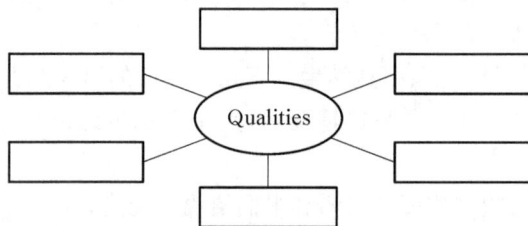

3. Interview the expert（Yang Liwei）

Tips for the interview：

（1）Some questions about flight itself

（2）The qualities about Yang Liwei（body，skill，knowledge）

（3）The meanings of this flight（to China，to mankind，to teenagers）

（4）Practices and present your dialogue to the whole class

As example：	
Reporter A：	Welcome back to the earth，Yang Liwei
Yang：	Thank you
Reporter B：	How long did you stay in space?
Yang：	Over 12 hours. We fly around the earth 14 times
Reporter A：	How long did you work towards this achievement?
Yang：	Since I was a young boy.
……	

Assignment
Choose one people you are familiar with to write a biographical article in less than 80 words.

该案例来自 S 教师讲授 An amazing people 这一课。该教师的作业设计首先与课堂内容紧密结合，由名人采访过渡到名人传记写作。课堂上关于航天英雄杨利伟的学习，使学生在完成作业时难度大大减少。其次，作业设计也注重了层次性和互动性。教师并没有指定一个名人来让同学们进行写作，而是让学生自行选择自己所熟悉的名人，充分发挥了学生的主体性。对于学困生，他们可以巩固课堂知识，选择已学习的杨利伟来进行介绍；而一些基础较好的同学可以选择自己熟悉的伟人，进行拓展训练。该作业设计增强了学生对本民族文化的认同感。学生虽然是外语学习者，但是仍然可以了解本民族的文化知识，传递本民族文化价值观。

该作业的设计体现了英语学科核心素养的文化意识。这样的作业设计有利于学生了解中外优秀人物的背景知识，学习优秀文化知识，增加学生知识储备。与此同时，这样的作业设计也可以加强学生对中国优秀人物的理解，初步使用英语介绍本国文化名人，坚定文化自信，为学生开展跨文化交流奠定基础。

（三）核心素养——思维品质

核心素养下的思维品质，既不同于一般意义的思维能力，也不同于语言的理解能力和表达能力，而是与英语学习紧密相关的思维方式。思维品质具体表现为学生在学习英语知识时，梳理、概括信息，分析、推断信息的逻辑关系，建立信息间的联系，将所学知识与生活联系起来。教师的英语作业设计要能够让学生根据所给信息提炼事物共同特征，借助英语形成新的概念，从不同角度思考和解决问题，提高学生分析和解决问题的能力。

案例三

课堂教学主要活动设计：

1. Teacher asks students to read though the text and then work in groups to illustrate the structure of the text on a large piece of paper. Students share and explain their structure maps in class by sticking

their structure maps on the board.

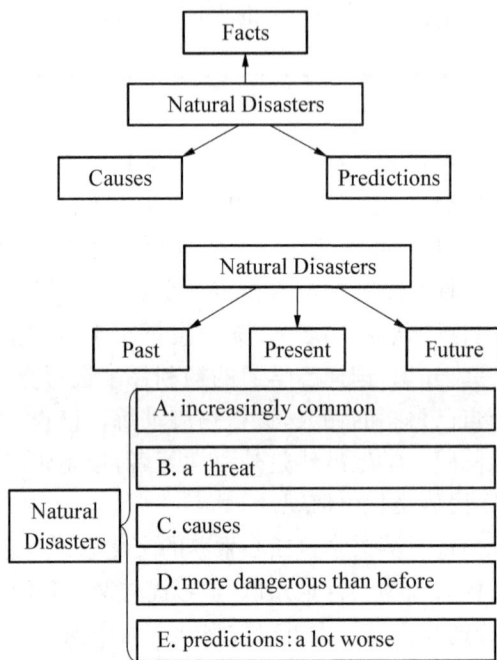

```
                    ┌──────────┐
                    │  Facts   │
                    └──────────┘
                         ↑
              ┌────────────────────┐
              │ Natural Disasters  │
              └────────────────────┘
               ↙                  ↘
    ┌──────────┐            ┌──────────────┐
    │  Causes  │            │  Predictions │
    └──────────┘            └──────────────┘


              ┌────────────────────┐
              │ Natural Disasters  │
              └────────────────────┘
            ↙            ↓            ↘
    ┌────────┐     ┌─────────┐     ┌────────┐
    │  Past  │     │ Present │     │ Future │
    └────────┘     └─────────┘     └────────┘
```

	A. increasingly common
	B. a threat
Natural Disasters	C. causes
	D. more dangerous than before
	E. predictions: a lot worse

2. Teacher asks each student to work out his/her own structure map with the key information from the text based on the ones proposed by different groups. Then, teacher invites two students to draw their structure maps on the blackboard.

3. Students work in groups of four, read the text again and each undertakes one of the following tasks to analyze the text deeply.

(1) Discussion leader: raise two questions based on the text and write down the answer;

(2) Word master: collect words or phrases related to natural disasters;

(3) Interview: Prepare two questions to ask Jin Li;

(4) Connector: Write down your feelings after reading the text and what the text made you think about.

4. Students watch the video *Nature Is Speaking* and discuss the relationship between nature and human beings.

> Assignment：
>
> Option1：Rewrite the ending of the text
>
> Option2：Write a report on a natural disaster that has happened recently
>
> Option3：Choose one unanswered question raised in class and try to write an answer to it.

该案例来自 T 教师讲授 Nature is turning on us 这一课。可以看出该教师的作业设计体现了英语作业设计的层次性。首先，该教师设计了作业选项，让学生自主选择自己所想要完成的作业，充分发挥了学生的主体性。其次，作业的内容十分注重提升学生的思维品质。该教师将阅读圈模式确定为作业完成形式，每位同学担任不同角色，共同完成一份作业。角色扮演形式的英语作业设计，更加鲜活，和实际生活相贴近，也可以加深学生对于自然灾害的理解。

该作业体现了核心素养的思维品质，这也是阅读的最高层次，延伸阅读、形象阅读。这样的作业设计有利于学生针对获取的信息，客观分析各种信息之间的关联和差异，归纳共同要素，结合自己所学，提出自己的看法。这样的作业设计帮助学生从另一个视角看待自然灾害的问题，体现了作业设计的创新性，强调学生辨析和解决问题的能力。

（四）核心素养——学习能力

对于中国学生来说，发展英语学习能力尤其重要。学习能力并不局限于学习方法和策略的选择，也包括对英语学习的认识和态度。例如，优秀的英语作业设计可以让学生对英语学习有正确的认识和持续的兴趣，有积极主动的学习态度和成就动机，有主动参与语言实践的意识和习惯。因此，教师要十分注重英语作业对学生学习能力的提高。

案例四

课堂教学主要活动设计：

1. Read the title *John Snow Defeats "King Cholera"* and predict what might be talked about in the text.

2. Teacher asks students to use flow chart to note down all the important steps taken by John Snow in his investigation.

3. Students read through the text again to identify what is trying to

tell the readers and summarize the main idea in one sentence.

4. Students work in groups to prepare a press conference where John Snow is to answer questions raised by different reporters.

Assignments

As a reporter, write a new article on "How John Snow Defeated Cholera". Plan and conduct a research project. Find a problem in your daily life. Work out a series of steps to investigate the problem. Carry out the research and write down the steps you take and what you have found.

该案例是 W 教师 John Snow Defeats "King Cholera"的英语作业设计。从这个案例中，可以看出该教师的课堂教学活动层层递进，与课后作业相辅相成。在课堂教学中，该教师创设情境，从学生的已知条件出发，一步一步引导学生探究科学家分析问题和解决问题的步骤和方法，最终学生自己总结提炼出文章中的重要信息。

在作业设计方面，教师让学生写一篇关于科学家的报道，巩固课堂所学。然后除了基础的英语语言能力训练的作业设计之外，该教师还让学生设计一个关于日常生活的调查计划，写出具体调查步骤，锻炼学生自主学习能力。W 教师的英语作业设计可以充分锻炼学生的学习能力，保持对英语学习的兴趣，提高学生的自主学习能力。学生通过完成调查计划安排表的作业能够对英语学习保持浓厚的兴趣，可以促使学生开展课外学习，利用网络资源等扩充学习内容和信息渠道，开展自主学习和合作学习。

案例思考题

1. 作业设计中主要存在哪些问题？
2. 教师在学生作业环节承担什么样的角色？
3. 阅读本案列，作业设计要注意哪些方面？请结合实际谈一谈。

案例 10 板书设计

背景信息

　　黑板存在于每一间教室、每一节课中，是教师教学普遍采用的媒介。课堂教学中，如果没有板书，只用简单的口语听力信息，对学生接受知识点并记忆重点、难点内容是远远不够的。教师可以将教学中的关键知识点，重要内容，通过文字、图解、符号等形式写到黑板上。这些留在黑板上的文字、符号、图表和图解等视觉信号就叫作板书。精湛的板书是知识的凝练和浓缩，是老师的微型教案，是课堂教学的缩影，是指示课文中心的导读图，是透视课文结构的示意图，也是把握重、难点的辐射源。好的板书，要体现教材的编写思路，呈现教师的教学方法，同时还要考虑到学生的学习手段。既要如实地反映教材的内容，又要紧跟课程改革的步伐，运用有效的教学手段。好的板书可以让学生更好地了解教材大意，激发学生学习兴趣，帮助学生排解困难，帮助教师实施教学计划。板书虽然只是课堂的一部分，是一种"微型教案"，但是具有有效性的板书却能给学生一个宏观的知识轮廓，蕴藏着无穷的力量。所以，从某种意义上说，板书的设计、实施和运用是否具有有效性往往决定了课堂教学是否成功。板书设计已经具有相对独立性和体系化，在英语教学中发挥着不可替代的作用。

　　本案例选自 2016 年 5 月，G 老师在广东举办的中国教育学会课堂教学展示与观摩（培训）系列活动中进行题为 Emperor penguins 的现场授课。

案例正文与分析

一、板书设计的概念

　　在英语教学中，板书设计是一门艺术，是教师在教学中运用符号文字、绘图、列表以及贴挂物等方式，有效提高课堂效率的一种教学行为。

（一）板书设计的原则及内容

为了课堂教学达到更好的效果,板书设计坚持科学性、系统性和思想性的原则,板书内容突出教学目标、体现教学重点;板书布局合理美观、层次清晰、书写规范;板书呈现还原学习过程、促进情感沟通。板书内容作为板书的一个硬性体现,其好坏直接影响着教学质量以及学生学习效果。突出教学目标,紧跟课堂教学的正确方向,不跑偏,有规划,不随意擦拭;体现教学重点,线条彩色加强重难点,高度概括课堂知识。甚至,板书内容可适当留下空白,留给学生思考空间,训练学生的思维能力。所以,板书可以帮助学生架构知识体系,正确理解教学内容,对学生课后复习起到至关重要的作用。

（二）板书设计的模式

1. 列举式

列举式是教师以词句的形式设置一个类别,学生根据已给类别将统一范围内的词句整合起来的形式,通常列举的词句之间形式时态相仿。因此,以归类的思维降低课堂内容难度,帮助学生更好地理解知识,也使学生学会归纳知识点中的相似部分,有利于学生归纳能力的提高。例如下图关于"I'm angry"的板书,通过归类丽萨和学生自己的建议,以比较的形式列举出他们的具体建议,向学生清晰明了地展示归类列举的学习方法。

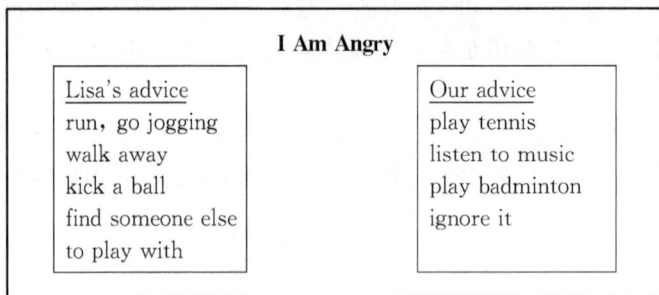

I Am Angry

Lisa's advice	Our advice
run, go jogging	play tennis
walk away	listen to music
kick a ball	play badminton
find someone else	ignore it
to play with	

2. 表格式

表格式是以教师所设计的教学内容为基础,并有一定的留白,可以锻炼学生的自主思考能力。随着教师讲解的深入,关键的词语被逐一填入表格,不同的内容进行分类、归纳、总结,这样表格就在一点一滴中被完善。表格式的特点是对比性较强,体现的内容都是绝对的重点,便于学生记忆,也可以提高学生的对比、总结能力,掌握英语语法的特征。例如下图"Mum bought new T-shirt for you"的板书,有了这样的一个表格作为板书,教师就能为学生建立一个系统的知识体系,学生可以依次对照表格帮助记忆。

Mum bought new T-shirt for you			
who	what	where	when
Simon's family	see Daming borrowed a bike		in three weeks
Dad	put another bed read a book ask some questions	in Simon's room	
Mum	bought new T-shirts		

3. 图示式

图示式指一般运用具有特别意义的图形,包括指示箭头、线条、特殊符号来组织教学内容的板书方法。图示式板书的优点是通过图示清晰明了地展示教学内容,达到无声胜有声的效果。它的形象生动的特点可以吸引学生的注意力,调动课堂气氛,增加学生学习的趣味性。图示式板书虽然以画图为主,但这样的板书图文并茂,文字的重要性并没有被掩盖,相反得到了图形的凸显,更加形象。它既可增加趣味性,又能让学生借助于形象,掌握教材的内容、结构,领会文章的中心。例如下图"Suggestions on keeping healthy"的板书,主要介绍了我们人保持健康在生活中方方面面的行动,用图示来表达一个人让学生一目了然的同时,增加了课堂的趣味性。调节课堂气氛的同时也让学生印象深刻。

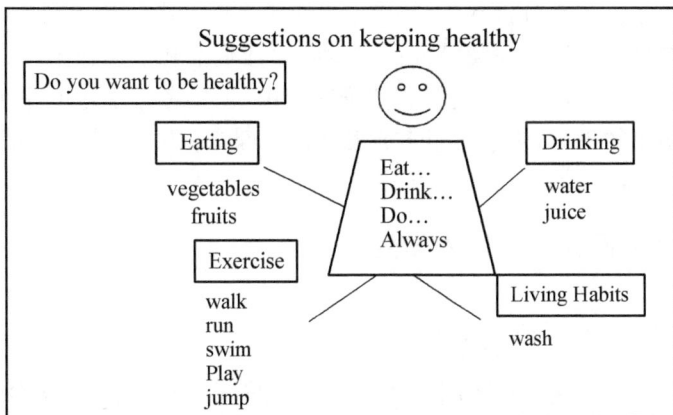

4. 线索式

线索式所适合的教学内容，通常有一条以时间或者地点为中心的主线。线索式能够反映教材的脉络和教学的主要内容。它的指导性很强，可以在为学生提供层层线索的同时简化复杂的过程，为学生提供重点知识，方便学生理解和记忆。例如下图"Changes around us"的板书，文章是以我们周围的变化为线索，为学生展示了家庭、城市、世界的变化。这样的板书就勾勒出整篇文章，方便学生从整体了解文章内容，同时便于学生抓住文章线索，方便记忆。

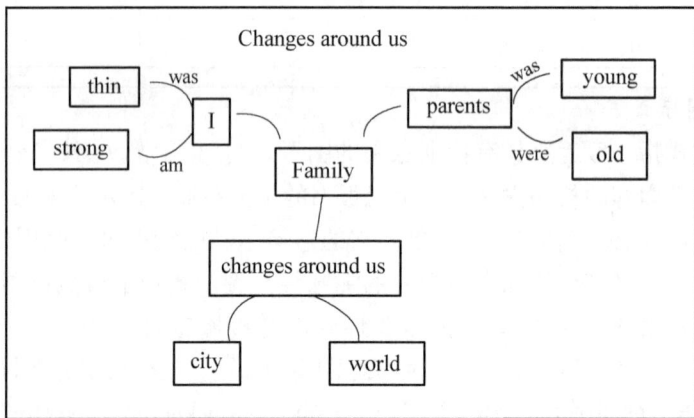

（三）板书设计的功能区

从板书的功能区来看，大致有两种分类，第一种，主板书和副板书，重点与难点书写于主板书部分，而一些补充或者帮助理解的内容放于副板书部分，使板书的系统性和辅助性完美结合；第二种，教师板书和学生板书，根据教学设计，教师不仅需要将自己的教学安排设置其中，还要考虑学生的主观能动性，留下学生板书的地方，供学生思考激发他们的课堂积极性，也可以帮助处理真实教学情况下的一切变化。

二、板书设计帮助培养学生语言能力

（一）培养语言能力的直接形式

G 老师通过歌曲互动和图片展示引出企鹅这个动物朋友，部分同学能说出企鹅对应的单词，随后 G 老师引导学生说出企鹅和帝企鹅的不同，直达课文标题 Emperor penguins。其中,课文标题 emperor penguins 的理解与朗读既是 G 老师教学设计的教学目标也是教学的重难点。鉴于它的重要性,G 老师在黑板上拼写这个词组后让学生跟读,学生通过黑板上的直接显示获取识读这个词组的语言能力。

片段一

歌曲互动

T:Do you like the song?

Ss:Yes.

T:Yes. That's very exciting. And look, just now we sing and dance with some cute penguins. And look, what are they?

图片展示

Ss:They are penguins.

T:Yes. Follow me. Penguins. Penguins. Penguins.

Ss:Penguins. Penguins. Penguins.

企鹅与帝企鹅的形容比较

T:And look at the penguins, what do you know about them? What do they like? What can they do? Now, let's share in your group.

S:They are good at swimming.

T:Very good. Thank you. And what else?

S:They are cute.

T:Of course. They are very cute!

S:The are very big.

T:Are they big? Maybe... Some of them are very big. You know something about penguins. Now look, who is coming? They are ...

S:Emperor penguins.

课文标题 Emperor penguins 写于黑板正上方

T:Emperor.

S:Emperor.

(示范朗读,重复三遍)

T:Emperor penguins.

S:Emperor penguins.

(示范朗读,重复三遍)

（二）培养语言能力的间接形式

G 老师在形容帝企鹅这个环节，板书了学生提出来的 tall, strong, big。但这些形容远远不能囊括帝企鹅最特别的地方。随后 G 老师安排同学进行对段落的略读，用一个单词来形容帝企鹅，这时候同学们想出的单词为 cute, good, fantastic，有了明显的概括性，而不是仅限于局部的某个特点。G 老师将这六个单词安排成一列，直观地给予同学一些帝企鹅的特点，最后，G 老师以分享自己理解的方式，引出了形容词 amazing，鉴于之前的铺垫，同学们在接受这个新词汇时有了一个大概的理解与认识，通过近义词转换这种间接方式让同学们更好地理解和运用这个单词。

片段二

T：Do you want to know more about them?

S：Yes.

T：Good. Here is the story about emperor penguins. And look, one word is missing. And now, emperor penguins are...? Now, boys and girls, let's read the whole story quickly and find out what kind of birds they are. And after that, please use only one word to complete the blank.

S：All right. Time is up, boys and girls. So tell me what's your word. You please.

S：Maybe it's cute.

T：OK. You think they are cute. What else?

S：Maybe it's good.

T：Maybe they're good. All right. What else?

S：Maybe it's fantastic.

T：Wow, you mean fantastic? I like this. You see you have lots of good words here. I like them. But know let me show you the word in the story. Look! Can you read them?

S：Amazing.

T：Yes. Follow me, amazing.

Ss：Amazing.

（示范朗读，重复三遍）

T：So what does it mean? It means wow.

（展示单词卡片反面的中文意思）

T：So you see，they are fantastic. They are cute. They are good.

Ss：They are amazing.

Emperor penguins

fantastic
tall
strong
big
cute
good

（三）培养语言能力的直接形式和间接形式相结合

G 老师在深入文本内容时,采用建构思维导图让同学进行复述,鉴于之前的教学基础,板书上的思维导图有关键单词与短语,直接帮助同学对重点信息进行表达,但是,文本复述的逻辑关系,运用完整句子以及必要的解释补充都是对同学语言能力的挑战,其中囊括了听、说、读、看。值得注意的是,G 老师在教授过程中,先为大家示范了一遍如何复述文本,让同学有一个很清晰的方向,接着把主语从第三人称变成第一人称,又增加了一些灵活度,让同学们进行复述。同时,复述本身是以言语重复刚识记的材料,以巩固记忆的心理操作过程。学习材料在复述的作用下,保持在短时记忆中,并向长时记忆中转移。同学们能够选择一个角色进行个性化复述,需要做到把书面语变成口语,需要准确地体现原材料的中心和重点,需要条理清楚地反映各部分内容的内在联系,需要准确的语言,必要时候需要加入个人想象,有效培养学生的语言能力。

片段三

第三人称

T：Look! Thinking map can help you understand the story better, and it can also help you retell the story. Now let me have a try. Look! Emperor Penguins are amazing. They are great swimmers. They live in the Antarctic. They are also good parents. Mother penguins ... Father penguins ... See! It's very helpful. Can you do it? Okay，now let's work in group. Use your thinking map to retell the story.

第一人称

T：All right! Stop，boys and girls. I think you can retell the story well with your thinking map. And now，let's try to make story more interesting. Look! If you were the chick，how can you tell the story. For example，I am the chick. Hello! Boys and girls，I am the chick. I live in the Antarctic. It is very cold here. But I have a great family. My mother，she has me in winter. And she walks about 80 kilometers to find food for me. And my father，he keeps me warm on his feet. And he doesn't eat about two months. Wow! He must be very very hungry. My parents are amazing. I love them. Can you do it? Let's have a try. Okay? Try to work in your group.

T：Stop! Boys and girls! Who wants to be the chick? Come on!

S：Hello! I am a chick. I am very happy，because I have good parents. My mother has me in winter，and she goes to the sea for food. She is very tired. My father keeps me warm on his feet. He doesn't eat food for two months. They love me very much. I love my amazing parents.

T：Oh! Big hands! Yeah! Is my baby good?

S：Yes!

T：Yes! I think my baby is amazing! Thank you! Proud of you!

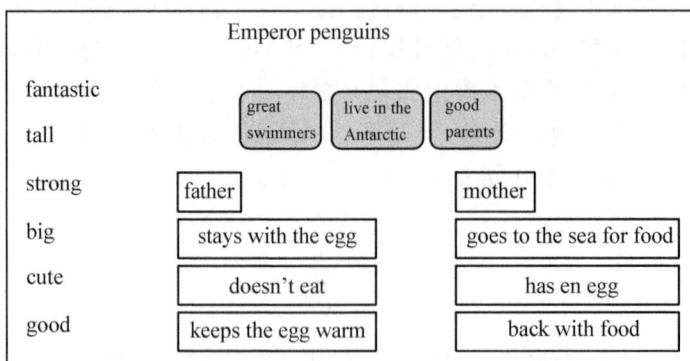

Emperor penguins		
fantastic		great swimmers / live in the Antarctic / good parents
tall		
strong	father	mother
big	stays with the egg	goes to the sea for food
cute	doesn't eat	has en egg
good	keeps the egg warm	back with food

三、板书设计帮助培养学生思维品质

（一）梳理文章逻辑

G 老师通过近义词转换的方式引出词汇 amazing 后，又一次回到文本，给同学时间去找到帝企鹅 amazing 的理由，同学们在文本中能够找到关键点和具体细节去对应中心词 amazing 的这一过程，就是帮助学生学会思考，学会对文本内容进行提炼，最后得出最有价值的部分，同时学生的逻辑思维也得到开发。

片段四

关键点的探索

T：But why are they amazing? Let's read the story careful this time. And then use your pen to underline the key words about why they are amazing. Go!

T：Okay，stop，boys and girls. So why are they amazing? Reasons? You please.

S：Because they can swim.

T：Very good! They are birds. They can't fly，but they are good swimmers. Thank you. And what else?

S：They live in the Antarctic.

T：Very good! Can you live in the Antarctic?

S：No，I can't.

T：Oh boys，you can't. Because…?

S：Because they are very cold.

T：Yes，it's really cold there. But emperor penguins can do that right. They can live in there. That's amazing. And what other reasons? You please.

S：Because after two months，the chicks come out of the eggs.

T：Who is with the chick? Mother penguins or father penguins?

S：Mother penguins.

T：Mother? Father penguins，right? Father penguin is with the chicks，and after two months，the chicks come out of the eggs. So they are…?

S：They are good parents.

T：So they are great swimmers. They live in the Antarctic. They are good parents.

S：They are amazing!

具体细节的探索

T：But now look, they are good parents. Why? This time, boys and girls, let's read the story again, and discuss in your group. And after that please write down the key words about why they are good parents on this. And remember, when you are taking notes. You only need to catch the key information. And look, this is a long sentence, and I don't want it. I want this. Key words. Understand? Now, go!

（六位同学将自己填好的短语贴于黑板之上）

T：So boys and girls. Why are they good parents? Now, first, let's look at mother penguins. What does she do? You please.

Ss：She keeps the eggs.

T：She keeps the eggs? I think you can try again later. That's father penguins. What do mother penguins do? You please.

S：She is back with food.

T：Yes. We have this one, back with food. Very good! And what else?

S：She goes to the sea.

T：Yes. She goes to the sea for food. And what else?

S：She don't eat.

T：She doesn't eat? That's mother penguin?

S：It's father penguin.

T：Yes. What about the mother penguins?

T：Mother penguin has one egg every winter.

S：Yes. Very good.

T：Now I am the mother penguin. And I am walking. How far can I walk?

S：Sometimes she works about eighty kilometers.

T：That's right. About eighty kilometers.

T：Now I am the mother penguin. What can father penguin do?

S：He don't eat.

T：He doesn't eat, right? What else?

S：He stays with the eggs.

T：Yeah! He stays with the egg. And what else?

S：He keeps the egg warm on his feet.

T：Yes! Good! Thank you!

S：So，they are amazing!

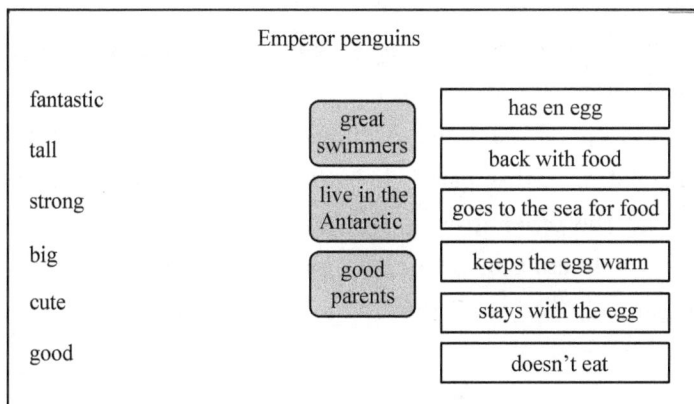

Emperor penguins		
fantastic	great swimmers	has en egg
tall		back with food
strong	live in the Antarctic	goes to the sea for food
big		keeps the egg warm
cute	good parents	stays with the egg
good		doesn't eat

（二）构建思维导图

梳理完文本内容，G 老师觉得这些关键单词和词组使同学们对文本有了一个初步的理解，但是仍然不够深刻，不够条理。为了让同学们真正能够理解文章的逻辑，明白行文思路的前因后果，G 老师打算用观点—论据的方法建构本文的思维导图，具有逻辑性与创新性。同时，G 老师运用图文并重的技巧，把各级主题的关系用相互隶属与相关的层次图表现出来，把主题关键词与图像、颜色等建立记忆链接，简单有效。

片段五

（G 老师将 mother penguins 和 father penguins 绘于黑板上）

T：Look! This key words are all from the story. And now，boys and girls. Let's try to make a thinking map. But how to make a thinking map. Let me tell you. First，you need to catch the main idea of this story. Then you have to give some facts to support the main idea. Understand?

Ss：Yes.

T：Now，boys and girls. Please take out your thinking map structure and work in your group.Go！

（一组同学上黑板设计思维导图，重置关键单词和短语的位置）

T：Let's look at the blackboard. Is amazing here a main idea？

Ss：Yes.

T：And great swimmers，good parents，live in the Antarctic are the...？

Ss：Facts.

T：Very good. And also，you see，in this story，good parents are the main idea of this part. Understand？ All right，this group，well done. And the other groups，are you right？ Show me your thinking maps. So a thinking map can help you understand the story better and also it can help you retell the story.

四、板书设计帮助培养学生学习能力

G 老师充分认识到只有培养学生的学习能力，才能让学生今后自主高效地学习与发展。所以，她运用板书这一学习渠道，将本节课的重要单词、短语以及相互关系记录在黑板上，同学们通过这一项学习资源全方位地抓住了课

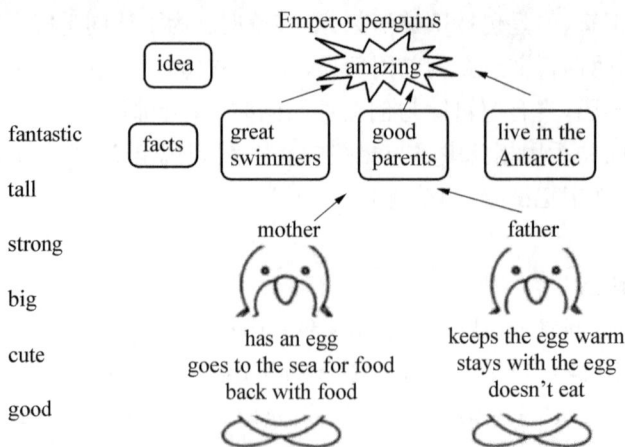

（注：□ □ ✶ 代指卡片；◠ 代指图片；其余为粉笔。）

文的重难点。除了高效以外,学生可以积极主动适应和运用板书设计这一学习策略和学习渠道也显得尤为重要,所以,G老师的板书设计采用了三种元素,即粉笔、卡片、图画,增加了板书的丰富感,调动了同学们的积极性,更好地吸收课堂内容。由此可见,通过板书设计,学生能够养成积极主动和高效率的学习习惯,是学习能力提升的重要表现。

案例思考题

1. 阅读本案例,你是如何看待G老师的教学流程与其板书对接的?

2. 阅读本案例,简述G老师是如何将核心素养涵盖的语言能力、思维品质和学习能力贯穿于板书设计中。

3. G老师的板书设计以培养学生核心素养为目标,给你带来什么启示?

案例 11 学生能力培养

背景信息

普通高中英语课程作为一门学习及运用英语语言的课程，与义务教育相衔接，旨在为学生继续学习英语和终身发展打下良好的基础。普通高中英语课程提出对学生语用能力、文化意识、思维品质和学习能力的综合素质培养，具有工具性和人文性相融合等特点。同时倡导指向学科核心素养的英语学习应与自主学习、合作学习、探究学习等学习方式相结合；要求设计出具有关联性、综合性和实践性等特点的教学活动，使学生可以通过获取与梳理、概括与整合、实践与内化、分析与评价、迁移与创新等一系列的学习与交流活动，来解读、阐释和评判语篇意义，进而有效地表达个人观点、情感和态度，感知和理解文化异同，发展多元思维和批判性思维，在活动中提高英语学习能力。

但是，目前在我国中学英语教学中，英语课堂教学集中在知识点的传授、讲解上，专门针对学习能力的提高或学习策略使用的训练明显不足，而学生课下的训练由于缺乏教师专业的指导而作用甚微。在目前英语课堂教学手段上，教师集中于完成教学任务、达到应试要求，使用的手段刻板，采用的教学手段单一，缺乏创新有趣的教学方法，因此，所创造的英语课堂环境显得尤为枯燥乏味。在这样的教学模式下，学生的学习兴趣和学习动机大打折扣，学习能力也很难得到提高。

教学活动作为教学过程的核心要素，教学活动设计和实施的高效性成为教学过程是否有效的重要影响因素。英语课堂的教学设计应该是以促进学生英语核心素养的发展为目标，引导学生通过一系列的相关活动和多种互动交流方式，运用有效的学习策略与方法来学习英语学科知识、发展语言技能，并创造性、批判性地表达个人观点和态度，从而提升英语学习能力。因此，在新课程理念与核心素养的背景下，教师对英语的教学设计与实施要基于英语的学科本质，指向英语核心素养，尊重学生个性，体现英语学科的特点与优长，关注学生的全面发展，从而培养学生的学习能力。

案例正文与分析

一、学习能力

　　学习能力是指学生积极运用和主动调适英语学习策略、拓宽英语学习渠道、努力提升英语学习效率的意识和能力。英语能力是构成英语学习核心素养的发展条件。英语学科能力的"3×3"模型,主要包括学习理解能力(感知注意、记忆检索、提取概括);应用实践能力(描述阐释、分析判断、整合运用);迁移创新能力(推理论证、创造想象、批评判断)(赵连杰,王蔷,2016)。在下文案例分析中,将采用这一指标来阐述对学生学习能力的培养。

　　21世纪的公民必须拥有终身学习的意识和自主学习的能力。对于中国学生来说,发展英语学习能力尤其重要。在中学阶段,英语课程实施要努力创造良好的学习氛围,最大化地培养学生的想象力以及创造力,让学生在英语学习中更好地体现自己的态度,同时引导学生掌握英语学习方法,养成良好学习习惯,形成有效的英语学习策略。更为关键的是只有学生将其英语学习当作快乐和需求才可以将自己的求知欲发挥出来,从而对学习产生一种更为积极的兴趣,充分调动其非智力因素,活跃思维,运用不同的学习策略,才能提高英语学习能力。而教师在英语教学过程中,更多的是要与学生的英语学习进行相关互动,并且在这个过程中及时找到问题解决的办法,以此来更好地帮助学生增强自信,进而让学生凝练自己的经验。

　　通过上述分析,教师要想培养学生学习能力,在英语课程实施中就必须注意不要局限于普通的学习方法和策略,要尝试运用自主探究、合作探究等手段,激发学生的学习意识,提高学生的英语学习能力。

二、如何提高学生学习能力

　　外语学习受到性别、年龄、个性特点、学习环境、语言学能、学习态度、动机、情感因素、认知风格和学习策略等诸多因素的影响。自主学习在或多或少受到以上诸因素制约的同时,其学习效果主要取决于学习者的学习态度、动机以及学习策略。教师则是课堂教学的关键,是培养学生能力的指导者。

　　培养学生学习英语的兴趣。教师要积极为学生营造轻松愉快的学习氛围,鼓励学生自主探究学习。而创造这种氛围,教师要有正确的学生主体意识,要积极开展以学生为主体的语言实践活动,才能让学生自主地学习。教师可通过创设生动又贴近学生实际生活的情景,激发起学生对英语学习的无穷兴趣。我国著名教育家孔子也曾经提出过:"知之者不如好之者,好之者不如乐之者"。在语言教学的过程中只有遵循以学生为中心,以交际为目的的原则才能使学生在一个宽松、和谐的氛围中习得语言。

激活学习动机,调动学生学习积极性。动机是学生开展学习活动的主观因素,是进行英语学习的前提。换句话说,学习动机既能制约学生学习的方向和态度,又会影响学习的方法和成就。英语是一门实践性很强的语言学科,无论是语言知识的传授还是语言技能的培养,都必须通过学生自身主动的、积极的、富有个性的学习实践。英语听、说、读、写、看的学习效率、效果和水平,必须通过学生一定量的语言实践活动,才能得以提高。因此,在教学过程中,要充分发挥学习者主体作用,教师首先必须激活学生学习动机,使之明确学习目的,再根据教学任务、教学内容、教学目标以及学生的实际情况,并运用多元的教学策略和教学手段,采取积极可行的措施来激发学生学习兴趣,调动自主学习的积极性。在课堂上,教师要注意多提示,少讲解,给学生留出尽可能多的时间和空间,引导他们积极进行思考、讨论、实践、反思、再实践,通过任务活动去思考问题、分析问题、解决问题,通过足够量的听、说、读、写的项目练习,去感知知识、发展思维、领悟技能、学会学习。

注重学习策略教学,培养和提高学生英语学习策略。学习语言不仅是学习知识、理解文化的一个过程,也是一个学习技能,一个逐渐掌握学习策略的过程。学习策略是学习者用来帮助自己理解、学习或保留新信息的特殊见解与行为(O' Malley & Chamot,1990)。学习策略包括认知策略、元认知策略和社会情感策略。文秋芳(1995)认为,当其他条件相同时,英语学习策略的差异对成绩有着决定性的影响,并且认为任何运用得当的学习策略都更有可能使学习者获得学习上的成功。学习策略不仅有助于学生对学习过程的理解掌握,还可以减少习得者学习中的困惑和焦虑,保持他们的学习热情和动力,或者改善学习态度,提高学习动力。学习策略是可教的,教师在教学中,应让学生意识到学习策略对提高学习效率的重要作用,并在英语教学中落实学习策略目标,指导学生运用适合自己的英语学习策略,不断提高自主学习能力。

三、Rethink,Reuse,Recycle! 案例设计

主题语境:人与自然
语篇类型:记叙文,Rethink, Reuse, Recycle!
语篇研读:本堂课的教学内容是人教版九年级 Unit 13 We are trying to

save the earth Section B 部分的 Rethink，Reuse，Recycle！本节课是阅读课，介绍了三个在环保再生方面有着突出贡献的任务以及他们的做法：英国的艾米·海斯住在她自己用废弃物建造的一所房子里；香港的杰卡西·王用人们不穿的旧衣服来制作背包；上海的王涛用旧汽车上的废铁和其他材料制作精美的艺术品。案例所论述的中学英语课程实施中的学习能力将采用王蔷教授的三个维度，即学习理解能力、应用实践能力和迁移创新能力进行分析。

（一）学习理解类活动

学生学习理解能力主要对语篇进行感知与注意、获取与梳理、概括与整合，并通过这些学习活动来体现。教师应围绕文章主题创设一定的情境，激活学生已有的知识和经验，铺垫必要的语言和文化背景知识，引出所要解决的问题。

感知注意

教师围绕主题为学生创设情境，激活已有知识和经验，铺垫语言。首先进行课前导入，教师通过多媒体给同学们展示一些有关环境污染的图面、视频，通过图片让学生对今天所学的内容熟悉并进行初步的了解，激发他们的学习兴趣。

Warm-up：Show the picture of the earth and tell students the earth is polluted now. Listen to a song "The Earth's Song" by Michael Jackson，watch the video carefully and answer the question：What problems does the video show about？

图片和视频的展示方法是一种认知策略，直观性强，在讲解语言知识的过程中，通过为学生创设情境，加深学生对新知识的理解和运用。此环节中，让学生能够对即将学习的知识提前感知，并加深印象。

1. 记忆检索

Leading-in：（教师提出问题）How can we protect our environment？
在这一环节，老师进一步提出问题，师生进行讨论。

T：Here are some words related to different kinds of pollution. Can you tell me what it is？

Ss：Water pollution; Air pollution; Noise pollution; soil pollution …

T：Do you know what causes water pollution？

Ss：Factories pour waste water into rivers and lakes.

T：All the factories?

Ss：No.

T：What factories?

Ss：Paper factories, printing and dying mills, plastic factories …

T：What else can cause water pollution?

Ss：Some people throw rubbish into rivers and lakes.

T：How can we help to solve this problem?

（学生们分组讨论解决办法）

Ss：We can advise the directors of these factories to stop pouring waste water into rivers and lakes.

T：You have told me what causes water pollution and how to solve this problem. You're very clever. Thank you very much. But can you tell me what causes air pollution?

Ss：The smoke of factories, the smoke given out by buses, cars, trucks, motorbikes…

T：There aren't many factories in our city. But the air is not good enough. Why?

Ss：Because there is much traffic.

T：Can you think out a way to solve this problem?

（学生们分组讨论解决方案）

Ss：1. We can plant more trees on roads.

  2. We can ask people not to drive their cars to work.

  3. We can ask people to ride bikes to work.

  4. We can tell people riding bikes is good for their health …

T：If their homes are far away from their workplaces, can they ride bikes to work?

Ss：No.

T：How can we solve it ?

Ss：We can ask the leader of the city to develop the public traffic. Such as adding more buses, building underground.

T：We have thought out many methods to improve our environment .I will try my best to tell our government that something must be done to make our city more beautiful .

此环节呈现问题,组织讨论,让学生将以往经验检索并表达出来。在英语学习的课堂中,教师要促进学生主动进行探讨,让学生自己发现问题、提出问题并通过交流解决问题,这种方法可以更有效地激发学生的主动性和积极性。

2. 概括提取

在阅读环节,第一部分是快速阅读(Fast-reading),教师首先让学生关注文中的图片和标题,并预测大意,同时要求其快速通读全文并概括每段大意。

T：Let's read the title. What's the title?

Ss：Rethink，reuse，recycle.

T：Can you guess what the title "Rethink，reuse，recycle" mean literally?

Ss：It's about...

T：So，how many pictures are there?

Ss：Three.

T：Look at the title and the pictures. Can you guess what the passage is about? Now，please read the passage quickly，and try to find the key words by skimming.

Ss：It may be about how people can think of creative ways to use things that they don't need any more.

Ss：A house. Bags. Beautiful art pieces.

T：OK，please choose the way in which the passage is organized.

A. ①—②③④　　B. ①②—③④ Which one ?

阅读是一个处理加工信息的过程。本环节旨在培养学生获取文章表层信息和分析文章结构的能力,即提取概括能力。教师设计任务,教授了阅读方法和技巧,采用略读的形式,让学生根据标题预测课文内容找出课文大意,并对文章的整体结构进行剖析,大大提高了学生的阅读水平。教师根据英语学习的特点,让学生学以致用,用文本中的正确的语言信息帮助学生理解单词、词组以及句子,在头脑中留下深刻印象,便于下一环节在语言实践中随时提取有效的信息。

（二）应用实践类活动

应用实践能力主要通过实践活动来体现。应用实践类活动主要包括描述与阐释、分析与判断、内化与运用等深层理解语篇的学习活动。也就是说，在学习理解类活动的基础上，教师要引导学生围绕主题和形成的新的知识结构开展描述、阐释、分析、概括、判断等交流活动，引导学生逐步实现语言知识和文化知识的吸收内化，帮助其巩固新知识，促进语言运用的自动化，并将知识转化为能力。

1. 描述与阐释

T：Please read the passage together and find out the key sentence.

T：What's the important sentence?

Ss：Nothing is a waste if you have a creative mind.

T：Excellent. You're so clever.

Answer the questions after careful reading. Show three questions about Amy's rebuilt house, ask students if they'd like to live in such a house.

Q1：What does she do? What materials does she use?

Ss：She rebuilt a house.

Ss：She use old buildings；old boat；rocks and old glass bottles.

Q2：What does the writer think of Amy?

Ss：She is unusual and creative.

Q3：What did the president think of Amy?

S1：Amy is an inspiration to us all.

S2：She can inspire us all.

此活动由问题进行引导，学生比较容易理解文本信息，得到重要信息，同时锻炼了学生组织问题以及口语表达能力，促进学生知识的输出。仔细阅读，教师引导学生了解文章每一段落的重要信息，在任务形式上采取了问答的方式。学生在仔细理解细节之后，根据文中信息概括自己的语言并进行回答。此任务可以锻炼学生寻找关键信息的能力，让学生对关键信息进行描述，并阐述。

2. 分析与判断

Matching

Name	thing they made	material they used
Amy Hayes	handbags	Rubbish
Jessica Wong	A house	iron & other materials from old cars
Wang Tao	artworks	Old clothes

此任务的设计是让学生进一步理解文章的主体结构和主要内容。文章通过对三位杰出人物的例子进行探讨。在配对过程中,学生的寻读和略读策略得到了运用。

Finish the mind-map after careful reading

Q1：How are her bags?

S1：Cute and useful.

Q2：Where can we buy her bags?

S2：In a small shop or on a website.

Q3：What's her plan? Why?

S3：She plans to write a book about new ways to use old clothes，because she hopes people can read her book and enjoy it.

Jessica
- _____ old clothes to make handbag
- _____ a small shop
- _____ a website
- _____ to write a book _____ others to _____

About new ways to use old clothes

此任务教师通过思维导图的方式,引导学生深入了解阅读文本重点信息,促进学生对语言进行分析判断并理解。

3. 整合运用

Discussion

T：What do we need to do to save the environment? How to save our plant in our daily life?

Please make a list of things that need to be done to save the environment. Which thing can be done by common people every day?

S1：Turn off the lights when you leave a room.

S2：Turn off the showers while you are washing your hair.

S3：Don's use paper napkins.

S4：Take your own bags when shopping.

S5：Recycle books and paper.

T：Great. So，what have to be done by the governments and organization? Please discuss these with your group.

本环节中的问题抓住了课文的核心,如何在日常生活中对垃圾进行处理改造,引导学生将所学习的知识进行整合并处理。教师采用自主探讨的教学方法,促使学生发散性思维,挖掘出文本蕴含的情感。同时鼓励学生关注文本的人文性,达到提升文本的内涵,升华学生情感的目的。

(三) 迁移创造能力

迁移创新能力通常是通过对语篇进行超越能力的学习活动来升华,一般包括推理与论证、批判与评价、想象与创造等。在英语教学过程中,教师要引导学生通过自主、合作、探究的学习方式,综合运用语言技能,进行多元思维思考,创造性地解决给定情境中的问题,理性表达观点、情感和态度,体现正确的价值观,实现深度学习,促进能力向素养的转化。

1. 推理与论证

T：So, should we rethink，recycle and reuse of the garbage?

Ss：Of course. We should.

T：And why?

Ss：Because it's our responsible to protect the environment.

此任务是教师对学生对本节课所学习到的思维品质进行推理并论证,从而升华学生对废品的回收利用再思考的情感态度。

2. 想象与创造

教师引导学生观看其他"变废为宝"创新设计者的作品,并介绍他们的缘由,鼓励学生思考如何在日常生活中对废品循环再利用。同时教师布置两个小任务:学生在小组内讨论生活中哪些垃圾可以被回收、如何将回收的垃圾变废为宝,并模仿文本写出小组垃圾回收再利用的创意。然后来介绍自己的创造。

Group work "我是小发明家"

Step1：List things that can be recycled and reused.

Step2：What are you going to do by using the waste things?

Step3：Please write down your introduction of your creation.

此任务为开放性讨论,小组成员可以集思广益,交流和探讨自己的想法。这个讨论没有正确答案,当学生讨论时才能真正地与同伴交流。在自主课堂教学中,教师倡导一种民主平等的师生关系,把一个大课堂转化为几个小课堂,从个别参与教学到人人参与互动教学,呈现一种积极、主动的态势。学生在完成任务的同时,自然地运用自己所学的语言知识,并积极地融入自己的语言输出中。这一环节不仅需要全班的参与,还需要报告同学将知识进行整合归纳,最后以报告的形式展示,需要他们的合作意识和团队精神,且使当堂演示的同学添加学习英语的成就感。

3. 批评与评价

在学生经过略读和仔细阅读之后,教师根据核心词问学生。

T：Do you like this title?

Ss：Yes.

T：Let's return to the title and rethink the meaning of the title. Would you like to talk about your understanding after reading the whole passage?

这一活动教师引导学生对阅读做更深层次的理解,使学生对文本的理解不再局限于字面意思,同时,此任务与预测标题的任务达到了前后呼应的效果。在教学过程中，教师要善于提出从理解到应用、从分析到评价等有层次的问题，引导学生的思维由低阶向高阶稳定发展。

Homework

Write a letter to the local government，raise the problems and try to work out your suggestions.

1) First，in your letter，describe the environment problems in your city.

What are the problems?

Where are they?

What or who is causing these problems?

2) Then，give suggestions or possible ways to solve the problems.

I think that....

We should ....

I suggest....

布置课外作业，除了复习上课所学的知识之外，让同学们自主完成倡议书，这个任务的目的是为了让学生对所学内容能得到进一步巩固提高，同时加强学生的环保意识。反馈和回想，这是自主学习中的一个重要环节，只有根据自我反馈形成认识和解决方案，才能实现自我反馈和评价。只有借助不断的自我反馈和评价，学生才能适时调整自己的学习方向，以掌握正确的方法，达到自我完善。

案 例 思 考 题

1. 核心素养理念下，我们要培养学生什么样的学习能力？
2. 考试与学生能力是否存在矛盾关系？如何解决？

第八章

核心素养理念下英语教师培养

案例 12　英语师范生培养

　　2014 年 3 月,核心素养这一新的概念首次出现在教育部印发的《关于全面深化改革落实立德树人根本任务的意见》中,并被置于深化课程改革、落实立德树人目标的基础地位,成为下一步深化工作的"关键"因素和未来基础教育改革的灵魂。2016 年 9 月,《中国学生发展核心素养》总体框架正式发布,有关核心素养的内涵、表现、落实途径等得到了详细的阐释。核心素养借鉴了欧美日韩等较为成熟的经验,以中国的教育文化为背景,以科学性、时代性和民族性为基本原则,以培养"全面发展的人"为核心,被分为文化基础、自主发展、社会参与三个方面,综合表现为人文底蕴、科学精神、学会学习、健康生活、责任担当、实践创新六大素养,具体细化为国家认同等十八个要点,各素养之间相互联系、相互补充、相互促进,在不同情境中发挥整体作用。

　　中国学生发展核心素养主要是通过基础教育各阶段各学科的教育教学来实现,因此,许多研究者对于核心素养的研究都集中于中小学阶段。左璜指出以核心素养为本是基础教育课程改革的国际趋势;窦桂梅和胡兰构建了基于小学生核心素养发展的"1＋X 课程",使课程真正服务于学生的成长;辛涛、姜宇、刘霞构建了基于学生核心素养的课程体系以及义务教育阶段学生核心素养的模型。通过学科教育实现学生核心素养也主要集中于中小学学科,其中程晓堂和赵思琪研究了中小学英语学科核心素养的实质内涵,认为发展学生英语学科的核心素养是深化英语基础教育课程改革的重要措施之一。此外其他研究还是主要集中于中小学地理学科、语文学科以及数学学科，对核心素养的本位研究、课程与核心素养的研究也较多。

然而，英语作为世界性通用语言，在我国的教育体系中，无论是在中小学教育还是在大学教育中都占据相当重要的位置。作为跨文化交流的载体，了解人类文明进程和世界发展动态的工具，英语为世界多元文化的多样性和差异性构建了相互理解的平台，它本身就培养了学生核心素养中的"国际理解能力"。即将走上讲台的英语师范生，是中小学英语教师的主要来源，是基础教育的引领者，是人类未来灵魂的工程师，把核心素养融入他们的培育中，不但贯彻落实了立德树人，而且对下一代学生核心素养的发展也具有重要意义。

培养和发展学生英语学科核心素养是英语教学的重要任务。在英语教学过程中，教师除了要使学生语言能力得到提高，同时也要促进学生思维品质、文化道德、学习能力的良好发展。作为中小学英语教师培养的摇篮，各个师范院校及师范专业对基础教育的发展起着至关重要的作用，为基础教育英语课程输送合格的英语师资是其职责。现今教师知识水准较高，思想观念新颖，接受新事物的能力也比较强，但是有不少毕业的师范生刚刚参加工作，缺乏教学实践锻炼，经验少，教育教学能力有待提高。所以，为了避免此问题的发生，应该在对英语师范生的培育过程中，加入教学实践环节，加强锻炼，提高教学能力，而且还要对英语师范生进行反思性教学，让学生学会反思，从实践中汲取有用的经验，形成自己的教学模式。

案例正文与分析

一、核心素养与课程

我国基础教育正从"知识本位"时代走向"核心素养"时代。传统上，我们是依据学科逻辑来确定课程内容的。以学科知识结构及其知识发展逻辑为依托的课程内容的确定与教材编撰，路径相对明确，但内容选择的困难程度日益加大，内容越选越多，所选内容对学生发展的价值却没有保障。只有更新教育理念，将课程内容的确定依据从知识在学科中的意义，转向知识在核心素养培养中的意义上来，也即转向能够最大程度促进和提升核心素养的那些知识，这样才能解决内容精选的问题。在突出核心素养的思想指导下，课程内容的确定与教材编撰，将从单纯以学科知识体系为依据的路径，转向兼顾以促进学生核心素养的形成为依据的路径,这对学生发展的价值更大,更明确,更有保障。

　　课程是顺利实现培养目标的基础,它并不是一成不变的,而是随着培养目标的变化而变化。近几年,核心素养在中小学基础教育课程改革中全面推进,中小学课程改革并不意味着大学课程可以置身事外,它们有责任共同培养学生发展核心素养,因此为中小学输入合格英语教师的师范院校也把核心素养提到英语师范生的培育中,对英语师范生的课程进行了一定程度的改革。然而,课程改革,不仅要改革比较抽象的学科知识,还要涉及学生在现实生活中所面临的问题。这也正是中国学生发展核心素养的内涵:人文底蕴、科学精神、学会学习、健康生活、责任担当、实践创新,最终培养学生全面发展和终生学习的能力。因此核心素养是课程改革的重要基础。英语教学法是高等学校英语教育体系对英语师范生进行职前培养的主要科目,是培养英语师范生的重要课程之一。将核心素养融入该科目的教学,是由理念到实际、抽象到具体的实施。在推进英语师范生课程改革的同时,也要培养英语师范生能够适应终身发展和社会发展需要的必备品格和关键能力,这种能力将会影响一代又一代的学生,最终会推进中国社会和教育事业的全面发展。

二、英语师范生培养模式

　　在英语教学法课的整个教学过程中,鼓励学生团结合作,相互监督,以增强学习动力;课前共同搜集材料,课上积极讨论、总结,课后共同研究;引导学生多反思多总结,合理利用网络资源。英语师范生的培养模式包括三个环节:经验反思、理论讲授和实践验证。具体如图8-1所示:

经验
反思

理论
讲授

实践
验证

图8-1　英语师范生培养模式

　　如图8-1所示,英语师范生培养模式的三个环节步步紧扣,融为一体,每个环节都既可以作为课程的起点也可以作为课程的终点。

　　在"理论讲授"这一环节,本研究改变了传统职前教育对理论灌输的单一模式，重构和优化理论教学环节。课堂上积极采用启发式、讨论式、探究式等教学方法；积极倡导在教学中将传授知识、培养能力与提高素质融为一体，以培养英语师范生的反思与实践能力。教师通常向学生讲授有关英语教学的理论知识并组织学生观看优秀的中小学英语教师的授课视频；接下来教师会对学生布置任务，重视学生在教学活动中的主体地位，充分调动学生的学习积极性、主动性和创造性，引导师范生反思和讨论这些教学方法的优缺点；然后再结合具体教学案例设计进行分组讨论；最后教师总结所学的教学理论并布置模拟教学任务，即下一环节的"实践验证"。

"实践验证"环节包括两个方面：课堂模拟教学的"小实践"和校外实习训练的"大实践"。课堂模拟教学的"小实践"一般在理论讲授课后进行，师范生以个人为单位在课下认真准备，课堂上进行10分钟左右的模拟教学，并进行拍摄录像。模拟授课结束后，由教师回放录像，组织学生进行观看，之后让学生对视频中授课的优缺点进行讨论并给出评价，最后教师点评总结。在"小实践"进行的同时，也要推进"大实践"教学理念，打破课内外、校内外的界限，完善教师职业技能培养模式，努力实现校内外和课内外教师职业技能训练相结合，强化实践环节。实践环节是英语教学法课程的重要组成部分，该环节的强弱制约着该课程教学的成败。

按照建构主义理论的观点，新知识的获取必须建立在与已有旧知识的联系之上。所以，在英语师范生的职业技能培训中，"经验反思"这一环节必不可少，通过反思和讨论自己的学习经验以及之前老师授课方法的优缺点，让英语师范生能够对接下来要讲授的相关教学理论有个初步的概念，这又为下一步的"理论讲授"环节提供了相应的背景知识。

三、教学设计与实施

（一）课前讨论

课前讨论案例内容、教学目标、任务。要成功应用视频案例以提高英语师范生的课堂教学技能，教师要做好引导学生对教学目标进行讨论，讨论需要选择哪些案例资源。要能够有针对性地选择教学案例，并引导学生对教学任务、教学目标进行讨论。在课前准备环节，要使学生对优秀教师的案例教学方式、教学内容等基本情况有所了解，熟悉案例所涉及的课堂技能。

（二）案例分析

1. 组织学生观摩案例

在这一阶段，教师展示案例，组织学生观摩案例，提出一些与教学目标有关的问题，引导学生在观摩案例的过程中思考相应的问题。而学生要认真研究案例的中的课堂教学过程，分析教师的教学行为，分析优秀教师的教学技能，并对其进行模仿，通过观摩案例，获得直观的教学知识和经验，发展对课堂教学技能的认识，丰富自己的知识。下面以 W 老师的 A Letter Home from Jo to Rosemary 为例。

片段一

T：Good morning，everyone.

S：Good morning，teacher.

T：OK. After the few first lessons，I believe you have certain understanding of this course. Today I will show you some teaching videos，and I hope you can watch carefully and have some ideas. After that，we will discuss it together，got it?

S：Yes.

2. 组织就案例进行讨论

在这个阶段，教师要承担起组织者和引导者的角色，能够布置师范生讨论的问题，对学生进行分组，安排案例讨论内容，对学生的讨论行为进行指导，对于学生中偏离主题的现象进行引导。对于学生而言，要认真围绕教师问题进行讨论，能够结合自己的发现，积极与学生教师进行讨论，形成对问题的认识，通过学生讨论，使学生能够掌握课堂教学技能提升的策略。

片段二

T：OK. Which teaching method does the teacher use in this video?

S：Task-based language teaching.

T：Yes. The teacher lets students skim and scan the text to finish the task. It helps students to master reading skills and learn some new vocabulary related to describe the environment. And what do you think after watching the videos?

S1：I think the curriculum framework is clear，and the exchanges between teachers and students are frequent.

T：(nodding) Yes.

S2：The teacher himself is rich in emotion，and the atmosphere of classroom is also active.

T：Yes. Anybody else?

S3：The introduction of the curriculum is combined with the actual situation of students. The opportunity for students to speak is conducive to increasing students' interest.

S4：The proper board writing helps to enhance students' memory and highlight key points.

T：OK. Is there anything wrong with teaching progress?

S1：The entire class takes up too much time in students' discussion，and the teacher is not closely linked to the arrangement of classroom activities.

S2：The groups get a bit of a mess. It is not conducive to the management of classroom order.

T：Good. Everyone has observed very carefully. The video just is an assistive tool. You need to watch many teaching videos of great teachers and rethink constantly，and gain useful knowledge to improve yourselves.

（三）模拟讲课

组织学生通过实践进行技能模拟。引导学生根据课堂讨论的结果，根据自己的认识进行课堂教学技能展示，能够模拟优秀教师开展教学活动，引导学生在实践中进一步思考自己的教学技能应用情况。通过这个阶段，培养学生的应用知识的能力，提高学生的课堂实践能力，促进学生教学技能的提升。下面以七年级下学期第三单元 Finding your way 的阅读课 A lucky escape 为例。

片段三

Step 1 Pre-reading （3min）

T：Hey，boys and girls! How are you?

S：Fine，thank you.

T: Oh! I am glad to see you all are so active and genetic. Today we are going to have a new lesson, you know what it is?

S: A lucky escape.

T: Yes, very good. Before learning the text, I will teach you some new vocabulary related to the topic of the text. OK, "robber" (by acting with a student), "police uniform" (by showing school uniforms), "push" (by acting) and "van" (by showing the picture of it).

Students read the words one by one and teacher corrects their pronunciation.

（由于文章第一部分生词最多，教师自己描述故事，讲解生词，为学生扫除阅读障碍。）

Step 2 While-reading (5min)

Teacher guides students to skim the story.

T: After finishing the story, I want you to skim it again and summarize the structure of it. (Part 1: Line 1 – Line 11; Part 2: Line 12 –Line 25; Part 3: Line 26 Line 35)Then, I will invite some of you to write their answers on the board. OK? Let's begin.

Students skim the passage quickly and match the lines with main events.

T: In order to understand more detailed information, I hope you finish some True/ False questions after reading the first part. Work in pairs and correct the false ones.

Students read the first part and finish the questions.

（通过讲故事的形式，将本课时的重点词汇一一呈现并强调，通过各项阅读任务不断检验学生对课文的理解，同时培养学生略读、寻读的能力。）

Step 3 Post-reading (2min)

T: OK. I will give an assignment to you. Try to act out the short play in a group and don't forget to use body language. That is all for today. See you next time.

S: See you.

（通过布置课后任务，帮助学生课后复习文章，培养学生综合语言运用能力。）

（四）教学反思

在授课过程中，教师抛弃传统的理论呈现方式，采用"案例展示，学生反思"的教学方法。即教师展示出同一单元不同的两份教案设计或真实课堂的实录，学生以小组为单位进行讨论交流，评选出优秀的一篇或指出视频中教师授课的优缺点。小组讨论点评的过程，就是学生反思的过程。在问及对这一学习环节有什么评价的时候，某同学说：

> "与我自己动手写不一样，评价别人的，是站在一个更加全面的角度来看整单元课文的设计。逐字逐条地读下去，就在想这位教师在编写这个环节的时候目的是什么，这就是我在反思的过程，反思这个环节是否合理。在看真实教学视频的时候我就会想，这个环节这个老师说得好，如果是我，我会怎么来教。"

把理论的教学和实际案例相结合，引导学生对案例的反思，以达到内化理论的最终目的。

以下是对同学课堂反思报告的摘录：

> 教学内容是七年级下学期第三单元 Finding your way 的阅读课 A lucky escape。我的教学任务是课文细节理解，概括课文内容以及 C 部分的练习题。我就教学设计与微格课堂两个方面进行如下反思：
>
> 教学设计：① 优点：逻辑清晰，循序渐进。通过快速阅读，让学生找出从 C 部分的答案，这可以帮助学生锻炼快速阅读提取信息的能力。然后再通过仔细阅读找出课文细节，从简入繁，条理清晰。利用表格整合课文信息，学生回答出根据课文提出的几个问题后，利用表格整合了学生的回答，帮助学生总结了答案，一目了然。② 缺点：文章信息填空和完成练习题衔接有矛盾，让学生完成表格和完成练习题同时布置下去，就会有学生不去文章中寻找信息来完成表格，而是直接在练习题中就能找出答案，这样就失去了训练意义。所以应该先让学生完成表格，然后再布置完成练习题的任务。
>
> 微格教学：缺点：第一，教师话语使用不当，提问语句重复，而且句型无变化。我的提问一直都用同一个句型：Who can tell me ...包括到后面在对第一段细节问题进行提问的时候还用的是这个句型。学生对经常重

复出现的句型会产生两种反应情况,一是得到了强化,记忆深刻,这是正向作用;二是因为经常反复,学生会觉得无聊导致兴趣降低和注意力涣散,这是负向作用。这次出现这个问题的原因很大程度上是源于我自己,在当初进行教师话语设计的时候,我的句型并不是如此单一的,但是在课堂上不自觉地就重复使用了。在以后的微格课堂中,我会更加注意教学语言的多样性,把 Who can tell me … 这样的提问句型简化为直接对问题的提同如:When …? Where …? 第二,多媒体课件使用不当。在第二阶段的教学中,通过表格的形式,向学生展示了课文第一段的细节信息,帮助学生总结概括。但是在我提问之后,学生还没有完全回答结束,我就点出了答案,结果那些正在答题的学生马上顿住,改看屏幕上的答案了。是我没有把握好播放课件的时间,影响了学生的作答。在以后教学中,我会经常使用多媒体课件,卡准播放时间,提示信息类可以提前放出来,答案一定要在学生回答完之后才能播放。

总之,在英语师范类的教学法课程中,实践活动是非常重要的一部分。因为学生需要反复的、大量的实践机会去体会和琢磨,养成反思习惯。一些学生也从自己的实践和体会出发就培养英语师范生的教学反思能力提出了建设性的建议,如

"教师在课堂上可以通过案例的形式,让学生参与评价他人的授课。"

"理论与实践相结合,特别要加强实践。"

"多实践,多总结。"

"加强理论修养,在实践中积累。"

"自我能力的培养是个关键因素,却是一个漫长的过程。要加强外部推动力,学校可以多组织教学观摩和实践,再加之后面的评价活动,一定可以使效果事半功倍。"

(五) 见习与实习

在为期一周的教育见习实践活动里,学生仍旧以小组为学习单位。学院随机分配见习学校,班级小组随机分配见习年级。见习一周时间里,学生每天带着听课记录本,对不同班级的英语教师进行教学观摩记录。记下教学过程即教学事件,并进行评价。每晚写一篇"我的一天"见习反思。最后见习实践

活动结束，以小组为单位对某一节小组成员公认的优秀课填写评价表一格，表格部分截取如下方所示：

Classroom Observation Report

Name：　　　　　　Number：　　　　Class：　　　　　Group：

School：　　　　　　Teacher：　　　　Lesson：

Pre-reading (activities & duration)	While-reading (activities & duration)	Post-reading (activities & duration)

1. Observe one reading activity in the lesson and see what the teacher does before reading?

2. Do you think what the teacher does effectively? Which part of the task do you think more effective to facilitate students' understanding of the text? Why do you think so?

Adviser：　　　　　　Date：

学生通过对整堂课的梳理，总结出观摩课程教师的教学事件，然后分析反思一堂观摩课中有效和有意义的教师行为。在反思中学习优秀经验会在反思中获得专业成长。与此相似的是教育实习，为期 3 个月的教育实习中，同样要求实习学生每天观摩优秀教师课程做课堂记录写观摩反思，每次上课结束对自己的教案和授课进行反思，每晚写一篇实习反思日志。

案例思考题

1. 在职前教师培养过程中，应关注学生哪些能力的提升？

2. 如果让你来设计职前教师培养方案，你会怎么设计？

3. 案例中的教学设计为英语师范生培养带来哪些启示？

4. 你觉得案例中的培养模式付诸实施，会遇到哪些主要问题？如何解决？

案例 13　英语教师专业发展研究

背景信息

在"互联网＋"及全面深化教育改革的背景下,核心素养的提出对促进人的全面发展,促进素质教育改革具有重要意义。首先,对教育的本质进行了再次深化,提出了教育的实质是培养学生未来发展能力。其次,有助于教育学活动安排围绕学生全面发展进行彻底性变革。最后,核心素养是对学生的"学"提出更高的要求。核心素养的提出也促进了课程改革,其中课程改革的关键是教师,教师直接影响改革的成效。学生核心素养的提升离不开教师核心素养理念的深化,因此,以核心素养为基础的专业发展对学生、教师自身和学校具有十分重要的意义。从学生方面出发,教师核心素养的提升能够促进和带动学生核心素养的实质发展,激发学生学习自主性,从而提高学习效率。从学校层面来看,鼓励教师核心素养的发展能够深化素质教育改革,提高教育质量。对于教师自身发展来看,教师核心素养也是新时代对教师专业发展的深层次要求,为教师的专业素养发展提供了方向,能够有效促进教师专业化。

英语作为我国外语课程中最主要的语种之一,已成为仅次于语文教学,而且是学时最多、年限最长的课程。英语作为一门第二外语,在语言教学中具有特殊性,因此英语教师在专业知识和专业素养方面又有着与其他教师不一样的要求。英语核心素养从四个维度建构学生的综合素养,即语言能力、文化品格、思维品质和学习能力。作为英语教师,要在日常课堂教学中,应该有目的、有计划、有意识地培养学生的听、说、读、写四方面的能力;结合教学内容,直接或间接地渗透中外文化知识,帮助学生形成正确的价值观和道德情感;在建构语言知识体系中,培养学生利用英语进行多元化思考的能力;其最终目标是为学生养成终身学习的习惯,发展和培养其自主学习的能力。所以为了提高学生的素养和能力,英语教师就要有更高的自身素养。在现实的情景下,可以说外语教师的素养决定着学生素养的高度、宽度及深度。由此说来,英语教师专业发展和综合素养必须跟上新时代的发展步伐和现实所需,从而适应教育的供给侧改革,以提升教育教学的质量,满足学生提高自己的需要。

在大多学者看来,教师的核心素养应既包括物质基础又包括上层建筑,既包括知识技能等浅层次素养，又包括道德认知等深层次素养。结合教师专业化的定义，本案例认为教师核心素养应概括为自身素养、专业素养和社会素养三个层面。教师自身素养可以分为认知能力和人格素养两个层面。教师认知能力主要指学习能力、科研能力、问题解决能力、身心健康等。而人格素养主要指人文素养、审美情趣等有关方面。教师专业素养则包括实践能力和理论知识。实践能力包括教师运用现代信息技术能力、教学反思等。而理论知识主要指相关专业知识（包括词汇、语法等语言知识）和教育教学理论等。教师社会素养定义主要从新时代教师在社会上的角色定位出发。教师作为社会中一员，应该主动承担社会责任，不断培养爱国意识，提高道德修养。从英语学科的性质出发，跨文化交际能力也是英语教师社会素养的重要组成部分。

本案例通过采访两位一线高中教师，通过他们来了解学校对于教师专业发展的一些做法，并了解他们对于这些做法的看法。核心素养的提出，对英语教师专业发展提出了挑战和考验，而教师专业发展具有自觉性、个体性，而自我导向性学习很好地适应了教师专业发展的特点。由于一线教师的学历背景、个人需求不一样，加上参加培训学习的机会比较少，教师的自我导向性学习在教师专业发展中显得尤为重要。要想在教学中培养学生的核心素养，教师必须加强自身学习的自觉性，不断更新自己的知识水平，才能跟得上课改的要求。

案例正文与分析

一、英语教师专业发展的意义

在培养学生核心素养的过程中，培养对象是学生，而培养主体是教师，因此教师的任务更加繁重，责任更大。提高教师专业发展可以让英语教师成为东西方文化的传播者、英语课程的建构者、课堂教学的实施者、学生成长的指导者，从而提升英语教师的核心素养及职业幸福感。英语教师的专业发展指的是教师专业结构中各个要素的不断发展提升；在此过程中，教师的专业思想、专业知识、专业能力、专业心理品质等方面由不成熟过渡到较为成熟，即由一个教育新手发展成为经验丰富的专家型教师的过程。

《课标》指出"教师还应不断提高自身的专业水平，努力适应英语课程对教师提出的新要求"，并提出了相应的教学建议。教师必须更新自己的教学理念,紧跟新时代步伐。优秀的英语教师可以保证英语教学的质量。关注教师的专业发展一方面可以为教师的教学实践提供帮助,另一方面还能激发教师的教育研究热情。

相比于教师的专业化,基于核心素养的教师专业发展在教师角色、教师作用和教师应承担的责任方面做了更多的补充,对教师能力的要求也不尽相同。

第一,基于核心素养的教师专业发展更加鼓励教师做研究,而不是一味地教书。在教学实践中不断培养研究精神,在日常备课上课中渗透批判性思维,从只是依赖课本转变为敢于质疑课本、探索课本,研究和开发课本。教师应立足于提高教学质量,勇于创新,乐于研究。

第二,教师核心素养对教师"促进者"这一角色提出了更高的要求。在"互联网+"的时代背景下,新兴多媒体技术层出不穷,在新时代背景下教师的学习能力尤为重要,教师更为需要利用新信息技术以提高学生的学习效率,为学生学习效率的最大化做出努力。同时教师核心素养更加强调人文素养,这表明教师应具备一定程度的文化底蕴和审美情趣。因此核心素养对教师的作用提出了更为严苛的要求。

第三,教师核心素养提倡教师应当成为榜样者。在新时代下,教师不再是"蜡烛"和"辛勤的园丁",核心素养在提倡教师在规范学生的同时也应鼓励教师实现自我价值,教师的人格影响力更大。要促进学生的全面发展,教师首先要健全完善自身人格。在全球化背景下,教师应该更加关注自身的跨文化交际能力,提高自身的国际视野,为学生树立好"榜样"。

最后,教师在发展自身专业能力时应更加重视自身"社会人"身份。教师不仅仅应承担自己在学校教书育人的责任,还应该是意识到自己是社会的一员,教师应具有社会责任感和国家认同感。当前社会存在诸多问题,教师必须勇于面对社会问题,承担社会责任。

二、中学英语教师专业发展的现状

通过对本案例中两位老师的交谈,不难发现教师想要实现自身专业发展存在着许多阻碍,不仅是教师本身,外界的阻碍也有许多。其中一位老师说到,虽然有很多讲座、培训活动,但由于平时教学任务较为繁重,很多时候心有余而力不足,没办法参加。

(1) 教师教学任务重、教学压力大,缺乏专业发展意识。通过大量文献阅读以及对中学英语教师的实际考察不难发现,教师教学任务重、教学压力大是中学英语教师的一个普遍现象。大部分英语教师每周都有十多节常规课,有的老师可能还会有额外的选修课，而且很多英语教师还要兼任班主任工作；再加上教师平时还需要备课、批改作业，给学生进行辅导等。因此，教师留给自己学习、充实自己的时间就所剩无几了，更不用谈进行专业能力的发展了。即使学校布置了教师专业发展的任务，大部分教师的学习也是非常被动的，更不会主动改进教学理念、更新知识结构和完善自我发展。鉴于此，学校领导和相关部门应该采取相应的措施激励教师进行专业发展的积极性。

（2）学校对英语教师专业发展重视度不够。目前，大部分中学对本校英语教师的专业发展没有给予足够的重视。在认识上，没有意识到英语教师的专业发展会影响教师的教学质量、学生的学习效果；在课程安排上，只顾学校的课时是否能顺利完成，也没有为英语教师留有自主学习的时间；提供给教师的学习方式，主要以听课和研讨为主，几乎没有外出进修的机会。于是，在中学英语教师专业发展意识缺乏、教学任务繁重，以及一切向分数看齐的环境下，听课研讨学习流于形式。显然，这样的教育教学环境不仅不能提高教师的专业知识和专业技能，也不利于教师的专业发展。

（3）教师教学方法不当，容易忽视培养学生的综合能力。中学英语是基础教育以及学生英语水平的关键阶段，起着承上启下的作用，然而，巨大的升学压力使得教师只好一切以分数为重。在教学内容上，教师侧重于读写教学，忽视学生听说技能的提高，并且缺乏对课外知识的延伸，不能做到主动拓展学生的语言知识；在教学方法上，英语教师侧重知识的讲授，课堂内外充斥机械式练习，不容易激发学生学习英语的兴趣，不利于学生自主学习能力、思维能力、交际能力的培养，这导致学生学了多年英语，仍然不会读、听不懂，更不能用英语进行日常交谈。这些问题都体现出英语教师专业能力发展的必要性，英语教师的专业发展是一个值得重视的问题。

（4）教学反思不足。教学反思是教师发现自己教学实践不足的重要手段，也是提升教师能力的重要途径。然而，在实际教学活动中大部分英语教师墨守成规，采用固定的教学模式，不会创新，只有极少的教师会对自己的教学进行课后反思，其他教师则是偶尔为之或者是为了完成任务而为之。长此以往，势必会使教师忽略自己在教学中出现的一些问题，从而达不到应有的教学效果。

三、教师专业发展的具体体现

在与两位老师的交谈中了解到一些教师专业发展的举措，其中一位 Y 老师就介绍了该地区现有的一些做法。教师也是需要学习进步的，在此过程中扬长避短,不断丰富自己的教学经验。因而他们会经常组织听课、评课,不断促进教师的上课能力,而这项活动不仅仅局限在自己学校,他们还会一直外出听课,去一些全国闻名的学校听课,吸取一些适合自己学生的做法加以实践,不仅为学生提供了更多提升自己能力的途径,也为教师本身能力的提高提供了便利,或许自己在教学过程中遭遇"瓶颈期",但在听别的优秀教师的优质课后,可以从中获得灵感,使自己顿悟,进而使自己走出"瓶颈期",提升自己的能力。除了听课外,他们还会考查教师最重要的能力——讲课,教师发展中心会组织多样的比赛来提升教师的专业水平,在赛中学,在赛中练,在赛中促进自己专业的发展。仅仅只是组织参加各种活动是远远不够的,"学而不思则罔",每一次活动,每一次考试,每一次比赛过后,Y老师所在学校都会组织反思会,分析总结,进行批评与自我批评,所有教师还会有继续学习会,不断学习,培养教师终身学习的意识。从上述做法看,Y老师所在学校较为重视教师能力的提升,从听课到讲课再到分析总结,教师专业发展的做法遍布教学中的各环节,多种方式提升教师专业水平,让教师得到发展。

　　从另一位Z老师那里,我得到了一些类似的教师专业发展的举措,同时也了解到了一些不同的做法。Z老师说他们要参加一些培训,通过培训提升自我,这与Y老师介绍的做法很是相似。Z老师向我展示了他参加其中一次培训的笔记,这次培训的主题是"抓教学常规,促规范教学",这个培训是由该市中小学研究中心组织的,在这个笔记中,比较吸引眼球的有几个词,"六认真""五统一"和"六备",其中"六认真"指的是备课、上课、布置作业、批改作业、辅导和考试要认真对待,这六个方面恰好是教师的主要任务所在。"五统一"指教学进度、教学目标、教学过程中的重难点、课型方法与作业相统一,这五个方面贯穿教学过程,应该做到统一,而这是教师需要花时间与精力来提升的。"六备"显然是指教师在上课前应该做哪些准备,教师需要备课标与教材、备教学内容、备学习方法、备教学方法、备教学手段,另外还应根据教学内容准备相应的作业和练习。从这份笔记中可以看出主讲人从教学的各个环节进行剖析,为教师分析如何完成一堂课,除了讲如何上一节课,培训还重点讲了如何上好一节课,怎样的一节课才叫好。课堂的主体是学生,一堂好的课要看是否吸引学生,学生的抬头率如何,学生参与的积极性是否高,都说学生离不开老师,其实教师要发展自己的专业能力也离不开学生,学生的课堂参与度正是其教学能力的直接体现。只是一次培训,教师就可以学到很多,因此教师应珍惜每次培训的机会,这是自己进行专业发展的机会。

　　除了培训,Z老师还介绍了一个教师培养的新措施,名字叫"青蓝工程",

直白地说就是老带青,经验丰富的教师向刚入职的教师传授经验,在我看来这是一个互惠互利的做法。年轻教师可以很快进入角色,有不懂的地方还有请教的对象。而对经验丰富的教师来说,接触新鲜血液可以使他们接触更新的教学方法,让自己的教学理念可以得到更新,而不是一味地固守陈规,这种老带青的做法对两位老师来说都有提升,对自己的教学工作很有好处。

四、怎样基于核心素养进行中学英语教师专业发展

通过与 Y 老师与 Z 老师的交谈,他们或多或少对于提升自身专业能力都有着一些想法,有对提高自身能力的一些看法,也有对学校的一些希望。

(1) 完善知识结构,注重语言能力的提升、文化品格的培养。语言能力是英语学科核心素养的核心内容,它强调学生理解和表达英语语言的能力,这与新课标的要求是基本一致的。因此,教师要重视知识的积累,不断提高专业素养。要做到专业水平的提高,首先要充实自身文化基础知识。英语学科本身涉及的知识比较宽泛,涵盖各国政治、经济、历史、文化等相关知识,所以教师应该在备课本知识的基础上延伸与本课相关的课外知识,并且在教学时要有意识地把中外优秀的文化成果介绍给学生,丰富学生的课外知识,增强学生的跨文化意识;同时要引导学生树立正确的世界观、人生观、价值观,形成自己独特的文化立场与态度、文化认同感和鉴别能力。其次,要深化学科知识。英语学科的出发点是培养学生听说读写综合语言运用能力,因此教师的语言能力至关重要。教师应结合自己具体情况,完善自己的语言知识、语言技能、语言理解和表达能力,努力提升自己的语言能力,提高自身专业素养。

(2) 改进教学方法,注重培养学生的思维品质。长期以来,中学英语教学倾向于对学生进行知识传授,忽视对学生学习能力的培养,尤其是思维品质和交际能力的培养。出现这种现象的根本原因是教师没有认识到自己的教学方法不当,认为学生掌握了所学知识、考试得高分,自己就完成了教学任务,其实不然。英语学科的核心是培养学生理解和表达英语语言的能力,但是许多学生学了多年英语仍然不会读、不会听,更不能流利地与人交谈。因此,教师在提升自己的专业知识的同时也应该花时间提升自己的专业技能。例如,学会根据学生的个体性差异,创设问题情境,激发学生思考,引领学生养成乐于思考的习惯;学会根据教学内容,实施启发式、探究式教学,培养学生的观察能力,引导学生通过观察养成善于思考的习惯;学会精心设计练习活动,引导学生触类旁通、举一反三。

(3) 教师要有自主发展意识和终身学习意识。教师是专业发展的主体,

所以教师自己要有专业发展的意识,不仅要完善知识结构,提高专业技能,还要重视教学反思。反思性教学是教师提升自我、促进自我成长的重要环节,通过教学反思,教师可以发现自己在教学内容、教学方法、教学过程方面的不足之处和存在的问题,进而有针对性地完善自身的不足,提高教学能力和水平。此外,教师还应树立终身学习的意识。教师只有不断学习英语教学理论,充实自己的专业知识,掌握英语教学的最新动态,拓展英语的课外知识,完善教学方法,才能设计出新颖的教学活动,激发学生学习英语的兴趣,提高学生的学习能力,培养学生的终身学习意识。

另外,教师在设计教学时,首先应从新课标的要求出发,加深自己对课程、对教学的理解。在研究新课标的基础之上,教师的理论素养也应得到一定程度的充实,理论知识对教学实践起着指导和促进的作用,会反作用于教学实践。如二语习得、外语教学流派等理论知识都可以为教师的教学设计提供科学的依据。教师的实践性经验又可以加深对专业理论知识的理解。所以教师应在预设和生成的动态平衡中把握课程精髓,加快专业发展,提升专业素养。

(4)学校要重视对英语教师专业能力的发展。我国大部分中学目前对英语教师的专业发展并不够重视,针对这一问题,首先,国家教育部门应该加强对英语教师专业发展的宣传力度,或者制定一些方针政策增强学校对教师专业发展的意识。其次,学校要给英语教师创造学习交流的机会。教师不能仅靠自己对教学过程的反思,还应该多与同事进行研讨交流,接受专业人士的指导。因此,学校要加大对教师专业发展的支持力度,多开展教师间的观摩听课活动、同行间的研讨活动,在条件允许的情况下还可以请一些专业人士为中学英语教师答疑解惑,对他们进行有效的指导。2011年修改的新课程标准提出以综合语言运用能力为核心的课程目标,而跨文化意识正是文化意识目标中的重要组成部分。在经济全球化的背景之下,英语教师应增强自身的跨文化交际能力,从而丰富自己的社会素养。

小　结

百年大计,教育为先。教师不仅肩负着教书育人的重担,还承担着提高国民素质的崇高使命。知识的日益更新,新课程改革的逐步推进、核心素养的提出以及教育教学的日益发展对教师的专业水平是一种新的挑战,也凸显出教师专业发展的重要意义。教师的专业发展是时代发展到一定层次的客观要求,反映了当代教育的重要规律。"教然后知困,学然后知不足",教师只有通过不断的学习才能促进自己的专业发展,才能改变自己的生存状态,从而实现专业发展中的自我满足。因此，作为 21 世纪的教师，必须站在时代发展的立场来重新审视教育，适时更新教育观念，认识到自身的专业发展既是时代发展的客观要求，也是自我生存、自我超越和成就事业的必然选择。

案例思考题

1. 阅读本案例，你对案例中提到的教师专业发展做法有多少了解？
2. 除了本案例中提到的做法，你还知道哪些有利于教师专业发展的做法？

参考文献

———————————— ■ ————————————

［1］Department for Children, Schools and Families. *Excellent Teachers Guidance for teachers, head teachers and local authorities* ［EB/OL］. Department for Children Schools & Families. 2007. http://www.teachernet.gov.uk/publications.

［2］Department for Children, Schools and Families. *Your child, Your schools, Our future: Building a 21st Century Schools System* ［EB/OL］. London: TSO. 2009. https://www.gov.uk/government/publications/department-for-children-schools-and-families-report-june-2009.

［3］Department for Children, Schools and Families. *Excellent Teacher Scheme Review* ［EB/OL］.London: London Metropolitan University. 2009. http://dera.ioe.ac.uk/id/eprint/10652

［4］Little, D.. *Learner Autonomy: Definitions, Issues and Problems* ［M］. Dublin: Authentik. 1991.

［5］National Board for Professional Teaching Standards. *English as a New Language Standards (2nd ed.)* ［EB/OL］. 2011. http://www.pdfdrive.net/english-as-a-new-language-standards-national-board-for-e8206660.html.

［6］National Board for Professional Teacher Standards. *What teachers should know and be able to do* ［EB/OL］. VA:Arlington. 2002. http://accomplishedteacher.org/.

National Board for Professional Teaching Standards. *English as a new language standards* (2nd ed.) ［EB/OL］. VA: Arlington. 2011.

［7］https://www.pdfdrive.com/english-as-a-new-language-standards-national-board-for-e8206660.html.

［8］O'Malley, J. M. & Chamot, A.. Learning Strategies in Second Language Acquisition. Cambridge: Cambridge University Press.1990.

［9］Prabhu, N.S. *Second Language Pedagogy* ［M］. Oxford University Press. 1987.

［10］Schulman, L. S. Those who understand: Knowledge growth in teaching ［J］. Educational Researcher, 1986, 15(2):4 – 14.

［11］Sikua, J. *Handbook of Research on Teacher Education* ［M］. New York: Simon &Schuster Macmillan, 1996.

［12］Training and Development Agency for School. *Professional Standards for Teachers: Why Sit Still in Your Career?* ［EB/OL］.London: TDA. 2007. http://http//www.

tda.gov.uk/teacher/developing-career/professional-standards-guidance

[13] 白杨.英语听力教学的改进方法浅探[J].教育与教学研究,2004,18(5):12-13.

[14] 常丽丽,卢瑞玲,荆雁凌.基于实践取向的教师教育课程改革[J].教学与管理,2014,24:35-37.

[15] 陈汇萍.发展核心素养唤醒教学内生力[J].基础教育研究,2016(21):45-47.

[16] 陈吉棠.英语听力课教学改革的实践与反思[J].外语电化教学,1998(3):3-6.

[17] 陈琳.颂"学生发展核心素养体系"[J].英语学习,2016(1Ⅹ):5-6.

[18] 陈潭,程瑛.Seminar教学法、案例教学法及其课堂教学模型构建[J].湖南师范大学教育科学学报,2004,3(4):57-59.

[19] 陈贤纯.外语阅读教学与心理学[M].北京:语言文化大学出版社,1998.

[20] 程可拉.任务型外语学习研究[M].广州:广东高等教育出版社,2006.

[21] 程晓堂.任务型语言教学[M].北京:高等教育出版社,2004.

[22] 程晓堂.英语学科核心素养及其测评[J].中国考试,2017(5):7-14.

[23] 程晓堂,赵思奇.英语学科核心素养的实质内涵[J].课程·教材·教法,2016(5):79-86.

[24] 程晓堂,郑敏.英语学习策略[M].北京:外语教学与研究出版社,2002.

[25] 崔允漷.素养:一个让人欢喜让人忧的概念[J].华东师范大学学报(教育科学版),2016(1):3-5.

[26] 杜鹃,陈玲,徐爱荣.在案例教学法中要重视案例库建设[J].上海金融学院学报,2005(3):61-63.

[27] 傅道春.教师的成长与发展[M].北京:教育科学出版社,2006.

[28] 高琴.高中英语读写结合课例研究[D].南京:南京师范大学,2014.

[29] 高长风.新课标解读与教学案例设计初中英语[M].北京:中央民族大学出版社,2004.

[30] 郭悦.初中英语名师教案全集[M].安徽:安徽文化音像出版社,2003.

[31] 何振峰.初中生英语自主学习能力培养策略研究[D].西南大学,2009.

[32] 何莲珍.自主学习及其能力的培养[M].北京:外语教学与研究出版社,2003.

[33] 何明.英语教学中常见的十个问题及应对策略[J].中小学英语教学与研究,2005(6):34-35.

[34] 黄正翠.核心素养课改下的基础英语教育回顾与展望[J].教育科学论坛,2016(20):63-67.

[35] 惠亚玲.外语教学中自主学习能力的培养[J].西安外国语大学学报,2003,11(4):20-22.

[36] 胡庆芳.美国学生课外作业集锦[M].北京:教育科学出版社,2008.

[37] 教育部.普通高中英语课程标准(2017年版)[M].北京:人民教育出版社,2018.

[38] 教育部.义务教育英语课程标准(2011年版)[M].北京师范大学出版社,2011.

[39] 教育部.教育部关于"十五"期间教育改革和发展的意见.2002年2月6日.

[40] 教育部.教育部关于实施卓越教师培养计划的意见.2014.08.18.

[41] 教育部等九部门.教育部等九部门关于进一步推进社区教育发展的意见.2016.

[42] 教育部师范司编.教师专业化的理论与实践[M].北京:人民教育出版社,2003.

[43] 教育部.教育部关于全面深化课程改革落实立德树人根本任务的意见[EB/OL].2014.
http://www.moe.edu.cn/srcsite/A26/s7054/201404/t20140408_167226.html.

[44] 龚亚夫.英语教育的价值与基础英语教育的改革[J].外国语,2014(6):18-19.

[45] 顾泠沅.教学任务与案例分析[J].上海教育科研,2001(3):2-6.

[46] 顾明远.教育大辞典(增订合编本)[M].上海:上海教育出版社,1998.

[47] 顾凯.试论过程写作法[J].安徽大学学报,2004(06):40-44.

[48] 顾佩娅,陶伟,古海波.外语教师专业发展环境研究综述[J].外语教学与研究,2016(1):99-108.

[49] 蒋敦杰,杨四耕.高中新课程理念与实施[M].海南:海南出版社,2005.

[50] 经柏龙,罗岩.论案例教学及其运用[J].沈阳师范大学学报(社会科学版),2006,30(1):38-41.

[51] 李冬梅.近十年来国内英语听力理解研究述评[J].外语界,2002(2):30-34.

[52] 李艺,钟柏昌.谈"核心素养"[J].教育研究,2015(9):17-23.

[53] 林崇德.21世纪学生发展核心素养研究[M].北京:北京师范大学出版社,2016.

[54] 刘双."案例教学"若干问题的辨析[J].教学与管理,2003(16):51-52.

[55] 刘爽.农村初中学生自主学习的现状及指导策略研究——以K中学英语课堂教学为例[D].广州大学,2016.

[56] 陆俊元.案例教学法的本质特征及其适用性分析[J].中国职业技术教育,2007(28):22-24.

[57] 鲁子问.英语教育促进思维品质发展的内涵与可能[J].英语教师,2016(5):6-12.

[58] 罗英.农村中学七年级学生英语自主学习能力培养的研究[D].湖南师范大学,2012.

[59] 庞维国.自主学习理论的新进展[J].华东师范大学学报:教育科学版,1999(3):68-74.

[60] 祁占勇.卓越教师专业能力成长的合理性建构[J].当代教师教育,2014,7(3):49-51.

[61] 石磊.基于核心素养培养外语教师专业发展的几点思考[J].教育教学研究,2017(7):112-113.

[62] 舒琪.关于提高英语作业设计有效性的几点思考[J].英语教师,2019(7):142-143.

[63] 温紫纶.新课程背景下英语作业布置改进策略[J].基础英语教育,2011(6):40-47.

[64] 王东杰,方彤.英国"卓越教师计划"研究——兼谈对我国"国培计划"的启示[J].中小学教师培训,2013(8):62-64.

[65] 王笃勤.英语教学策略论[M].北京:外语教学与研究出版社,2002.

[66] 王蔷,陈则航.中国中小学生英语分级阅读标准(实验稿)[M].北京:外语教学与研究出版社,2016.

[67] 王蔷.英语教学法教程[M].北京:高等教育出版社,2006.

[68] 王蔷.从综合语言运用能力到英语学科核心素养——高中英语课程改革的新挑战[J].英语教师,2015(16):6-7.

[69] 王家芝.中学英语教师专业发展现状及其需求分析[J].基础英语教育,2010(5):90-97.

[70] 王少非.新课程背景下的教师专业发展[M].上海:华东师范大学出版社,2005.

[71] 王少非.教师教育课程的实践取向:何为与为何[J].教师教育研究,2013,25(05):72-75.

[72] 王俊英,张志泉.反思教学的内涵及实施策略[J].教学与管理,2010(3):122-123.

[73] 文秋芳.英语学习成功者与不成功者在方法上的差异[J].外语教学与研究,1995(03):61-66.

[74] 吴锋民.国家课标视野下的师范院校教师教育课程改革[J].浙江师范大学学报(社会

科学版），2012,37(02)：1－5.

[75] 许立新.案例教学：当代中国教师教育模式的新视野[J].中小学教师培训,2004(1)：
17－19.

[76] 夏正江.从"案例教学"到"案例研究"转换机制探析[J].全球教育展望,2005(2)：
41－46.

[77] 肖飞.学习自主性及如何培养语言学习自主性[J].外语界,2002(6)24－27.

[78] 于晓.谈初中英语教学板书的有效性和学习效度[D].哈尔滨师范大学,2012.

[79] 曾洁.外语自主学习策略教程[M].上海外语教育出版社,2011.

[80] 张家军,靳玉乐.论案例教学的本质与特点[J].中国教育学刊,2004(1)：48－50.

[81] 张奎明.美国教师教育中案例方法的应用与研究[J].高等师范教育研究,1997(2)：
49－53.

[82] 张丽梅.案例教学法的研究与教学实践[J].黑龙江教育：高教研究与评估,2006(3)：
51－52.

[83] 张新玲.读写结合写作任务研究综述[J].天津外国语学院学报,2009(1)：75－80.

[84] 张海英."过程写作法"教学模式：一堂读写课[J].海外英语,2015(5)：20－21.

[85] 张凌敏.基于英语学习活动观的初中英语阅读课教学活动设计——以 Unit 5 Section
B Reading Beauty in common things 教学为例[J].英语教师,2018(14)：146－150,154.

[86] 张殿玉.英语学习策略与自主学习[J].外语教学,2005(1)：49－55.

[87] 张正东.张正东英语教育自选集[M].北京：外语教学与研究出版社,2007.

[88] 赵连杰,王蔷.基于课例改进促进中学生英语学科能力发展的实验研究[J].基础外语
教育,2016,18(05)：3－12＋108.

[89] 赵革,王青梅.论案例教学法在专门用途英语教学中的应用[J].宁波教育学院学报,
2009,11(2)：43－45.

[90] 郑金洲.案例教学：教师专业发展的新途径[J].教育理论与实践,2002(7)：36－41.

[91] 郑金洲.案例教学指南[M].上海：华东师范大学出版社,2000.

[92] 郑淑芬.案例教学法的作用、实施环节及需要注意的问题[J].教育探索,2008(4)：56－57.

[93] 周艳清.学案导学教学模式在农村初中生英语自主学习能力培养中的运用[D].闽南
师范大学,2013.

[94] 周瓦.基于核心素养的小学英语课堂教师语言运用策略研究[J].英语教师,2017(6)：
27－34.

[95] 周胜,付继华.英语过程写作的设计与实施分析[J].教育与教学研究,2015(1)：84－88.

[96] 朱纯洁,朱成科.从优秀走向卓越：中小学教师的自我"破限性"研究[J].现代中小学教
育,2015(11)：71－74.

[97] 朱萍.英语教学活动设计与应用[M].上海：华东师范大学出版社,2007.

[98] 左岚.中美卓越教师评价标准比较研究[J].外国中小学教育,2015(9)：56－60.

[99] 左璜.基础教育课程改革的国际趋势：走向核心素养为本[J].课程·教材·教法,2016
(2)：39－46.

[100] 庄英如.高中英语读写结合写作教学中阅读原文的选择与任务设计[J].基础外语教
育,2016(1)：61－68.

后　记

————■————

　　本书的创作想法最初来自我在美国攻读博士学位期间，对国际教师专业发展标准的关注。在美求学期间，导师尹建军教授给予了极大的指导和帮助，引导我更多地关注中美教育差异及其内在因素、教师培养的模式，这些均为我今后科研方向的凝练指明了道路。

　　2014年回国之后，作为高校教师，除了理论思考与探索外，有幸参与到教师专业发展实践中。不但从事英语师范生和英语教育硕士研究生的职前培养，并且参与到省内外各类国培项目，深入到一线教师的职后培训与发展。这些宝贵经历丰富、深化了我对英语教师教育的培养模式的理论思考。

　　案例教学模式在职前教师培养中逐渐兴起、引起重视。脱离案例讲理论是空洞、没有抓手的，很快会被学生所遗忘。只有有效案例的支撑，才能使教学理论更充盈、更易被理解，实现教学的有效迁移。2017年高中英语课程标准的颁布，使核心素养理念日渐被广大英语教师所熟悉，但如何将核心素养理念的四个维度，即语言能力、文化意识、思维品质及学习能力融入教师们日常教学中，则需进行不断思考及探索。核心素养理念、课程标准与卓越教师标准、案例教学三者可以实现有机融合到英语教师的发展与成长中。

　　本书案例是在观摩大量优秀教师课堂教学和授课视频的基础上凝练优化而成，因此，案例在冲突性方面尤显缺乏，还有很多值得改进和商榷的地方。在此只是想起到抛砖引玉的作用，希望引起英语学科教学与研究同行对核心素养的更大关注。

　　我所指导的研究生和本科生作为研究助手不同程度地参与到案例整理中，同时本书的出版还得到南通大学研究生教学案例库建设项目（AL17013）和外研社横向课题（18RH076）的资助，在此一并致谢！

　　由于作者学术水平有限，书中的错误和不当之处在所难免，恳请读者朋友们批评指正！

张海燕　谨识

2018年12月

253